마셜

MARSHALL : Lessons in Leadership

KODEF
안보총서
42

전쟁영웅들의 멘토,
천재 전략가

★ 마셜 ★

H. 폴 제퍼스 · 앨런 액슬로드 지음 ┃ 박동휘 · 박희성 옮김

플래닛미디어
Planet Media

1918년 프랑스에서 찍은 사진. 왼쪽부터 캠벨 킹Campbell King 대령,
제1사단 1여단장 존 레오나드 하인스John Leonard Hines 준장, 조지 C. 마셜 중령.

1918년 조지 C. 마셜 대령과 헨리 T. 앨런Henry T. Allen 소장.
사진 출처 : 조지 C. 마셜의 파일, 개인 소장품 / 미 육군 군사연구소

1940년 11월 27일, 미 하원 예산 소위원회 참석 사진.
민간인 복장으로 참석한 참모총장 조지 C. 마셜(왼쪽)과 위원회 위원장인 콜로라도 공화당
하원의원 에드워드 T. 테일러Edward T. Taylor(오른쪽). 국방 예산이 부족해 271,999,523달러를
루스벨트 대통령이 요청해 마셜이 이를 지원하고 있다.
당시 고립주의 정부는 군에 미온적 반응을 보였다.

육군 참모총장 시절의 조지 C. 마셜 장군.

사진 출처 : 미 의회 도서관Library of Congress

1942년 워싱턴으로 마셜을 방문한 중국군 슝熊 장군.

사진 출처 : 미 의회 도서관

1943년 1월 카사블랑카 회담에 참석한 사진. 루스벨트 대통령이 조지 S. 패튼 소장(오른쪽)과
함께 윌리엄 H. 윌버William H. Wilbur 준장에게 명예 무공훈장을 수여하고 있는 것을
조지 C. 마셜 장군이 지켜보고 있다.

1943년 12월, 테헤란 회담 중 소련 대사관 야외에서 찍은 사진.
왼쪽부터 신원 미상의 영국군 장교, 조지 C. 마셜 장군,
악수 중인 아치볼드 클라크 키어 경Sir Archibald Clark Keer, 소련 주재 영국 대사,
해리 홉킨스, 스탈린 원수의 통역관, 이오시프 스탈린 원수,
외무부 장관 몰로토프Molotov, 보로실로프Voroshilov 장군.

사진 출처 : 미 의회 도서관

1951년 4월 2일, 국군의 날인 5월 19일 작성될 선언에 서명하는 해리 트루먼 대통령.
당시 전례 없는 규모로 노동자 파업이 있었고, 육군은 7개월 넘게 국가 철도를 운영했다.
국방장관 마셜은 대통령 옆에 앉아 있고,
육군 장관 프랑크 페이스Frank Pace Jr.가 그들 사이에 서 있다.

마셜, 진실성과 도덕적 용기를 지닌
20세기 가장 영향력 있는 군인

미군이 제2차 세계대전에서 거둔 승리 뒤에는 조지 C. 마셜 George Catlett Marshall의 비전VISION과 기술SKILL, 그리고 그의 영향력FORCE이 있었다. 그가 전사에 남긴 유산은 지금까지도 미 육군을 강력하게 이끌고 있다. 조지 마셜은 제2차 세계대전 중 전투에서 직접 부대를 지휘하거나 총을 쏘아 본 적은 없었지만, 20세기 가장 영향력 있는 미군 장교가 된 인물이다. 그러한 마셜의 삶을 이해하기 쉽게 정리해 놓은 이 전기는 폴 제퍼스H. Paul Jeffers가 2009년 9월 사망하기 전, 앨런 액설로드 Alan Axelrod의 지원을 받아 몇 달에 걸쳐 집필한 것이다.

행복한 가정에서 자란 조지 마셜은 버지니아 군사학교(VMI)Virginia Military Institute에 진학하기로 결심했다. 그는 미 육군을 사랑했고, 어려움과 도전 속에서도 평생 변함없이 미 육군에 충실했다. 탁월한 지적 예민함, 사려 깊은 성품, 결단력을 바탕으로 한 마셜의 리더십은 단지 군대에만 국한된 것이 아니었다. 그는 전역한 이후 국무장관을 지낼 때 마셜 플랜Marshall Plan으로 우리에게 잘 알려진 제2차 세계대전 이후 유럽 부흥 계획을 구상하고 실행에 옮겼다. 한국전쟁 당시 가장 힘들었던 시기에 국방장관직을 맡은 것이 공직 경력의 분수령이었다. 당시 옛 동료이자 라이벌이었던 더글러스 맥아더 육군 원수의 해임 관련 회의를 주도하기도 했다.

위 이야기의 내용은 이미 잘 알려져 있지만, 제퍼스와 액설로드의 글은 지금껏 알려진 것보다 더 많은 내용을 담고 있다. 이 책은 마셜이 일궈낸 업적의 가장 기본이 되었던 그의 인격과 성품, 기질 등을 함께 소개하고 있다. 마셜은 버지니아 군사학교를 다닐 때 이미 지도자로서의 뛰어난 기질과 판단력을 갖추고 있었으며 규율을 익히고 공부하는 데 열의가 있었다. 그에게는 주변의 사람들로 하여금 그를 따르게 하는 힘이 있었으며, 동료들로부터 존경을 받았다. 졸업하고 얼마 후엔 임관시험에 응시할 자격을 얻기 위해 국가 지도자들을 직접 만나 약속을 받아냈는데, 그중에는 미합중국의 대통령도 있었다. 또한 그의 과단성과 엄격한 성격은 시험을 통과하고 미 육군 장교로 임관하는 과정에서 엿볼 수 있다.

필리핀에서 소위로 있을 당시의 모습을 살펴보면 규율과 건전한 조직을 위해 상당히 엄격했음을 알 수 있다. 그는 자신의 부대원들로부터 지지를 구하는 정치가나 모사가가 아닌 진정한 리더의 모습이었다. 버지니아의 댄빌 군사학교Danville Military Institute에서 생도들을 가르쳤고, 포트레번워스Fort Leavenworth에 있는 육군의 학교기관에서 교관 생활을 했다. 그 후 대규모 기동훈련을 기획하는 일을 담당하며 남다른 탁월한 기획력과 조직력을 발휘해 실제 전장에서의 전투 경험 없이 미국 본토와 필리핀 복무 경험만으로 전 육군에서 명성을 얻었다.

1917년 제1차 세계대전에 미국이 참전하자, 드디어 마셜에게도 전쟁에 참여할 수 있는 기회가 왔다. 그는 미국 원정군(AEF)American Expeditionary Force을 따라 프랑스로 향했다. 이때 퍼싱John J. Pershing의 인정을 받기 시작하면서 마셜의 군 내 위치는 급부상해 모든 작전의 중심에 서게 되었다. 프랑스에서 미군의 첫 번째 전투를 준비하는 동안 마셜은 실제의 전장은 단순히 총알이 날아다니는 곳이 아니라 좀 더 신중히 관리되어야 한다는 것을 깨달았다. 계급은 겨우 소령에 불과했지만 부당한 지적 앞에선 퍼싱 장군일지라도 자신의 의견을 분명하게 전달했다. 지휘관도 아니었던 그가 보여준 이러한 태도는 확실히 명성을 다지는 계기가 되었지만 당시에는 참을성 없는 불평으로 비춰지며 도리어 독이 되어 진급을 어렵게 만들었다.

이러한 일이 있은 후에도 마셜은 퍼싱 장군의 참모 중 핵심 기획가로서 120만 명 이상의 미군 병사 작전과 병참을 책임졌다. 제1차 세계대전 기간 동안 그는 신화적이고 전설적인 성격이나 특징 외에도 기동작전을 조정하고 대규모 군사작전을 지원해 연합군이 승리를 하는 데 큰 역할을 담당하며 자신의 우수성을 증명해 냈다.

마셜은 제1차 세계대전과 제2차 세계대전 사이에 시행된 군 축소와 외부적 굴욕 속에서도 인내심을 잃지 않았다. 이 시기에 미국과 중국에서 복무했는데 특히 조지아 주 포트베닝Fort Benning의 보병학교Infantry School 재직 중에 '블랙 북Black Book'을 작성하기 시작했다. 이 문서에는 훗날 제2차 세계대전 중에 마셜이 고위급 지휘관으로 발탁하게 될 군인들의 이름이 씌어 있다.

마셜은 1938년 육군 참모차장으로 승진했고, 제2차 세계대전을 거치며 참모총장으로 발탁되었다. 그는 부대의 창설과 구성, 수백만 명의 병력 동원 등을 책임지며 전구Theater 두 곳을 통솔했다. 제2차 세계대전 당시 그의 업적은 주로 후방에서 이루어졌기 때문에 대중들에게는 잘 알려져 있지 않지만, 마셜의 전 업적을 살펴볼 때 가장 중요한 부분으로 주목해 볼 가치가 있다. 마셜의 천재성은 펜타곤과 워싱턴의 군을 통제하는 공무원 사이에 벌어진 관료 전쟁의 미로에 가려져 대중에게 잘 알려져 있지 않다. 이 책에서는 그동안 가려졌던 이 시기의 중요한 업적을 야전의 주요 작전들과 연결해 소개했다.

마셜은 미국 대중들의 관심을 받았던 태평양 전쟁 대신에 유럽 전쟁을 우선시하는 정책을 지지했고, 드와이트 아이젠하워Dwight Eisenhower 같은 주요 지휘관들을 선발했으며, 오늘날 우리가 알고 있는 육해공의 합동, 연합군과의 원활한 '연합작전Combined Operations'의 수행을 지지했다. 영국해협을 횡단해 프랑스로 들어갈 것을 주장했고, 유럽의 어려운 전시 상황 가운데서도 유럽의 병력 교대를 중단하고 일본 침공을 위해 태평양 지역에 군사력을 집중하는 어려운 결정을 내리기도 했다. 이런 점들은 마셜의 여러 공헌 중에서도 가장 중요한 사항들이다. 물론 어떤 방식으로 공헌을 했는지가 중요하다. 마셜은 육군 참모총장이 되었지만 전쟁성과 대통령에게 종속되어 있었고, 통합 업무라는 관료체제 그물에 얽매여 있었다. 어려운 국제적 동맹에 좌우되기도 했고, 대단히 정치적이었던 루스벨트 행정부의 일원이었다. 그의 능력은 높은 평가를 받았고 의원과 행정부 직원들에게서 존경도 받았지만, 그들의 권한과 판단을 넘어 서서는 안 되는 위치에 있었다.

개인적인 경험으로 보면, 참모 업무는 결코 흥미로운 일은 아니지만 도전해볼 만한 일이기는 하다. 24시간 매일 일하고, 계속해서 왔다 갔다 해야 하며, 명성을 얻기도 하고 때론 잃기도 하며, 친구를 만들기도 하고 가끔은 원치 않는 적이 생기기도 하는 게 참모 업무다. 때때로 우정과 동맹이 업무를 진행하는 데 결정적인 역할을 하기도 한다. 업무 결과는 대부분 펜타곤의 둔감한 벽 너머 혹은 포토맥 강의 거울 같은 수면 너머에서 있다가 수개월 혹은 수년 뒤에야 나타난다. 그만큼 참모 업무는 힘들고 지루한 업무일 수 있다. 그럼에도 마셜의 참모 업무를 되짚어볼 때 매우 가치가 있다.

이 책에서는 직접적으로 마셜의 중요 재임 기간에 있었던 중대한 결과들을 소개하고 있다. 작가는 마셜의 중요 결정들을 설명함으로써 그의 인간적인 자질과 성품을 엿볼 수 있게 한다. 마셜은 조지 패튼George S. Patton Jr.이나 더글러스 맥아더Douglas MacArthur처럼 괴팍한 지휘관을 능숙한 솜씨로 다루었고, 루스벨트와 헨리 스팀슨Henry Stimson 전쟁성 장관, 윈스턴 처칠Winston Churchill 수상 등의 정치적 입장을 적절히 조화시켰다. 무엇보다도 연합군 장교들과 함께 어려운 전략적인 문제를 다룰 때 진실성과 도덕적 용기를 보여주었다.

제2차 세계대전 이후 마셜은 전후 처리 문제에 관한 책임을 맡으며 정치적 격동기를 맞았다. 중국의 국민당과 공산당 사이의 국공내전을 해결하기 위해 파견되지만 애초에 해결 가능성이 없었기에 실패하고 돌아온다. 마셜에게 주어진 권한의 한계와 임무 수행에 필요한 미국의 제한된 자원 사용이라는 주변 상황을 고려할 때 마셜이 간단히 해결할 수 있는 문제가 아니었다. 그러나 마셜은 해리 트루먼Harry S. Truman 대통령이 전면으로 내세운 인물이었고, 결국 실패에 대한 비난은 마셜이 받았다. 이 일은 국무성과 국방부의 지휘권을 맡게 되었을 때 그를 곤경에 빠뜨리는 결과를 초래했다. 그리고 한국전쟁 당시 가장 중요했던 첫해에 강력한 지도력을 발휘하지만 그 과정에서 정치적으로 '몹시 지쳐' 있었다. 미국 민주주의에서는 선출이나 지명에 관계없이 설령 군 지도자일지라도 정치에 참여하는 과정 중에 종종 역경을 겪게 된다. 그에게는 안타까운 일이었지만 현실이 그랬다.

마셜은 직업 군인의 최고 계급에 올랐고, 훌륭한 기획가·조직자·전략가였으며, 거대한 전쟁에서 미군을 승리로 이끈 전시 지도자였다. 그의 기준과 처리방식은 현재도 미 육군에 널리 퍼져 있다. 학습과 교육 조직, 절제력과 진실성, 합동 및 연합작전을 갖춘 육군, 인내심·겸손함·사심 없는 헌신 등 그가 남긴 자취는 오늘날까지도 장교단에 귀감이 되고 있다. 한국과 베트남, 이라크, 아프가니스탄에서 싸웠고 또 현재도 싸우고 있는 미 지상군은 지금 이 순간에도 조지 마셜이 남긴 유산의 수혜를 받고 있는 것이다.

웨슬리 K. 클라크 예비역 장군General Wesley K. Clark(Ret.)＊

＊ 40년 동안 미 육군에서 복무했고, 나토(NATO) 총사령관으로서 4성 장군에 올랐다. 대통령 자유훈장을 받았다. 저서로는 베스트셀러인『현대전쟁 수행하기Waging Modern War』와『현대전쟁 승리하기Winning Modern War』,『인도할 시간A Time to Lead』 등이 있다.

마셜의 리더십, 원칙과 기준을 당당히 말하다

1938년 11월 14일, 프랭클린 루스벨트Frankin D. Roosevelt는 국방 예산 문제를 토의하기 위해 전쟁성 차관 루이스 존슨Louis A. Johnson과 함께 육군 참모총장 멀린 크레이그Malin Craig와 새로운 참모차장 조지 마셜을 백악관으로 초청했다.

마셜은 군의 상황을 이미 파악하고 있었기 때문에 회의의 논제들이 매우 마음에 걸렸다. 전쟁에 참전해야 하는 상황을 가정해 육군의 준비 상태를 가늠해 봤을 때, 육군은 한심하게도 모든 면에서 준비가 되어 있지 않았다. 20세기의 두 번째 세계대전은 유럽과 일본에서 곧 시작될 것이 뻔했고, 이미 일본과 중국의 수백만 군대가 서로 싸우고 있었다. 그에 반해 여전히 중립국이었던 미국의 군대는 62개의 전술 비행대를 포함해 130개의 포트 및 캠프 주둔지에 20만 명이 겨우 넘는 장교와 지원병만이 흩어져 있을 뿐이었다. 1918년 제1차 세계대전의 결과로 조금이나마 현대화되었던 장비들은 대부분 노후되어 쓸모가 없었다. 의회는 전후에 가차없이 국방비를 삭감했고, 대공황Great Depression 은 육군을 삼류 군대로 전락시켜 전 세계 군대 가운데 미군의 군사력은 17위로 떨어졌다.[1]

마셜은 미군이 전쟁을 준비하는 데 육군과 육군 항공단의 균형적인 증가가 필요하다는 점을 설득시키기 위해 회의에 참석했다. 하지만 루스벨트는 비행기를 1만 5,000대로 늘려 공군력을 대규모로 확장할 것을 제안하면서도 육군의 확장은 언급하지 않았다. 대통령은 자신의 의견에 대한 동의를 구하려는 듯 새로운 참모차장을 돌아보며, "조지, 그렇게 생각하지 않나?"라고 물었다.

다른 사람이라면 통수권자의 의견에 당연히 동의했을 것이다. 하지만 당시 워싱턴에서 새로운 인물이었던 마셜은 육군 최고 장교인 참모총장이 될 수 있는 기회를 단번에 날려버리는 대답을 했다.

"대통령님, 죄송합니다. 저는 그 의견에 전혀 동의할 수 없습니다."[2]

그의 퉁명스런 대답은 모두를 깜짝 놀라게 했고, 형식에 구애 없이 마셜의 이름을 불렀던 대통령뿐만 아니라 그 자리에 있던 모든 이를 불쾌하게 했다. 예상치 못한 엄청난 의견충돌이었다. 당황한 루스벨트는 마셜을 차갑게 응시했고 회의를 순식간에 끝내버렸다.

마셜은 그날 백악관을 나오며 루스벨트 앞에서 지나치게 직설적으로 말했기 때문에 이제 워싱턴에는 자신의 미래가 없을 것이라고 생각했다. 그러나 그 일은 루스벨트가 가장 신뢰했던 상무성 장관 해리 홉킨스Harry L. Hopkins가 마셜을 알기 전의 일이었다. 홉킨스는 전쟁성에 육군 예산 증액에 관한 건으로 참모차장을 만나러 가겠다고 먼저 전화 연락을 했다. 하지만 마셜은 하급자인 자신이 상무성 장관실로 찾아가야 한다고 했다. 두 사람의 동맹은 바로 이런 마셜의 예의 바른 태도에서 비롯되었다. 홉킨스는 루스벨트를 설득해 육군의 요구를 좀 더 수용할 수 있도록 했을 뿐만 아니라, 멀린 크레이그 장군의 후임자로 마셜 선임을 지지했다.

1939년 4월 23일 일요일 오후, 백악관에서 마셜을 다시 호출했다. 마셜이 도착했을 때 루스벨트는 2층 서재에서 우표첩들과 상품 카탈로그를 살펴보며 행복한 표정으로 앉아 있었다. 대통령은 우표첩에서 시선을 떼고 마셜을 쳐다보며 물었다.

"마셜 장군(대통령은 마셜을 부를 때 친근하게 '조지'라고 부르지 말아야 함을 알고 있었다), 나는 차기 미 육군 참모총장으로 당신을 선택하려 하오. 그것에 대해 어떻게 생각하시오?"

당시 연공서열 면에서 조지 마셜보다 앞선 군인이 소장 21명에 준장 11명이 있었고, 그들 대부분은 전쟁성에 있는 자신들을 대신해 백악관에 영향력을 행사할 수 있는 고위직 사람들과 정치적으로 연줄을 맺고 있었다. 이런 상황에서 다른 장교라면 누구라도 예상치 못한 이 영예에 감사하다고 짧게 대답했을 것이다.

하지만 마셜의 대답은 달랐다.

"대통령님, 저는 제가 생각하는 것을 직설적으로 표현하는 습관이 있음을 상기시켜 드려야겠습니다. 그리고 아시는 것처럼 그것 때문에 종종 대통령님이 불쾌하실 수도 있습니다. 그래도 괜찮으시겠습니까?"

루스벨트는 활짝 웃으며 "괜찮소!"라고 대답했다.

"저는 불쾌하실 수도 있다는 것을 다시 한 번 대통령님께 말씀드립니다."

루스벨트는 여전히 미소 지으며 대답했다.

"알고 있소."[3]

---

* 마셜보다 두 살 위인 루스벨트는 마음속으로 늘 자신이 해군이라는 생각을 하고 있었다. 젊은 시절에는 메인Maine 연안에 있는 요트에서 여름을 보냈으며, 제1차 세계 대전 중에는 해군 차관을 역임했다. 최근 자료에 따르면 마셜은 대통령의 발언을 중단시키고 대통령의 편견을 지적하며 다음과 같이 청한 적이 있었다고 한다.
"대통령님, 육군은 '그들', 해군은 '우리'라고 부르는 것을 그만해 주십시오."[4]

차 례

머리말　마셜, 진실성과 도덕적 용기를 지닌 20세기 가장 영향력 있는 군인　12
서 문　마셜의 리더십, 원칙과 기준을 당당히 말하다　18
주註　380

CHAPTER 01 ## 육군, 마셜의 운명　25
자기절제와 엄격한 훈련으로 키운 셀프 리더십

주근깨투성이의 개구쟁이 소년 ｜ 열성 민주당원인 아버지와 강직한 성품에 에리한 유머 감각을 지닌 어머니 ｜ 자기절제와 규율, 그리고 사람 다루는 법을 배우다

CHAPTER 02 ## 갈등과 회의, 정체된 군 생활　49
삶의 파고와 결과의 불확실성 속에서도 포기하지 않는 인내의 리더십

다시 시작하는 배움 ｜ 가장 힘들었던 임무 그리고 멀린 크레이그와의 첫 만남 ｜ 은색의 중위 계급장을 달기까지 ｜ 지연되는 진급, 군 생활에 회의를 느끼다

CHAPTER 03 ## 군사적 천재, 다이너마이트 마셜　67
새로운 환경 속에서 비전과 전략을 수립하고 수행하는 변화의 리더십

오랜 기다림 속에서 얻은 별명, 다이너마이트 ｜ 세계대전에 참전하기 위해 프랑스로 출발 ｜ 오랜 기다림의 끝에 찾아온 기회, 대위에서 소령까지 승승장구 ｜ 마셜 소령, 미국 원정군 사령관 퍼싱에게 당당히 불만을 토로하다 ｜ 잊을 수 없는 전장의 교훈 ｜ 캉티니 보병작전 ｜ 캉티니 작전이 가져온 변화

CHAPTER 04 ## 치열한 전장, 작전의 마법사　93
빠른 상황 분석과 전략적 준비 그리고 완벽한 수행능력의 파워브레인 리더십

최전선 전투 임무를 원했지만 참모장교로서 인정받다 ｜ 병참 업무의 천재, 참모장교 마셜 마법사 ｜ 뫼즈아라곤, 잃어버린 대대 ｜ 배워야 할 교훈, 전략의 상대적인 효과 ｜ 이론과 전장의 차이, 죽느냐 죽이느냐 ｜ 병참과 군사 편제의 두뇌 전쟁

CHAPTER 05 마셜의 사람들, 미래를 만드는 인연 117
인재를 알아보는 감각과 인재를 훈련시키는 기술, 휴먼 리더십

프랑스에서 새로운 문화와 새로운 인물들을 만나다 | 퍼싱과 마셜의 일반 군사 훈련 계획 | 퍼싱 참모총장의 부관 | 톈진에서 아내와 보낸 3년 | 마셜의 사람들 | 새로운 인연 | 그리고 또 다른 준비

CHAPTER 06 변화와 정체, 새로운 도약을 향해 147
어디에 있든 그 자리에 충실하면서도 낙관적으로 미래를 준비하는 리더십

시골생활 도시생활, 일리노이 국경 수비대 | 더디기만 한 진급, 답답함과 절박한 마음 | 창의적인 접근과 지휘력을 인정받다

CHAPTER 07 미래 군사 지도자, 레인보우 계획 165
현재를 바로 읽고, 과거의 경험을 살려 미래를 대비하는 비전 전략 리더십

크레이그의 선택과 루스벨트의 지지 | 참모총장, 새로운 임무 새로운 작전 | 일본을 경계하라, 태평양을 지켜라 | 진주만 하늘을 뒤덮은 일본의 폭격기들

CHAPTER 08 마셜 효과, 멘토를 따르는 전략가들 185
공동의 목표를 향한 파트너십, 존중과 배려가 있는 서번트 리더십

동일한 목표를 향한 파트너십, 영웅들이 모이다 | 최고의 사람을 적재적소에 배치하다 | 미국의 특공부대, 레인저 | 전투의 기본, 지피지기

CHAPTER 09 별들의 전쟁, 아프리카 사막 207
최악의 사태도 예상하며 적시적소에 인물을 배치하는 합리적 관리의 리더십

미국 원정군, 아프리카 해안 상륙작전 | 전쟁의 전환점을 찾다 | 사막의 여우와의 대결, 튀니지

CHAPTER 10 전략적 협상, 시칠리아 군사작전 235
상대를 위해 때로는 한발 물러서서 협상할 줄 아는 배려와 소통의 리더십

루스벨트, 처칠 그리고 마셜 | 처칠과 몽고메리 그리고 아이젠하워와 마셜 | 아직 끝나지 않았지만 승리는 확실하다

CHAPTER 11 강인한 노력, 노르망디 상륙작전 259
국가와 조직에 강력한 영향을 끼치는 전략을 기획·실행하는 추진형 리더십

마셜 참모총장의 유임 | 진정한 미국 군사 지휘관으로 서다 | 외교술과 심리전을
통한 인재 선발 | 오버로드 작전, 노르망디를 접수하다 | 위대한 공격작전의 성공

CHAPTER 12 마셜의 블랙 북, 세계대전 승전의 예감 281
휘하 인재의 수행능력을 믿고 권한을 위임하고 보상하는 임파워먼트 리더십

마셜의 선견지명, 현대화 계획과 통합군사령부 | 열정과 희생, 계속되는 전투 |
죽음의 전장 팔레즈, 철수하는 독일군 | 순수한 군인이 될 수 없는 군사 지휘관

CHAPTER 13 전쟁의 위기, 서부전선의 돌출부 303
공감과 지지, 설득을 통해 합의를 이끌어내는 민주형 리더십

보급전에 전쟁의 승리가 달려 있다 | 전쟁 리더십의 차이, 몽고메리와 아이젠하워
| 독일군의 기습, 연합군에 닥친 위기

CHAPTER 14 정치가 마셜, 군사력과 정치적 전략 321
제2차 세계대전 이후 외교 정책을 결정하는 정치전략, 협상의 리더십

자신의 정신을 지배하는 자 | 군사력과 정치적 전략 | 제2차 세계대전 승리의 조
직자 | 미군 부대와 몽고메리의 군대 | 루스벨트, 히틀러의 최후를 보지 못하다

CHAPTER 15 전쟁과 평화, 마셜의 외교적 노력 341
유럽 재건을 위한 열정과 휴머니즘으로 세계를 감동시킨 글로벌 리더십

더 큰 파괴 없이 전쟁을 끝내는 방법 | 소련의 개입을 막기 위한 결정, 원자폭탄 |
마셜, 경험 많고 존경받는 군인이자 정치인 | 전후의 유럽을 재건하기 위한 계획,
마셜 플랜 | 국무장관 마셜의 위기 | 명예로운 마무리

CHAPTER 16 군인 정치가, 노벨 평화상을 받다 365
평생 자신의 사람들을 아끼고 책임을 함께 짊어진 신뢰와 신념의 리더십

냉전과 한국전쟁, 미 군사력과 정치적인 문제들 | 전쟁 영웅 맥아더와의 또 다른
전쟁 | 노벨 평화상을 받은 유일한 군인

육군,
마셜의 운명

자기절제와 엄격한 훈련으로 키운 셀프 리더십 ★★★★★★★★★★

자신의 유일한 리더는 자기 자신이다. 마셜은 젊은 시절 개인적인 목적을 달성하는 데 스스로에게 동기를 부여할 수 있도록 자신의 틀을 개발하고, 정말로 하고 싶은 일을 하는 데에 자발적으로 스스로를 투입할 수 있는 엄격한 자기 훈련을 했다. 스스로를 리드할 줄 아는 참된 리더가 되어 스스로에게 영향을 미치는 것, 이것이 마셜의 셀프 리더십이다.

:: 주근깨투성이의 개구쟁이 소년

조지 캐틀렛 마셜 주니어는 1880년 12월 31일 펜실베이니아Pennsylvania 유니온타운Uniontown에서 아버지 조지 마셜George C. Marshall과 어머니 에밀리 브래포드Laura Emily Bradford의 삼남매 중 막내이자 둘째 아들로 태어났다. 마셜은 어릴 적 선생님들에게 자기는 제4대 미 연방대법원장이었던 존 마셜John Marshall의 후손이 확실하다고 얘기한 반면에 친구들에게는 17~18세기에 살았던 무시무시한 해적 블랙비어드Blackbeard와 친척이라고 말하고 다녔다. 그가 어떻게 플릭커Flicker(목뒤에 붉은 반점이 있는 미국 남서부에 서식하는 딱따구리의 일종, 역자)라는 별명을 얻었는지는 확실하지 않지만, 아마도 마셜의 주근깨투성이 얼굴이 '빨간머리 앤'을 연상시키기 때문에 플렉클스Fleckles(주근깨)라는 말에서 와전되었을 가능성이 크다.

다임dime은 미국화폐로 10센트이다. 19세기 말 출간되기 시작해 1940년대까지 미국에서 유행했던 종이표지의 값싼 소설로 한 해에 60만 부씩이나 팔렸다.

이러한 10센트 소설들의 초기 내용은 주로 서부나 바다·전쟁·숲 같은 낯선 환경에 처한 젊은 남자 주인공들이 용기·정직·기사도정신으로 고난을 해결해 나가는 내용이었다. 1890년대로 접어들면서 시골에서 활약하던 주인공 카우보이 영웅은 도시를 배경으로 범죄자나 경찰로 성격이 변했고, 그 후에는 다시 탐정으로 등장했다.

닉 카터Nick Carte와 다이아몬드 딕Diamond Dick은 신문 편집자이자 탐정소설 작가였던 유진 소여Diamond DickEugene T. Sawyer가 쓴 탐정소설 시리즈의 주인공이다.

프랭크 메리웰Frank Merriwell은 길버트 패튼Gilbert Patten이 쓴 탐정소설 시리즈의 주인공이다. 프랭크 메리웰는 예일대 학생에다가 예의가 바르고 지적인 인물로 나온다. 닉 카터가 거리의 천재였다면 프랭크 메리웰은 엘리트로서 서로 상반되는 성격을 띤 탐정소설 주인공이다.

늙은 형사Old Sluth는 20세기 초 10센트 소설작가 마이클 맬로리Michael Mallory가 쓴 탐정소설 시리즈의 주인공으로 변장을 하고 돌아다니며 지하 세계의 말투를 쓰는 인물이다.

어린 시절 그는 크레인이라는 작은 가게에서 판매하는 감초 캔디를 좋아했고, 제시 제임스Jesse James의 모험 이야기와 카우보이들이 등장하는 문고판 시리즈나 닉 카터Nick Carter, 다이아몬드 딕Diamond Dick, 프랭크 메리웰Frank Merriwell이나 '늙은 형사Old Sleuth' 시리즈 같은 다임 소설을 즐겨 읽었다. 마셜은 마크 트웨인Mark Twain의 『톰 소여의 모험The Adventures of Tom Sawyer』에 나오는 전형적인 미국의 작은 마을에서 자랐지만 톰보다는 허클베리 핀을 더 좋아했다.

마셜은 허클베리처럼 뗏목을 타고 강으로 모험을 떠나려는 생각은 전혀 없었지만, 자신의 집 뒤로 흐르던 콜 릭 런Coal Lick Run 개울을 가로질러 등교할 수 있는 뗏목을 만들어보고 싶었다. 개울을 건너는 데 자기가 만든 뗏목을 태워주고 1페니씩을 받을 생각이었지만 실제로 뗏목을 만들지는 못했다. 다행히 운이 좋게도 작은 가게 주인에게서 낡았지만 바닥이 넓적한 배를 구해 마침내 사업을 시작했다. 뗏목 사업은 며칠간은 잘 되는 듯했다. 하지만 어느 날 한 무리의 여학생이 뱃삯이 없다면서 무작정 배에 올라탔다. 마셜은 여학생들에게 돈을 내지 않으면 배를 태워줄 수 없다고 말했다. 그러자 여학생들은 모든 면에서 '동작이 느리고' 학교 성적도 형편없었던 마셜을 공부 못하는 학생이라며 비웃었다.

훗날 마셜은 자신의 공식 전기 작가였던 포레스트 포그Forrest C. Pogue 와의 인터뷰에서 그 당시를 다음과 같이 회상했다.

"나는 너무 창피했다. 더 끔찍했던 것은 단짝이었던 앤디 톰슨Andy Thompson마저도 나를 비웃었다는 것이다. 배에 탔던 모든 여학생의 야유와 일을 함께했던 뱃사공 조수, 친했던 친구들의 비웃음에 나는 꼼짝

할 수가 없었다. 바로 그때 배 바닥에 있는 배수구용 코르크 마개에 시선이 꽂혔다. 나는 순간 충동적으로 마개를 뽑았고, 배에 탄 승객들의 무게 때문에 개울물이 구멍으로 거침없이 솟구쳐 들어왔다. 그 바람에 배에 탔던 모두가 놀라 당황했고 결국 나는 개울 한 가운데에 배를 침몰시킬 수밖에 없었다."[1]

여학생들은 물에 젖고 진흙으로 만신창이가 되어 미친 듯이 날뛰며 집으로 달려가 끔찍했던 상황을 부모들에게 고자질했다. 이에 격분한 어머니들이 마셜의 부모에게 달려와 처벌과 보상을 요구했다. 결국 마셜은 지하 창고에서 단단한 히코리hickory 나무 회초리로 벌을 받았다.

:: 열성 민주당원인 아버지와
강직한 성품에 예리한 유머 감각을 지닌 어머니

조지 마셜은 학교생활에 대해 이야기하다가 고통스러웠던 시절을 떠올렸다. 그는 자신의 성적 부진, 특히 수학에 문제가 있었음을 인정하며 부끄러워했다.

"역사만큼은 뛰어났다. 수학이 역사 같았다면 잘했을 것이다. 하지만 다른 분야는 매우 취약했고 문법의 경우 전혀 아는 것이 없었다."[2]

마셜은 형 스튜어트Stuart Bradford Marshall나 누나 마리Marie와는 달리 아버지가 보기에 매우 실망스러웠다. 마셜보다 여섯 살 위인 스튜어트는 부지런했고 야망도 컸다. 아버지는 자신의 사업을 큰아들에게 물려줄 거라고 자랑스럽게 얘기하곤 했다. 그러나 마셜에게는 아버지를 만족

> **"** 역사만큼은 뛰어났다. 수학이 역사 같았다면 잘했을 것이다. 하지만 역사 외 다른 분야는 매우 취약했고 문법의 경우 전혀 아는 것이 없었다. **"**

시킬 만한 것이 하나도 없었다. 저조한 학교 성적에다 학급에서의 불미스러운 일로 부모님을 낙담시키기 일쑤였다. 그때마다 그를 기다는 것은 무시무시한 회초리였다.

마셜의 아버지 조지 마셜 시니어는 150여 개의 코크스(공기가 없는 상태에서 석탄에 열을 가해 얻는 고체연료, 역자) 제조 가마와 탄전을 소유한 석탄회사의 공동 소유자였다. 그는 그 시대의 전형적인 남성이었다. 존경받는 사업가이자 열성 민주당원이었고, 성 베드로 영국 성공회St. Peter' s Episcopal Church의 교구 대표, 프리메이슨Freemason과 템플 기사단Knight Templar의 회원이었다. 그는 이 모든 것을 매우 자랑스럽게 여겼다. 마셜이 태어난 해인 1888년 대통령 선거에서 민주당 후보였던 그로버 클리블랜드Grover Cleveland를 열렬히 지원하기도 했다. 1896년에는 윌리엄 제닝스 브라이언William Jennings Bryan 지지 행진에 마셜을 참여시키기도 했다. 마셜 시니어는 공화당 대통령인 윌리엄 매킨리William Mckinley가 시어도어 루스벨트Theodore Roosevelt를 해군장관으로 선택한 것에 찬성하는 의미로 지팡이를 들고 회색 종이 모자를 쓰기도 했다. 루스벨트는 해군과 육군을 투입해서라도 쿠바에서 스페인을 몰아내야 한다고 주장하던 인물이었다.

원래 켄터키Kentucky 출신이었던 조지 마셜 시니어는 남북전쟁 당시

오거스타^{Augusta}에서 벌어졌던 치열한 전투에 소총수로 참전한 경험이 있다. 켄터키 오거스타는 오하이오 강^{Ohio River}을 끼고 오하이오^{Ohio} 주 신시내티^{Cincinnati}의 동쪽에 있었다. 오거스타 시민들은 북부 또는 남부에 충성하는 사람들로 나뉘었는데, 그 수가 거의 같았다. 그래서 도시 의회는 북군이든 남군이든 자신들의 평화와 안전을 위협하는 자들로부터 공동체를 지키기 위해 민병대를 조직했다. 조지 마셜 시니어는 마을을 지키기 위해서 민병대에 자원했지만, 한편으로는 그 지역 저명한 지주의 딸이었던 열다섯 살의 어여쁜 로라 브래포드에게 강렬한 인상을 주고 싶은 의도도 있었다. 그러나 1862년 9월 27일 자신의 사촌 바질 듀크^{Basil Duke} 대령이 이끄는 남군 기병 분견대가 민병대와의 전투에서 승리해 도시를 점령하고 만다. 전투가 끝났을 무렵 남군은 21명이 전사했고, 18명이 부상당했다. 민병대는 17명이 전사했고 15명이 부상을 입었다. 바질 대령은 전투가 끝난 즉시, 더 이상의 문제를 일으키지 못하게 민병대 100명을 포로로 붙잡았다. 조지 마셜 시니어도 이때 포로가 되었지만 몇 주 후 그는 풀려났고, 로라 브래포드가 자신의 영웅적인 행동에 크게 감동했음을 눈치 챘다. 그러나 그녀의 부모는 그렇지 않았다.

오거스타에서 위세가 대단했던 브래포드 집안은 하찮은 마셜 집안의 조지 마셜 시니어를 로라의 남편감으로는 고려조차 하지 않았다. 브래포드 집안사람들은 약 10년간 로라와 조지의 결혼을 막으려고 애를 썼지만, 결국 1873년 둘의 결혼을 허락했다. 결혼 후 켄터키를 떠나 펜실베이니아 서쪽, 석탄과 철을 생산하던 유니온타운에 정착했다. 그리고 성실하게 일한 결과 곧 부를 얻게 되었다. 조지 부부의 첫 아이는

> **6 6** 어머니는 가끔 나를 걱정하기도 하고 부끄러워하기
> 도 하고 나 때문에 충격을 받기도 하셨다. 하지만 무슨 일이
> 든 무슨 사건이든 내 이야기 속에서 유머를 발견하시고 매
> 우 즐거워하셨다. **9 9**

불행히도 여섯 달밖에 살지 못했다. 그다음에 태어난 스튜어트는 아버지의 총애를 받았다. 스튜어트에 이어 딸 마리와 조지 마셜 주니어가 태어났다. 조지 마셜 주니어는 어머니의 큰 사랑을 받았다. 훗날 장군이 된 마셜은 자신의 어머니를 매우 조용했지만 강직한 성품과 예리한 유머 감각을 지녔던 분으로 회고했다.

마셜은 전기 작가인 포레스트 포그에게 언제나 너그러우셨던 어머니를 이렇게 소개했다.

"어머니는 가끔 나를 걱정하기도 하고 부끄러워하기도 하고 나 때문에 충격을 받기도 하셨다. 하지만 무슨 일이든 무슨 사건이든 내 이야기를 잘 들어주려고 노력하셨다. 어머니는 언제나 내 이야기 속에서 유머를 발견하시고 매우 즐거워하셨다."[3]

:: 자기절제와 규율, 그리고 사람 다루는 법을 배우다

조지 마셜 주니어는 자신이 언제부터 군에 입대하고 싶어 했는지 정확히 기억하지 못했다. 대신 언젠가 부모님이 로버트 리Robert E. Lee 장군 밑

> ❝ 군인이 되겠다고 결심을 하게 된 결정적 계기는 따로 있었다. 마을 사람들은 필리핀에서 돌아온 유니온타운의 젊은이들을 자랑스럽게 여겼고, 그들의 업적에 모두가 열광했다. 작은 마을에서 열린 화려한 퍼레이드와 축하연에 마셜은 큰 감동을 받았던 것이다. ❞

에서 복무했던 가까운 친척인 찰스 마셜Charles Marshall과 만났고, 어머니가 아버지에게 군인의 장점에 대해 이야기하는 것을 우연히 엿들은 적이 있었다고 기억했다. 그 후 아버지는 큰아들 스튜어트가 버지니아 군사학교에 들어갈 것이라고 말했다. 웨스트포인트West Point 대신 버지니아 군사학교를 선택한 이유는 투자 실패로 인해 경제적인 형편이 어려워진 것이 한몫을 했다. 물론 미 육군사관학교인 웨스트포인트의 학비는 무료였다. 그러나 웨스트포인트에 입학하려면 상원이나 하원의 승인이 필요했다. 열렬한 민주당원이었던 조지 마셜 시니어가 당시 펜실베이니아 주 의회를 장악하고 있던 공화당의원들에게 아들의 입학 허가를 받는 것은 쉬운 일이 아니었다. 스튜어트는 버지니아 군사학교에서 우수한 성적을 냈지만 진짜 관심이 있던 분야는 과학이었다. 결국 스튜어트는 1894년 졸업과 함께 미 육군에 입대할 수 있는 임명장을 받았음에도 불구하고 지역 내 제철소에 화학 연구원으로 취직했다.

아마도 생도 제복을 입은 형의 모습과 버지니아 군사학교에서의 경험담이 군사학교에 들어가겠다는 조지 마셜의 결심에 영향을 미쳤을 것이다. 그러나 결정적으로 군인이 되겠다고 결심을 하게 된 계기는 따로 있었다. 1899년 유니온타운에서 필리핀 파병 후 성공적으로 복귀하는 제10펜실베이니아 보병연대 C중대를 위한 복귀행사가 열렸다. 마을 사람들은 필리핀에서 돌아온 유니온타운의 젊은이들을 자랑스럽게 여겼고, 그들의 업적에 모두가 열광했다. 작은 마을에서 열린 화려한 퍼레이드와 축하연에 마셜은 큰 감동을 받았다.

아버지는 마셜의 부진했던 학교성적을 떠올리며 과연 군에서 그가 성공할 수 있을지 염려했다. 아버지의 이런 걱정은 형 스튜어트의 반대로 점점 커져갔다. 버지니아 군사학교를 우수하게 마친 형은 아버지에게 동생 마셜이 가문에 먹칠을 할까 두렵다고 말했다. 아버지뿐만 아니라 어머니에게도 다른 걱정거리가 있었다. 당시 365달러인 학비와 70달러에 달하는 제복 값을 감당해야만 했던 것이다. 가지고 있던 오거스타와 유니온타운의 부동산을 팔아도 모자란 금액이었다. 마셜은 형 스튜어트의 험담을 엿들었다. 훗날 그는 선생님들과 부모님의 만류보다 형이 했던 말이 가장 큰 충격이었다고 이야기했다.

처음으로 집을 떠나 모험의 길에 들어선 열여섯 살의 조지 마셜 주니어는 1897년 9월 11일 버지니아Virginia 주 렉싱턴Lexington에 도착했다. 그리고 넓은 연병장을 보기 위해 가파른 언덕으로 올라갔다. 그곳은 1850년대 버지니아 군사학교 교관으로 있던 스톤월 잭슨Stonewall Jackson이 생도들을 훈련시켰던 곳이었다. 형 스튜어트는 남부군의 영웅적인 영혼이 학교 전체에 깃들어 있어 때때로 오래된 교실에서 무시무시한 빛이 나타난다고 이야기하곤 했다. 하지만 마셜에게 훨씬 더 심각하고 불길한 예감은 버지니아 군사학교 교장인 스콧 십Scott Shipp이었다.

조지 마셜은 88동 막사를 배정받았다. 약 183센티미터 키에 구부정

버지니아 군사학교 Virginia Military Institute

1839년 버지니아주 렉싱톤에 창설된 주립사관학교이다. 이름은 군사학교이나 법적으로는 민간학교인 특수학교의 성격을 띠고 있다. 여러 분야에 걸쳐 학문을 배우고 학사학위를 취득한다는 점에서는 일반 대학교와 같으나 교육 방식에서는 정규 사관학교와 같이 군대식 교육을 받는다. 일반대학과 마찬가지로 사회 여러 분야에 걸쳐 능력 있는 지도자 배출을 교육 목표로 하면서도 유사시에는 국가를 위해 직접 싸울 수 있는 군인이나 장교로 선발될 수 있는 자격이 있는 '시민-군인'을 양성하는 것을 목표로 한 특수대학이다. 따라서 모든 재학생은 육·해·공군, 해병대로 나뉘어 ROTC 훈련과정을 밟는다. 졸업생들은 민간인 신분으로 사회에 진출하기도 하지만, 일부는 미 연방군 혹은 주 방위군 장교로 임관해서 직업군인의 길을 걷기도 한다.

버지니아 군사학교 생도들

하고 부끄럼도 잘 타는 성격에 장티푸스 열로 한바탕 고생까지 치렀던 그는 큰 길을 따라 막사를 향해 걸어가고 있었다. 그때 사열식 집합 나팔소리가 울렸다. 그는 집합을 위해 대형을 갖춰 당당히 걸어가는 버지니아 군사학교 생도들을 보며 멋지다고 생각했다.

십 교장은 신입생들을 못살게 구는 '랫츠Rats' 의식을 금지시켰다. 그러나 마셜과 1학년 동기생들은 그 의식을 피할 수 없었다. 신입생들은 전통에 따라 바지를 벗고 엉덩이를 드러낸 채 10분간 대검 위에 쪼그리고 앉아 있어야만 했다. 이 모습을 보기 위해 많은 사람이 몰려들었다. 당시 현장에 있었던 몇몇은 마셜이 20분이나 버텼다고 증언하기도 했다. 하지만 장티푸스에서 회복이 채 덜 된 마셜이 그렇게 오래 버텼다는 건 의심의 여지가 있다. 마셜은 체력이 다 소진되어 비틀거리며 일어났다. 대검에 스쳐 피를 많이 흘렸지만 마셜은 그런 부상을 보고할 수 없었다. 교장이 금지한 의식에 참여한 생도에게는 퇴교 조치가 내려지기 때문이었다.

마셜은 형의 생각이 틀렸음을 첫 학기 성적으로 보여주었다. 그는 결코 뒤처지지 않았다. 마셜은 82명 중 18등을 했다. 특히 군사학에서 높은 성적을 거두었다. 그 결과 그 다음 학기에 선임 상병으로 임명되었다.

집에서 여름을 보내고 돌아온 마셜은 그다음 학기에서 다시 한 번 군사학에서 최고 성적을 받았고, 그해 69명 중 25등으로 학기를 마쳤다. 그리고 3년 차에는 토목공학 전공에서 47명 중 19등을 했다. 그 결과 주변 동기들의 만장일치로 생도 중 가장 높은 직책인 '선임 중대장'에 선출되었다.

마셜은 다음과 같이 당시를 회상했다.

"나는 버지니아 군사학교에서 부사관 생도와 장교 생도를 거치며 자기절제와 규율, 그리고 사람 다루는 법을 배웠다. 내가 꾸물거렸다면 나는 동료들에게 호되게 비난받았을 것이다." [4]

4학년 때는 당시 부통령 '테디Teddy' 시어도어 루스벨트가 1900년에 쓴 에세이 『성격과 성공Character and Success』에서 "동일한 조건에서 볼 때, 인생이라는 커다란 싸움에서 성격을 형성하는 정신적인 자질들의 조합은 지적 우수함이나 신체적인 성숙보다 우선시되어야 한다"라고 언급했던 '멋진' 태도와 정신을 가진 모든 미국 청소년들을 칭찬하는 「보이스 라이프Boys ' Life」, 「세터데이 이브닝 포스트The Saturday Evening Post」 같은 잡지와 호레이쇼 앨저Horatio Alger의 책들의 기사에 나오는 모든 것이 가능한 영웅들의 모델이 될 수도 있었다.

스무 살의 마셜은 잘생긴 외모와 큰 키로 버지니아 군사학교 미식축구팀에서 태클을 담당했고, 야외훈련 때는 지휘 임무를 맡았다. 마셜의 능력은 높이 평가되었고 링 피규어 볼Ring Figure Ball에서 링 댄스Ring Dance를 이끌 생도로 선발되었다.

이즈음 마셜은 사랑에 빠졌다. 그의 마음을 사로잡은 매력적인 상대는 적갈색 머리칼의 아름다운 렉싱턴 여인이었다. 어느 봄날 친구와 길을 걷고 있던 마셜의 귀에 평소 어머니가 좋아하던 피아노곡이 들렸다. 음악이 흘러나오는 곳을 찾던 그는 창문이 열려 있는 곳을 발견했다. 열린 창문을 통해 건반에 적힌 엘리자베스 카터 콜스Elizabeth Carter Coles라는 이름을 보았다. 동기들이 그녀의 이름이 릴리Lily라고 알려주었다. 의사였던 아버지를 일찍 여의고 홀어머니와 함께 생도들에게 출입이 금지된 교문 쪽 레처 거리 319에 있는 목재 고딕풍 집에 살고 있었다. 그녀는 모든 것이 완벽했지만, 교외로 소풍조차 갈 수 없을 정도로 심장이 좋지 않아 그들은 야외 훈련장 주변에서 데이트를 하곤 했다. 버지니아 군사학교 생도들과 연애를 했던 그녀는 이미 여러 번 청혼을 거절한 경험이 있었는데, 거절당한 사람들 중에는 형 스튜어트도 있었다. 스튜어트는 자신의 구혼을 거절한 릴리에게 불친절하게 대했다. 언젠가 마셜은 자신의 대녀代女였던 로즈 페이지 윌슨Rose Page Wilson에게 이렇게 이야기한 적이 있다.

"내 인생 목록에서 형을 없애버리겠다." [5]

실제로 그는 일생 동안 형과 소원하게 지냈다.

마셜은 릴리의 선조 중에 버지니아 주지사와 독립선언서를 공표할 당시 대륙회의 의원이 있었음을 자랑했다. 또 친척들 중에 버지니아의 땅을 많이 소유한 상류층 유명인들이 있다고 강조했지만, 한편으로는 그녀의 가족들이 자신을 못마땅하게 여겼던 것을 기억하고 있었다. 마셜의 고향 유니온타운이 그 이름으로만 볼 때 마치 남북전쟁 중이나 그 이후에 생겨난 것처럼 들렸기 때문이었는데, 릴리 집안사람들은 나중에 펜실베이니아 유니온타운이 버지니아 렉싱턴보다 오히려 1년 먼저인 1776년 7월 4일에 세워진 사실을 알고는 몹시 놀랐다고 했다.

졸업이 다가올 무렵 마셜은 버지니아 군사학교 졸업생도 웨스트포인트를 졸업한 생도들과 동등하게 장교가 될 수 있는 기회가 새로 생겼음을 알게 되었다. 이는 미국-스페인 전쟁Spanish-American War과 관련하여 필리핀 사람들이 일으킨 반란을 진압하기 위해, 병사 10만 명과 장교 1,200명이 필요하다는 군의 요구를 하원이 승인함으로써 가능해진

대륙회의 Continental Congress

미국 독립전쟁 때의 기구로서 나중에 미국United States of America으로 발전한 13식민지의 대표자회의(1774~1789)다. 특히 이 용어는 대체로 제1·2차 대륙회의라 일컫는 1774년 회의와 1775~1776년 회의를 가리킨다. 독립선언서Declaration of Independence를 승인하고, 연합헌장Articles of Confederation을 준비했다. 이 헌장은 모든 식민지의 승인을 거쳐 1781년 3월 미국 최초의 헌법이 되었다. 대륙회의는 오늘날의 미국 헌법에 의해 1789년 선출된 새로운 의회가 개최될 때까지 그 기능을 수행했다.

미국-스페인 전쟁 Spanish-American War(1898)

미·서美西전쟁이라고도 한다. 1895년 쿠바인의 스페인 본국에 대한 반란으로부터 비롯되었다. 이 반란은 스페인 본국의 쿠바인에 대한 탄압과 설탕에 대한 관세에 따른 경제적 불황이 그 직접 원인이었다. 스페인은 쿠바인들의 반란을 막기 위해 야만스런 억압 조치를 취했는데, 이 모습이 몇몇 신문을 통해 미국의 일반 대중에게 전달되면서 미국인들 사이에서 쿠바 저항 세력에 대한 동정심이 생겨나기 시작했다. 이런 상황에서 미국 시민과 재산을 보호하기 위해 파견된 미국 전함 메인호가 1898년 2월 15일 아바나 항에서 원인 모르게 침몰하자 미국인들은 사태 개입을 주장했다. 이러한 주장은 이구동성의 강렬한 요구로 발전했다. 이에 따라 4월 11일 대통령은 대 스페인 개전요청 교서를 의회에 보내고, 20일 의회가 선전포고를 함으로써 양국은 전쟁 상태에 들어갔다. 전쟁 결과 12월 10일에는 파리조약이 체결되어 쿠바는 독립하고, 아메리카 대륙에서 스페인 식민통치가 종식되었으며 라틴아메리카 지역의 푸에르토리코와 태평양 연안 서부 지역 괌·필리핀이 미국의 영토가 되었다. 전쟁에서 승리한 미국은 광범위한 해외식민지를 보유한 강대국으로, 또한 국제정치 무대의 새로운 중추로 등장해 이후 유럽 문제에서 결정적인 역할을 하게 되었다. 한편 스페인은 이 전쟁의 패배로 국가적 관심을 해외식민지 쟁탈에서 국내 문제로 돌리게 되었다.

메인호의 침몰 장면(1898)

일이었다. 새로 선발할 장교 중 5분의 1은 필기시험을 통해 선발했다. 마셜의 부모는 군에 입대하려는 그의 결정을 반대했다. 그러나 아버지는 마셜이 완전히 군에 빠져 있음을 알고는 십 교장에게 자신의 아들이 장교가 될 자질을 갖췄는지를 묻는 편지를 부쳤다. 십은 마셜이 군에 입대한다면 웨스트포인트 출신자들과 비교해 평균 이상의 높은 평가를 받을 것임을 장담할 수 있다는 답장을 보냈다.

버지니아 군사학교 시절의 마셜

확신에 찬 답을 받은 마셜의 어머니는 자신의 아들이 장교 임관시험을 볼 수 있도록 대통령께 추천해 달라고 존 와이즈^{John S. Wise}에게 편지를 보냈다. 존 와이즈는 버지니아 군사학교 졸업자로 매킨리 대통령과 가까운 사이였다. 와이즈는 마셜이 미 연방 대법원장이었던 존 마셜의 자손으로 훌륭한 집안에서 태어났음을 강조하며 진심 어린 추천장을 써주었다.

시험응시 가능성을 높이기 위해 마셜은 존 와이즈와 십 교장으로부터 받은 추천장을 들고 워싱턴 D.C.로 갔다. 테디 루스벨트가 칭찬하던 미국 젊은이들의 용기를 증명이라도 하듯, 마셜은 아버지의 친구 법무장관 필랜더 녹스^{Philander Knox}의 사무실과 하원 국방위원회 의장 존 헐^{John A. Hull}의 집을 불쑥 찾아가 필요한 보증을 받는 데 성공했다. 두 사람 모두 친절하긴 했지만 어떤 약속도 해주지 않았다. 마셜은 마지막으로 군 통수권자를 찾아가기로 마음먹었다. 백악관에 도착한 마셜은 대통령 비서를 통해 사전 약속 없이는 대통령을 절대로 만날 수 없다는 이야기를 들었다. 하지만 그는 겁 없이 무작정 백악관 홀에서 기다렸다. 사전에 대통령과 만나기로 약속했던 이들이 집무실로 들어가는 것을 물끄러미 쳐다보기만 하다가, 대통령 비서가 한 신사와 딸을 대통령 집무실로 안내하는 것을 보고는 재빨리 그들을 따라 대통령 집무실로 들어갔다. 신사 일행이 대통령과 이야기를 나눈 후 집무실을 나가자 매킨리 대통령과 단 둘이 남게 되었다. 대통령은 마셜에게 원하는 게 무엇인지 물었다. 그는 침착하게 자신의 사정을 이야기했다.

전기 작가와의 인터뷰에서 마셜은 50년도 더 지난 이야기를 꺼냈다. "나는 대통령이 뭐라고 말했는지 기억나지 않지만, 그 만남으로 임관시험에 응시할 수 있는 자격을 얻었던 것은 기억한다."[6]

1901년 9월 6일, 매킨리 대통령은 뉴욕New York 버펄로Buffalo에서 열린 범아메리카 박람회Pan-American Exposition에 참석하여 템플 오브 뮤직Temple of Music 콘서트홀 리셉션에서 사람들에게 손을 흔들고 있었다. 그때 무정부주의자 레온 촐고츠Leon Czolgosz가 가까운 거리에서 대통령을 향해 총을 쏘았다. 결국 8일 뒤 매킨리는 숨을 거두었고, 부통령이던 시어도어 루스벨트가 대통령직을 승계했다. 이런 급박한 상황이 벌어지던 중에 마셜은 뉴욕 항에 있는 거버너스Governors 섬에서 3일간 시험을 치렀다. 그는 시험이 예상외로 쉬운 것에 놀랐다. 지리 문제는 좀 어려웠지만 평균 84.8점을 받았다고 십 교장에게 알렸다.

마셜은 혹시라도 장교직을 얻는 데 실패할 수도 있다는 염려 속에서 댄빌 군사학교의 지휘관 겸 교관직을 받아들였다. 와이즈가 선발위원

> 나는 대통령이 뭐라고 말했는지는 기억나지 않지만, 그 만남으로 임관시험에 응시할 수 있는 자격을 얻었던 것은 기억한다. ""

회의 한 위원에게 보냈던 마셜 추천장에 농담같이 쓴 말처럼, 그가 '화약 제조에서 가장 적합한 일부분'이 될 수 있다는 믿음을 갖고 장교 임관 합격 소식이 오길 기다리면서 버지니아 군사학교에서 배웠던 대로 산술·대수학·역사·영어, 군사 규정과 규율을 가르쳤다. 마셜은 12월 31일 스물한 번째 생일날 육군 소위로 임관하게 됐다는 소식을 전해 들었다. 이 소식은 그에게는 최고의 크리스마스 선물이었다. 그는 교관직을 그만두고 릴리에게 정식으로 청혼하기로 결심했다.

1902년 1월 13일 임관 사령장을 수여받은 마셜은 버지니아 포트마이어Fort Myer에 새로 창설된 제30보병연대에 배치받고, 2월 13일에 연대에 전입신고를 했다. 한편 마셜은 릴리와 2월 3일 증인 앞에서 결혼 서약을 하고 결혼식을 올렸다. 이어 마셜의 부모와 누나 마리, 여전히 껄끄러웠던 형 스튜어트, 죽마고우인 앤디 톰슨, 릴리의 어머니와 형제, 그리고 그녀의 여러 친척과 친구들이 참석한 가운데 릴리 집안의 한 별장에서 저녁파티를 열었다. 다음날 아침 신랑과 신부는 기차를 타고 렉싱턴을 떠나 워싱턴으로 갔다. 연대 인사장교가 이들 신혼부부를 배려해 결혼 휴가로 5일을 쉴 수 있게 해주었다. 둘은 펜실베이니아 에비뉴에 있는 뉴 월러드 호텔에 머물며 즐거운 시간을 보냈다. 그러나 심장이 약해서 아기를 가질 수 없을 거라는 아내의 고백에 상심했다. 2월

8일 마셜은 유니온 역에서 릴리에게 작별인사를 했다. 그녀는 렉싱턴에 남았다. 그는 포트마이어 연대에 신고하고 5일간 대기했다. 이후 3주간은 뉴욕에 있는 포트슬로컴Fort Slocum에 머물렀다가 부대훈련을 담당하던 다른 장교 일곱 명과 함께 샌프란시스코San Francisco에 있는 요새로 갔다. 그리고 4월 12일 필리핀으로 가는 육군 수송선 킬패트릭Kilpatrick호에 승선했다.

필리핀의 섬들은 미국이 공식적으로 스페인으로부터 획득한 곳이었다. 폭동 진압작전은 1899년 유니온타운 사람들이 열정적으로 환영했던 제10펜실베이니아 보병연대 C중대가 복귀 전에 수행했던 임무였다. 크고 작은 섬들로 이루어진 필리핀에 수송선이 도착했을 때는 이미 원주민들이 일으켰던 반란 진압이 거의 끝나가는 상태였다. 그 시기 아서 맥아더Arthur MacArthur 장군 휘하의 필리핀 주둔 미군의 규모는 7만 명에서 4만 2,000명으로 축소되었고, 윌리엄 하워드 태프트William Howard Taft 총독의 문민통치를 받고 있었다. 마셜이 도착하기 직전 벤자민 프랭클린 벨Benjamin Franklin Bell 준장이 이끄는 부대가 가장 큰 섬인 루손Luzon의 바탕가스Batangas에 위치했던 대부분의 반란 거점들을 점령했다.

제13보병연대의 G중대에 배속된 신임 소위 마셜은 민도로Mindoro 섬에 있는 칼라판Calapan 마을에 도착했다. 마셜은 서부 펜실베이니아의 온화한 기후와 완만한 지형에서 성장했고, 교육도 렉싱턴 언덕 꼭대기에 위치했던 버지니아 군사학교의 잘 손질된 훈련장에서 받았다. 그러나 이제 자신이 살았던 곳과는 전혀 다른 역한 냄새가 풍기는 마을에서 숨 막히는 열기와 싸워야 했다. 곤충과 뱀, 게릴라 부대가 그에게 몰려들었고 '반란자insurrecto'로 불리는 이들은 스페인인이든 미국인이든 관계없이 사격을 가했다. 유니온타운이나 렉싱턴 모두 콜레라 같은 전염병으로 황폐화된 적이 없었다. 하지만 필리핀에서는 상황이 달랐다. 전염병으로 격리된 기지를 방문한 마셜은 처음으로 즐비하게 늘어선 관들을 목격하게 되었다.

반란자 무리가 숨어 있다는 작은 섬에서 일곱 명의 분견대를 지휘하던 마셜은 어린 시절 콜 릭 런 개울에서와 같은 문제에 맞닥뜨리게 되었다. 문제는 악어의 공격을 받은 조랑말을 구하기 위해 노력 중인 원주민들을 만났을 때 시작되었다. 마셜은 "그들은 조랑말의 고통은 생각지도 않고 상처 부위를 꿰매고 있었다. 우리는 그 광경에 엄청나게 놀랐다"라고 당시를 기억했다.

마셜의 지휘 아래 분견대는 좁은 개울을 일렬 종대로 건넜다. 마셜은 다시 이야기를 이어갔다.

"분견대가 내 뒤를 따라왔다. 모두들 총을 움켜쥐고 탄띠는 물 위로 들고 개울을 건너고 있었다. 개울을 3분의 2 정도 건너고 있을 때였다. 우리 주위로 무언가가 지나갔고 한 부대원이 '악어다!' 라고 소리쳤다. 개울 중간쯤에 있던 대원들이 앞으로 뛰어나갔다. 나는 개울 바닥에 완전히 엎어졌고 그들은 내 위로 앞다투어 지나갔다. 내 등을 발로 밟고 나를 뛰어넘어 개울의 반대편으로 건너간 것이다. 다행히도 나는 거의 아무렇지 않게 다시 일어났다."

버지니아 군사학교의 교과과정이나 장교 지침서에는 나와 있지 않은 예상치 못한 상황이었다. 가파른 둑을 기어 올라가니, 당황한 분견대원 일곱 명이 혼란과 죄책감을 느끼며 서 있었다. 물에 젖고 진흙 범벅 상태인 대원들 앞에 선 마셜은 군의 규율 확립뿐만 아니라, 병사들에게 군인으로서의 태도와 자신감을 불어넣어야 함을 깨달았다. 그는 대원들에게 차렷하라고 소리치고 '우로 어깨총' 한 상태로 다시 개울을 향해 행진을 명령했다. 그들이 반대편 둑에 도착했을 때 개울을 건너 돌아오는 명령을 내렸다. 마셜은 부하들의 상태와 총기를 점검하고 교묘한 반란자들을 찾기 위해 다시 산속을 정찰했다. 이 사건 이후 그의 부하들은 정말로 군인다워졌다.

마셜은 60년이 지난 사건을 회상하며 자신과 부하 어느 누구도 그 사건을 다시는 언급하지 않았음을 강조했다.

"훗날 나는 그때 단지 옳다고 판단되는 일을 했던 것이라고 생각했다. 하릴없이 대원들을 비난할 때가 아니었다."[7]

마셜은 나이 스물두 살에 오로지 버지니아 군사학교 수업과 교재만을 안내자로 삼아 민간인에서 곧장 민도로 섬 남쪽 끝에 주둔한 군의 지휘자가 되었다. 그곳 군대는 급조되어 허둥대는 장교단과 다양한 계층에서 입대한 병사들로 오합지졸이었다. 그리고 전문가가 다루어야 할 수준의 수많은 보고서가 산적해 있었다. 마셜은 이러한 요인들 때문에 필리핀에서의 복무가 힘들었지만, 그래도 과거 유년기와 군사학교 시절 형성된 개인적인 자질들을 발전시키는 계기가 되어 훗날 군

> 66 전사의 마음속에는 짐승과 같은 본성이 있어서 그 본능에 구속되기 시작한다. 정말로 훌륭한 장교라면 그의 부대원과 자기 자신 속의 그 짐승을 어떻게 제어할지 계속 배워야만 한다. 99

경력의 바탕이 되었다고 언급했다. 그리고 필리핀에서의 경험을 통해 군의 발전은 참모장교의 업무에 달려 있음을 배웠다고 언급했다.

비가 억수같이 쏟아지던 어느 날이었다. 켄터키 산속 마을 출신에 멀대 같이 키 큰 병사 한 명이 삽질을 멈추고 작업을 감독하던 병장을 올려다보며 "난 망할 놈의 입대 광고전단에서 이런 장면은 본적이 없습니다"라고 불평을 하자, 이에 병장은 "입 다물고 하던 삽질이나 계속해. 그게 네 일이야!" 하고 소리치는 모습을 보았다. 그때 마셜은 지원병들의 어려움이 무엇인지 이해할 수 있게 되었다.

마셜은 "그 일로 힘든 시기에 훈련이 의미하는 것과 신뢰성이 의미하는 것이 무엇인지, 정규군에 대해 지워지지 않는 인상을 받았다." 하고 회상했다.

필리핀에서 대위로서 마셜을 지켜보았던 월터 크루거^{Walter Kreuger}는 젊은 마셜은 자신이 미 육군에서 만났던 그 어떤 군인보다도 가장 자립적인 소위였다고 기억했다. 또한 마셜을 '명민할 뿐만 아니라 그의 나이보다 사려 깊은 인물'이었다고 기억했다.(크루거는 제2차 세계대전에서 마셜 장군 밑에 근무했다.)

마셜은 미군들이 게릴라 공격에 대한 앙갚음으로 종교 도서관이 있는 대성당을 불태워버리는 것을 목격한 후, 그 일에 가담한 군인들을 군법회의에 회부시켜야 한다는 의견을 개진했다. 그는 놀란 크루거를 돌아보며 이렇게 설명했다.

"전사의 마음속에는 짐승과 같은 본성이 있어서 그 본능에 구속되기 시작합니다. 훌륭한 장교는 그의 부대원과 자기 자신 속의 그 짐승을 어떻게 제어할지 계속 배워야만 합니다."[8]

1903년 10월 말쯤 제7연대의 일부가 필리핀에 도착했고, 마셜이 속한 제13연대의 필리핀 임무는 끝이 났다. 그리고 다른 사람들과 함께 셔먼Sherman 호를 타고 고국으로 향했다. 마셜의 다음 근무지는 오클라호마Oklahoma에 있는 포트리노Fort Reno였다. 크리스마스에 포트리노에 도착한 마셜은 자신이 공식적인 군사교육으로 생각했던 것을 시작하게 되었다.

CHAPTER 02

갈등과 회의, 정체된 군 생활

삶의 파고와 결과의 불확실성 속에서도
포기하지 않는 인내의 리더십 ★★★★★★★★★★★★★

마셜은 진급제한이라는 법률적 이유로 예상했던 대로 진급이 되지 않고 적체되었지만, 육군에 대한 신념을 잃지 않고 신중히 노력했다. 뜻하지 않은 주변 환경이 걸림돌이 되어 쉽게 진행되지 않을 때나 실패했을 때, 목표에 대한 신념을 잃지 않고 때를 기다리며 자신이 해야 할 노력과 훈련을 지속하며 목표를 향해 끈기 있게 매진한 마셜의 인내가 결국 그를 20세기 가장 영향력 있는 군인으로 키워낸 것이다.

:: 다시 시작하는 배움

1903년 말 조지 마셜 소위는 필리핀 정글에서 비와 진흙, 그리고 반란군의 위협과 싸움을 마친 지도 18개월이 지났다. 그는 불현듯 자신의 주위에 적이 없다는 것을 체감했다. 거친 야전생활에서 청결하고 잘 정돈되어 있는 오클라호마 포트리노 수비대로 돌아와 있었다. 서부개척 시대의 유물인 포트리노는, 남북전쟁 시기 인디언 용사였던 필립 헨리 셰리든Philip Henry Sheridan 장군이 1862년 남북전쟁 중 메릴랜드Maryland 주 사우스마운틴 전투Battle of South Mountain에서 전사한 자신의 전우이자 친구였던 제시 리노Jesse L. Reno 소장을 기리기 위해 붙인 이름이다. 포트리노는 오클라호마 캐나디안Canadian 강을 따라 약 41.5제곱킬로미터의 면적에 건설되었다. 원래 인디언 샤이엔Cheyenne 족과 아라파호Arapaho 족의 봉기를 진압할 목적의 기병대 기지로 활용되었던 곳이다.

하지만 그러한 위협들은 오래 전에 끝나 있었다. 1903년 11월 마셜과 포트리노 수비대의 나머지 인원들은 혹독한 남부평야의 기후와 맞서고 있었다.

건강 상태가 좋지 않던 릴리 콜스 마셜은 이런 기후 속에서 열악한 독신자 숙소에서 남편과 함께 살 수 없어서 렉싱턴으로 돌아갔다. 마셜의 부인과 그녀의 미망인 어머니는 마셜에게 경제적으로 의존했다. 거기에 더해 장교이자 신사였던 마셜은 자신의 제복, 사브르, 리볼버, 야전안경, 침구, 의료도구, 그리고 평상복 등을 사기 위해 월급 116.67달러 전부를 지불해야 했다. 마셜은 그때를 이렇게 회상했다.

"마지막 땡전 한 푼까지도 아껴 써야 했다."[1]

포트리노에 도착한 지 3개월 후 마셜은 기지의 병참장교로 임명되었다. 6월에는 추가적으로 공병장교의 임무를 맡았다. 또한 장교단의 질적 향상을 위해 국무장관 엘리후 루트Elihu Root가 계획한 프로그램의

엘리후 루트 Elihu Root(1845~1937)

미국의 대표적인 보수주의 정치인이다. 변호사로 출발, 뒤에 정계에 진출해 대통령 W. 매킨리, 시어도어 루스벨트 밑에서 각각 육군장관을 지냈고, 육군대학 설치 등의 군제 개혁을 단행했으며, 쿠바·필리핀에 대한 정책을 수행했다. 1912년 노벨 평화상을 수상했다. 1919년 베르사유 조약 체결에 미국 대표로 참가했다. 그의 중남미 정책은 프랭클린 루스벨트의 선린외교 정책의 선구로 알려져 있다.

일부로 기지 내에 설립된 학교에 등록했다. 그곳에서 마셜은 군사지리와 야전공병, 보안과 정보, '야전부대', 국제법 시험을 통과했다. 복무 중인 장교들을 교육한다는 발상은 상당히 진보적인 것이었지만, 그 교육과정 자체는 남북전쟁이나 미국-스페인 전쟁 때처럼 '말, 안장 그리고 고삐' 수업으로 대변되는 기병과 보병의 협력을 주로 하는 구식 교리와 전술에 기반을 두고 있었다.

:: 가장 힘들었던 임무 그리고 멀린 크레이그와의 첫 만남

포트리노에서 수비대로 근무한 지 1년 반이 지난 1905년 6월이었다. 마셜은 미국 남서부의 약 5,200제곱킬로미터 지역의 지도 제작을 지원할 장교 열 명 가운데 한 명으로 선발되어 샌안토니오San Antonio 서쪽으로 약 160킬로미터 떨어진 텍사스Texas의 포트클라크Fort Clark에 임시로 근무하게 되었다. 담당 지역은 포트클라크로부터 행군으로 이틀 거리인 델리오Del Rio 서쪽 지역이었다. 마셜은 육군이 제1기병대의 본부로 보병을 파견한다는 것은 구태의연한 처사라고 생각했다. 그렇지만 이 임무로 34년 후 자신을 육군 참모총장 후임으로 추천하게 될 사람과 처음으로 만나게 되었다.

1905년 멀린 크레이그Malin Craig와의 첫 만남은 어쨌든 그에게는 행운이었다. 훗날 마셜은 자신이 맡았던 지도 제작 임무는 육군에서 맡은 업무 중에서 가장 힘든 일이었다고 회상했다. 크레이그 대위는 마셜을 처음 만났을 때 누더기 같은 그의 행색 때문에 장교라고는 생각지 못

멀린 크레이그 Malin Craig(1875~1945)

1898년 웨스트포인트를 졸업했다. 미국-스페인 전쟁에 참전했고, 중국의 의화단 운동에 관여했다. 제1차 세계대전에 참전해 미국 원정군 1군단의 참모장으로 마른, 생미엘, 뫼즈-아르곤 작전을 주관했다. 간전기 동안 미 육군 기병학교장, 파나마운하 사단장, 육군대학 총장을 지냈다. 1935년에서 1939년까지 미 육군 참모총장을 지냈다.

하고 마셜이 아닌 그의 부관에게 먼저 말을 건넸다. 사실 마셜은 꽤 많은 일을 겪었다. 그는 두 마리의 말과 마차, 노새 네 필, 그리고 병사 두 명과 민간인 한 명으로 구성된 조사팀을 이끌고 포트클라크에서 출발해 불모지를 가로질러 랭트리 타운Town of Langtry의 모든 경계 지역을 돌아다녔다. 원래 남태평양 기차의 선로 부설 인부들의 캠프로 급하게 건설된 이 도시는 1903년 사망한 자칭 '웨스트 페코스의 법Law West of the Pecos'이라는 로이 빈Roy Bean 판사의 고향으로 더 유명했다. 마셜은 철로를 따라 걸으면서 선로 구간을 셈하는 방법으로 거리를 측정했다. 그 지방은 기온이 섭씨 54.4도에 이를 정도로 몹시 더웠다. 일이 지루하기도 했지만 날씨 때문에 더 힘이 들었다. 하지만 군대는 철로를 사용하기 때문에 정확한 조사는 효과적인 병참, 전술, 전략을 위해 필수적인 것이었다. 식량이 부족해 한동안은 베이컨과 통조림, 콩으로 연명하며 지냈다. 더군다나 마셜은 가슴통증 때문에 너무 고통스러워 물을 마실 때조차도 숨이 찼다. 조사팀은 약 80킬로미터를 하루에 16~24킬로미터씩 이동했고, 18시간 동안 물 한 모금 마시지 못한 적도 있었다.

마셜 팀은 6월 말 랭트리에 도착해서야 그동안 밀린 봉급을 받을 수 있었다. 마셜의 부관이 앞으로 육군은 그 도시의 남자들에게 현지 매음굴의 모든 여자들을 징발할 것이라고 발표하자 랭트리의 남성들은 분노했다. 다행히 마셜이 서둘러 양측을 설득해 간신히 폭동을 막을 수 있었다.

지도 제작 조사팀은 랭트리에서 물자를 공급받고, 충분히 휴식을 취한 후 포트클라크를 향해 북동쪽으로 갔다. 그리고 8월 말에야 겨우 최종 목적지에 도착했다. 멀린 크레이그 대위와 처음 만났을 때 마셜은 체중이 약 14킬로그램 가까이 줄었고 햇볕에 탔으며, 노새가 씹어버린 파나마모자는 너덜너덜해져 있었다.

크레이그는 그의 겉모습에서 좋은 인상을 받지 못했다. 그러나 그가 제작한 지도책을 자세히 살펴본 후 마음이 바뀌었다. 크레이그는 마셜의 지도가 자신들이 지금껏 받은 것들 중에서 최고이고 열 팀이 작성한 일곱 장의 지도 중에서 유일하게 완벽하다고 평가했다. 마셜은 4개월의 포상휴가를 받았다.[2]

유니온타운으로의 귀향은 마셜에게는 달콤했지만 한편으로는 쓸쓸

했다. 그가 자란 집은 영화극장을 짓기 위해 헐렸고, 부모는 이른바 '마천루'로 불리는 사무실과 아파트로 지어진 11층의 고층건물로 이사했다. 낯설게 변한 거리를 걷다가 우연히 어린 시절 가장 친한 친구 중 하나였던 애완견 테리어를 만났다. 그러나 그 개는 마셜을 알아보지 못했다. 마셜은 유니온타운을 떠나 릴리가 친척들과 피서를 즐기던 버지니아 앨버말 카운티Albermarle County의 이스트먼트Eastmont로 향했다. 그의 휴가가 끝날 무렵 릴리는 허약한 건강에도 불구하고 그녀의 어머니와 함께 남편을 따라 포트리노로 돌아가기로 결정했다.

:::은색의 중위 계급장을 달기까지

4개월간의 휴가를 보내고 오클리호미로 돌아온 1906년 봄, 마셜은 포트리노에 있는 장교들 중에서 유일하게 포트레번워스Fort Leavenworth의 '보병 및 기병학교Infantry and Cavalry School' 입학에 관심이 있다는 것을 알게 되었다. 이 학교는 1881년 윌리엄 셔먼William T. Sherman 장군의 명령에 의해 설립되었으며 그 후 여러 번의 개편 과정을 거쳤다. 미국-스페인 전쟁 이후에는 육군의 필리핀 점령에 따른 중요 요구사항들을 해결하기 위해 4년간 휴교하기도 했다.

1901년 국무장관 엘리후 루트는 한 보고서에서 육군 장교 중 3분의 1 이상이 전쟁과학에 대한 체계적인 연구의 기회조차 얻지 못하고 있다고 지적했다. 이에 따라 학교를 다시 개교할 것을 권고했다. 전쟁성의 지시를 받은 포트레번워스의 '보병 및 기병학교'는 확대 개편되었고,

모든 병과에 대한 일반 업무와 참모 업무 전문학교로 발전했다. 프랭클린 벨J. Franklin Bell 장군이 교장으로 임명된 후 1902년 9월 1일 '보병 및 기병학교'를 포함한 3개의 예하학교로 구성해 다시 문을 열었다. 그에 맞춰 학생장교를 선발하는 방법도 대위 이하의 계급은 누구나 입학할 수 있게 변경했다.

마셜은 포트레번워스 입학 자격시험에서 두 번이나 최고 득점을 획득했지만 입학 자격은 항상 고참 장교들의 차지였다. 그렇게 입학한 장교들은 그 누구도 좋은 성적을 내지 못했으며 단지 포트레번워스의 시스템에 대한 비판과 불만만을 품고 복귀했다. 마침내 1906년 마셜은 입학을 원하는 유일한 장교로 경쟁자 없이 입학 허가를 받았다.

마셜은 기혼 장교 숙소의 입주가 가능해지자 릴리와 그녀의 어머니를 포트레번워스로 데려왔다. 그는 학생장교 54명 중에 가장 젊은 학생이었다. 다른 학생장교들은 마셜보다 모두 상위 계급이었고 복무기간도 길었다. 훗날 그는 몇몇 장교들의 경우 먼저 교육을 받았던 동료들이 준 시험지 복사본을 가지고 입교했다고 말했다. 또 "나는 내 인생에서 이제껏 꿈꿔왔던 어떤 공부보다도 더 열심히 공부를 해야 한다는 것을 깨달았다"[3]라고 회상했다.

급우들끼리 "누가 최고의 학생인가?", "내년에도 학교에 남게 되어 군 리더십을 위한 필수조건인 권위 있는 육군대학에 진학할 수 있는 자격을 갖게 될 24명은 누구인가?"를 논쟁할 때 아무도 마셜을 언급하지 않았다. 그는 1906년 12월에 있는 중위 진급시험에 응시자격을 갖게 되면서 더 많은 스트레스를 받았다. 비교적 고급스러운 생활을 원했던 아내와 장모를 부양하고 있던 스물다섯 살의 그에게는 더 많은 수입이 절실히 필요했다. 또한 자신이 선택한 직업인 군에서 성공적으로 복무했음을 확인하기 위해서라도 은색 중위 계급장을 달고 싶었다. 진급시험에 합격한 지 3개월이 조금 지난 1907년 3월 7일 그는 군에 대한 자신의 적성을 확인할 수 있었다.

마셜은 학급에서 1등을 차지했고 포트레번워스에서 2년차 생활을 할 수 있었다. 1907년 여름, 그는 벨 장군이 선발한 국경 수비대의 훈련 지원 장교 5명 중에 선발되어 펜실베이니아의 제13연대에 파견되었다. 그는 단지 일주일 동안의 부대훈련을 맡았지만 그의 교육과 동기부여 능력에 깊은 인상을 받은 연대장 스틸웰F. W. Stillwell은 다음해 여름 그를 다시 초빙했다.

마셜은 아내 릴리와 생활하며 교관으로서 다른 장교들과 사냥과 승마를 즐기며 군 생활에서의 사적인 교류를 가졌다. 포트레번워스의 수비대원 중에는 더글러스 맥아더 중위가 있었다. 놀라운 것은 아니지만

> ❝ 맥아더가 자신만만한 이기주의자인 것에 반해, 마셜은 개인적으로 육군에서의 성공을 간절히 바라면서도 대의를 위해서는 자제할 줄 아는 섬김형 리더였다. ❞

맥아더의 전기 작가인 윌리엄 맨체스터William Manchester는 마셜과 맥아더의 관계를 이렇게 표현했다.

"각자 서로의 신경을 건드렸다."[4]

맥아더가 자신만만한 이기주의자인 것에 반해, 마셜은 개인적으로 육군에서의 성공을 간절히 바라면서도 대의를 위해서는 기꺼이 자제할 줄 아는 복무 자세를 가진 겸손한 섬김형 리더였다. 더글러스 맥아더는 필리핀 주둔 미군 사령관으로 명예훈장 수상자로 유명한 아서 맥아더 중장의 아들이었다. 이런 맥아더는 자신이 남들보다 더 많은 능력을 가졌다고 생각했으며 그것을 입증하기 위해서라면 다른 사람을 제치고 나가는 것을 주저하지 않았다. 마셜은 자연스럽게 맥아더와 거리를 두었다.

1909년 9월 21일 아침, 마셜은 아버지가 뇌졸중으로 쓰러졌다는 비보를 전해 들었다. 그는 즉시 유니온타운으로 출발했으나 조지 마셜 시니어는 아들이 도착하기 전에 숨을 거두고 말았다. 장례는 피츠버그Pittsburgh를 가로지르는 앨러게니Allegheny 강변에 위치한 브래포드 가족묘지에서 프리메이슨 종교의식으로 치러졌다. 어머니의 재정적인 안정을 보장하기 위해 마셜과 누나 마리, 형 스튜어트는 자신들의 상속재산을 어머니에게 양도했다. 마셜의 어머니는 여생을 유니온타운과 쾌

적하고 인기 있는 해변 리조트가 있던 뉴저지New Jersey 애틀랜틱시티
Atlantic City의 호텔 해던 홀Haddon Hall에서 보냈다. 그녀는 매년 10월부터 다
음해 부활절까지 머물렀고, 그때마다 자녀들은 정기적으로 어머니를
방문했다.

:: 지연되는 진급, 군 생활에 회의를 느끼다

포트레번워스에서 4년간 교관 임무를 마친 1910년 늦여름, 마셜은 그
동안 밀린 두 달간의 휴가에 봉급의 절반만 받는 3개월 휴가를 더 받
아서 릴리와 함께 유럽 여행을 떠났다. 그들은 영국에서 한 달, 파리에
서 2주, 프랑스 샤토Château 지역에서 두 달, 그리고 피렌체Firenze와 로마
에서 5주를 보내고 오스트리아로 이동했다. 그리고 1911년 1월 19일,
이탈리아 중북부의 항구도시 트리에스테Trieste에서 느리고 값이 싼 배
를 타고 미국으로 돌아왔다. 마셜은 '아주 적은 경비'[5]로 여섯 나라를
여행한 것을 꽤 자랑스러워했다.

미국으로 돌아온 1월 말, 마셜은 온타리오 호수 기슭에 위치한 뉴욕
사케츠 하버Sackets Harbor의 매디슨 병영Madison Barracks 제24보병연대 D중
대장에 보직되었다. 그러나 3개월 후, 전쟁성에 있는 한 친구가 혹한의
기후 속에서 고생하는 그를 워싱턴으로 전출시켜 1912년에 계획된 대
규모 평시 기동훈련 준비를 지원하게 되었다. 미국과 멕시코의 국경을
따라 배치된 1만 7,000명의 병력과 3개 사단의 예하 부대가 참가한 기
동훈련은 단순한 훈련이 아니었다. 그 기동훈련은 멕시코인들에게 포

르피리오 디아스Porfirio Díaz 혁명정부에 반란을 일으키더라도 미국의 텍사스 국경을 넘지 말 것을 경고하는 의도도 있었다.

기동훈련을 성공적으로 이끈 마셜은 뛰어난 참모장교임을 입증했고, 자신의 상관만이 아니라 대중 언론으로부터도 신망을 받았다. 그러나 마셜은 워싱턴의 책상에만 앉아 있는 것보다 적극적으로 부대를 이끌 수 있는 야전 근무를 갈망했다. 그래서 1913년 8월 야전 경력을 좀 더 쌓을 수 있는 필리핀으로 돌아오라는 새로운 명령을 기꺼이 받아들였다. 이번에는 일본에서 3개월간의 열정적인 여름여행 계획을 세워서 릴리와 동반했다.

> 정규군에 임관한 지 11년이 지났고, 반란군을 진압하기 위해 처음 필리핀에 도착한 지 10년이 지났지만 계급은 여전히 중위에 머물러 있었다.

8월 5일, 마셜은 마닐라Manila 인근에 위치한 포트매킨리Fort McKinley의 제13보병연대에 신고했다. 마셜의 군사 지식과 경험은 포트매킨리의 모든 중위를 능가했다. 물론 웨스트포인트 출신 초급장교들까지도 그의 경쟁 상대가 되지 못했다. 그는 1만 7,000명의 병력이 참가한 대규모 기동훈련을 계획했다. 그러나 정규군에 임관한 지 11년이 지났고, 반란군을 진압하기 위해 처음 필리핀에 도착한 지 10년이 지났지만 계급은 여전히 중위에 머물러 있었다. 미국-스페인 전쟁에 참전한 군인들은 특혜를 받았지만 이 특수시기에 임관한 징교들은 진쟁 후 공급과잉이 되어 정책적으로 차기 진급이 제한되고 있었기 때문이었다. 심지어 마셜이 초급장교였을 때 지휘관이었던 윌리엄스E. J. Williams 대위는 여전히 진급이 안 되어 포트레번워스에서 마셜의 교육생으로 있기도 했다. 이것에 대해 훗날 마셜은 몹시 분하고 억울했다고 언급했다.

중대장으로 100명을 지휘한 지 몇 달이 지난 뒤, 마셜은 필리핀 방어의 전투능력을 시험하는 대규모 기동훈련에서 '화이트 포스White Force'의 부관참모로 근무하라는 명령을 받았다. 전쟁성은 러일전쟁Russo-Japanese War에서 승리한 일본이 태평양의 전반적인 지배를 노릴지도 모른다는 예측을 내놓고 이점을 우려하고 있었다. 이에 따라 전 육군 참모총장인 프랭클린 벨 장군이 지휘하는 필리핀 군관구Philippine Department

는 '브라운 포스Brown Force'의 방어와 마닐라 점령을 목표로 한 화이트 포스의 수륙 양면 공격 시뮬레이션을 기획했다. 벨 장군이 화이트 포스의 사령관으로 임명한 연대장은 술꾼에다가 야전 지휘능력 또한 부족했다. 부연대장도 부적합한 인물이었다. 그래서 마셜은 연대장과 부연대장의 명목상의 지휘권은 유지하지만 실질적으로는 자신이 지휘관으로 임무를 수행하는 방안을 연대참모들에게 제안했다. 이것은 대담하고 무례하기까지 한 제안이었지만 연대장은 이를 받아들였고, 조지 마셜은 비록 중위지만 필리핀의 중대한 군사적 워게임에서 가장 큰 야전부대를 지휘하게 되었다.

거의 5,000명에 이르는 화이트 포스의 병력을 지휘하게 된 마셜은 보급품과 장비의 획득에서 계급상 유리한 브라운 포스의 대령 두 명과 맞서게 되었다. 모의침공을 개시한 1914년 1월 22일, 화이트 포스의 공격부대는 루손의 항구를 출발해 바탕가스에 상륙해 작은 보트를 타고 해변으로 이동했다. 그러나 선박이 부족해 1월 29일까지 공격이 지연되었다. 마셜은 이때 복잡한 문제들을 즉석에서 임기응변으로 해결해냈다. 화이트 포스의 보병중대를 이끄는 한 젊은 웨스트포인트 출신 중위는 마셜의 그러한 임기응변을 목격하고 놀라움을 금치 못했다. 그 중위는 대나무 그늘 아래서 지도를 펼쳐들고 확신에 찬 모습으로 적의 방어선을 와해시킬 공격을 지시하고 있는 마셜의 당찬 모습을 보았던 것이다.

중대장은 웨스트포인트에서 '햅Hap'이라는 불후의 별명을 얻은 온화한 성격의 헨리 아놀드Henry H. Arnold이었다. 아놀드는 이후 제2차 세계대전에 참전하여 제8비행단을 지휘했고 전쟁 후에는 미 공군의 핵심 설

계자가 되었다. 훗날 아놀드는 당시 마셜을 경외했고 그의 계획으로 화이트 포스가 승리의 찬가를 울렸다고 회고했다.

"나는 기동훈련에서 돌아와 아내에게 언젠가 육군 참모총장이 될 수 있는 남자를 만났다고 말했다."[6]

마셜이 지휘한 병력들이 상대편을 깨끗이 패배시키고 어려운 임무를 성공시키자 칭찬이 쏟아졌다. 이 일로 마셜은 갑자기 마닐라 수비대의 장교들 사이에서 화제가 되었다. 벨 장군이 마셜을 스톤월 잭슨 이후 가장 위대한 군사적 천재라고 불렀다는 소문까지 돌았다. 마셜의 전기 작가 포레스트 포그는 그에 대한 평가에서 전설과 사실을 구별하

> **❝** 나는 군 생활을 유지할 것을 권하고 싶네. 그리한다 면 마셜 자네는 반드시 높은 계급의 장교로 진급할 수 있을 것이라고 확신하네. **❞**

기 위해 노력했다.

"그가 뛰어난 참모장교로 성장했음이 그 성과로 증명되었다. 그리고 그의 성과는 마셜의 이름에 빛을 더해 그의 동료와 상급자들이 시간이 지난 후에도 그의 이름을 기억할 수 있게 했다."[7]

그러나 마셜은 기동훈련으로 건강이 나빠졌다. 지칠 대로 지친 그에게 정규휴가 두 달에 병가 두 달이 추가로 허락되었다. 마셜과 릴리는 휴가기간에 일본, 만주, 한국을 여행했다. 하지만 여행기간 내내 즐기기만 한 것은 아니었다. 마셜은 러일전쟁의 전장을 연구하는 데 많은 시간을 보냈고, 야간공격을 포함한 부대훈련의 참관자로 초대되어 일본 장교들과 많은 이야기를 나누었다. 마닐라로 돌아온 후 주중에는 수비대 임무에 전념했고, 주말에는 승마와 하이킹을 중단하고 아내와 춤도 추고 차를 마시는 등 평범한 일상의 여유를 즐겼다.

1915년 3월 레븐워스에서 마셜의 학생이었고, 코네티컷Connecticut에서 기동훈련을 같이 수행했던 헌터 리젯Hunter Liggett 준장이 포트 매킨리의 임시 보병여단을 지휘하러 왔다. 리젯의 첫 활동 중의 하나는 마셜을 자신의 부관으로 임명한 것이었다. 리젯은 프랭클린 벨 장군으로부터 1년도 안 되어 업무 인수인계를 완료했고 마셜을 데리고 갔다. 비록 마셜이 필리핀에서 최고위 장교의 전속부관이었지만 그의 나이 35세에 여전히 중위였다. 마셜을 비롯해 진급이 안 되는 비슷한 연령대의 많은 이가 진급 적체와 법률로 인한 진급제한이 있을 것이라고 예상했다. 보병의 진급 정체로 심하게 좌절한 마셜은 버지니아 군사학교의 교장인 니콜스E. W. Nichols 장군에게 전역을 희망한다는 내용의 편지를 보냈다.

"극복할 수 없는 어려움 앞에 제 젊은 날을 헛된 투쟁으로 낭비하는 것은 옳지 않다고 느낍니다."

"군 생활을 하면 절대적인 보장을 받을 수 있고 꽤 안락한 생활을 할 수 있다는 유혹도 많습니다. 진급 가능성이 적다는 이유로 제 나이에 군 생활을 포기하고 다시 민간인으로 새 삶을 시작한다는 것은 어려울 수도 있고 위험할 수도 있습니다. 하지만 단 한 번뿐인 인생에서 현재의 지위에 만족하는 것은, 곧 옳은 일을 하기 위한 강한 의지와 도덕적 용기가 부족함을 뜻하는 것입니다"라고 니콜스 장군에게 자신의 생각을 털어놓았다.

니콜스는 사려 깊게 답했다.

"나는 군 생활을 유지할 것을 권하고 싶네. 그리한다면 자네는 반드시 높은 계급의 장교로 진급할 수 있을 것이라고 확신한다네."8

니콜스의 선견지명은 미국이 '유럽전쟁European War'인 세계대전에 참전함으로써 입증되었다.

군사적 천재,
다이너마이트 마셜

새로운 환경 속에서 비전과 전략을
수립하고 수행하는 **변화의 리더십** ★★★★★★★★★★

리더의 변화에 대한 적응 속도, 융통성, 적응력 등은 변화가 주는 도전과제를 조직 내에서
전략적으로 준비 대응해 성취할 수 있게 하는 중추적인 힘이다. 마셜의 삶의 전략은 끊임
없이 변하는 환경 속에서 변화를 수용하고 변화를 자기가 설정한 인생 목표와 삶에 맞춰,
적응하면서 이를 주도적으로 이끌어간 데 있었다.

:: 오랜 기다림 속에서 얻은 별명, 다이너마이트

1914년 여름, 마셜이 초급장교들의 진급에 대한 미 육군의 냉담한 태도에 조바심을 내고 있는 동안 국제적으로는 유럽 국가들이 갑작스레 전쟁 준비에 돌입했다. 그들은 전쟁의 구실을 찾기 위해 혈안이 되었다. 오스트리아–헝가리Austria-Hungary 정부는, 세르비아Serbia의 지원 속에 이루어진 '오스트리아–헝가리 이중 제국'의 후계자인 프란츠 페르디난트 공Archduke Franz Ferdinand의 암살을 구실로 세르비아를 처단하려 했다. 이는 발칸Balkans에서 일어나고 있는 반제국주의적 민족주의자들의 움직임을 좌절시키려는 의도였다. 그러나 오스트리아와 헝가리는 제한적 전쟁이 아닌 유럽 강대국 간의 전쟁을 일으킴으로써 공식적인 조약과 비밀협약들로 거미줄 같이 얽혀 있던 약소국들까지 참여하게 되는 '세계대전Great War'을 일으켰다. 그리고 이 세계대전은 유럽 대륙 전

1914년 7월 28일 오스트리아-헝가리가 세르비아에
보낸 전쟁선포 전보

체뿐만 아니라 아프리카와 중동, 그리고 동아시아에 있던 유럽 국가들의 식민지에서도 벌어졌다.

그러나 미국은 당시 학자풍의 평화주의자 우드로 윌슨이 대통령으로 있던 시기로 세계대전을 그들이 표현한 것처럼 '유럽전쟁'으로 생각했기 때문에 중립적인 입장을 표명했다. 1915년 공해상에서 독일 U-보트가 영국의 여객선 루시타니아 호를 공격해 미국인 승객 128명을 포함해 승객과 승무원 1,198명이 희생되는 참극이 발생했다. 이러한 상황 속에서 영국의 선동적인 선전가들은 미국의 전쟁 참전을 촉구했고, 미국 내에서도 시어도어 루스벨트를 중심으로 한 참전 의견이 절정에 치달았지만 윌슨 대통령은 여전히 전쟁 개입을 거부했다.

필리핀에 있던 마셜은 유럽에서의 어떠한 전쟁보다도 오히려 일본의 팽창주의가 미국의 국익을 위협할 것으로 전망했다. 그러나 일단은 미국과 인접국인 멕시코와의 관계 악화가 유럽의 상황이나 필리핀에서 발생할 수 있는 상황보다 더 시급한 위협이 될 수 있다고 확신했다. 여기에 윌슨은 유럽에서 전쟁하는 것은 꺼리면서도 멕시코 국경에 군대를 파병하는 데는 열의를 보이던 상황이었다.

멕시코의 혁명주의자인 '산적Bandit' 판초 비야Pancho Villa는 1916년 3월

미국의 육군 장성으로 웨스트포인트 육군사관학교를 졸업한 (1886) 후 인디언 전쟁과 미국-스페인 전쟁(1898)에 참전했고, 1906~1913년 육군 준장으로 필리핀 제도에서 복무했으며, 1916년에는 멕시코의 혁명가 판초 빌라를 응징하기 위한 습격을 지휘했다. 제1차 세계대전 때 유럽에 파견된 미원정군(AEF)을 지휘했다. 사막의 토벌, 정글의 게릴라전, 유럽 대륙의 야전에서 많은 전공을 세웠다. '블랙 잭'이라는 그의 별명은 군대생활 초기에 흑인 연대에서 복무한 전력 때문에 생긴 것으로, 그의 완강한 태도와 엄격한 훈련을 의미한다. 1921년부터 육군 참모총장 지내다가 3년 후에 퇴역했다. 저서로 『나의 세계대전 체험 My Experiences in the World War』(1931, 전2권)이 있다.

9일 뉴멕시코New Mexico의 콜럼버스Columbus로 들어와 미국인 17명을 살해했다. 이러한 무자비한 습격에 화가 난 윌슨 대통령은 비야와 그의 부하들을 추격하여 생포하거나 사살하라는 명령을 내렸다. 이 임무를 위해 존 퍼싱John J. Pershing 장군 지휘 아래 병력 1만 1,000명이 '토벌부대Punitive Expedition'로 편성되어 파견되었다. 또한 정규군 병력이 토벌과 방어 임무를 동시에 수행하기에 부족하다는 것을 깨달은 윌슨 대통령은 국경 인근 주들에 주둔해 있던 주 방위군을 연방정부 직할로 지휘권을 변경했다. 그리고 의회는 '1916년 국가방위법National Defense Act of 1916'을 통과시켰다. 이 법으로 학생군사교육단(ROTC)^{Reserve Officers' Training Corps}과 단기간에 많은 소위를 양성할 수 있는 3개월 과정의 장교 훈련소가 여러 곳에 설립되었다. 하지만 장교 훈련소 출신들은 '90일의 기적^{Ninety-day-wonders}'이라는 조롱을 받아야만 했다.

드디어 마셜에게 출세의 기회가 찾아왔다. 자신의 능력을 시험할 수 있는 국경지대의 전투에 참전하기 원했던 마셜은 자신의 멘토였던 벤자민 프랭클린 벨이 필리핀에서 멕시코로 전출가게 되자 자신도 함께 가고 싶다는 뜻을 내비쳤다. 그러나 벨이 멕시코가 아닌 서부 사령부의 사령관으로서 샌프란시스코에 있는 프레시디오^{Presidio} 요새로 가게 되면서 마셜도 벨의 전속부관으로 금문교와 가까운 샌프란시스코로 가게 되었다. 지휘관으로서 전쟁에 참전하지 못한 마셜은 크게 실망했지만, 포트맥도웰^{Fort McDowell}에 있는 진급심의위원 회의에서 만장일치로 대위 진급 대상자로 결정됐다는 소식을 듣고 위안을 얻었다. 마침내 마셜은 1916년 8월 14일 대위 계급장을 달았다.

마셜은 비야 추격 임무에 참여하지 못해 전장에서 군 경력을 쌓을 수 있는 기회를 얻지는 못했지만 캘리포니아^{California} 몬테레이^{Monterey}에 새로 창설된 장교 예비단^{Officers Reserve Corps}의 30일 단기 훈련소에서 훌륭한 기획능력을 발휘하며 단기간 내에 유명해졌다. 이때 얻은 별명이 '다이너마이트^{Dynamite}'였다. 그의 명성을 더 드높인 것은 포트더글러스^{Fort Douglas}의 지휘관인 존슨 하굿^{Johnson Hagood} 중령의 보고서였다. 하굿 중령은 두 번째로 진행된 한 달 간의 훈련 캠프에서 자신의 보좌관 임무를 수행한 마셜을 '군사적 천재'라고 표현했다. 부하로서 마셜이 다시 복무해도 좋겠냐는 질문에 대해 하굿의 대답은 다음과 같았다.

> 마설은 캘리포니아에 새로 창설된 장교 예비단의 30일 단기 훈련소에서 훌륭한 기획능력을 발휘하며 단기간 내에 유명해졌다. 이때 얻은 별명이 다이너마이트였다.

"이 장교는 전쟁 시 소장의 계급장을 달고 사단을 지휘할 수 있을 정도로 우수한 자질을 갖춘 장교이다. 내가 그의 지휘를 받는다고 해도 무척이나 기쁠 것이다."

하굿은 마설의 서른여섯 번째 생일날인 1916년 12월 31일에 작성한 보고서에서 마설을 정규군의 여단장으로 특진시키자고 제안했다. 그리고 이런 말도 덧붙였다.

"이 제안을 미루는 것은 군과 국가에 손실이다."[1]

:: 세계대전에 참전하기 위해 프랑스로 출발

하굿이 마설을 극찬하는 보고서를 쓴 후로도 마설은 계속해서 4개월 동안 대위로서 벨의 전속부관의 임무를 수행했다. 하지만 중요한 변화가 일어났다. 마설은 이제 더 이상 프레시디오 요새에서 벨의 전속부관도, 몬테레이의 30일 단기 훈련소와 포트더글러스에서의 훈련 담당관도 아니었다. 미국 원정군과 함께 프랑스로 이동하라는 명령을 받고 뉴욕 항 거버너스 섬(뉴욕 이스트강 남쪽 끝에 있는 미 육군 요새지)의 배에 머물고 있었다. 1916년 11월, '그는 우리를 전쟁으로 몰아가지 않았다'라는 선전 구호로 재선에 성공한 우드로 윌슨의 요청에 따라, 1917년 4월 6일 의회는 독일 및 다른 동맹국들인 오스트리아, 헝가리, 그리고 터키와의 전쟁을 선포했다.

퍼싱 장군이 지휘하는 파병군의 선발대로 프랑스 전에 참전하기를 간절히 바랐던 마셜은 14년간 자신을 지지해 주었던 군의 지인들에게 도움을 요청했다. 육군의 첫 번째 전투사단의 지휘관으로 선발된 윌리엄 시버트William L. Sibert는 몬테레이 훈련소에서 확인했던 마셜의 뛰어난 업무성과를 기억하고는 벨 장군에게 마셜을 자신에게 보내달라고 부탁했다. 벨은 자유의 여신상이 잘 보이는 볼링그린Bowling Green에서 시버트와 마셜을 만나게 해주었다. 그곳에서 시버트는 마셜에게, 36시간 내에 배를 타고 프랑스를 향해 출발하게 될 것이라고 말했다.

마셜은 전쟁기간 동안 아내 릴리가 머무르게 될 버지니아 렉싱턴으로 돌아가 서둘러서 짐을 꾸렸다. 다음날인 1917년 6월 10일, 뉴저지New Jersey에 있는 호보컨Hoboken으로 갔다. 그곳은 미국 정부가 강제 징발한 북부 독일 로이드 라인North German Lloyd Line 사의 항만이 있는 곳이었다. 마셜 대위는 항만 책임자와 함께 선박 사무소의 창문을 통해 미 제1사단 장병들이 호보컨 목초지에 있던 기차에서 내려 선착장으로 이동해 수송선에 승선하는 모습을 지켜보았다. 이 수송선들은 남아메리카와 중앙아메리카에서 과일무역을 하던 선박들을 개조해 만든 것이었다. 춥고 이슬비가 내리던 아침, 말없이 자신의 앞을 지나쳐 승선하는 긴 보병 대열을 보던 마셜은 "매우 근엄해 보인다"는 한마디를 항만 지휘관에게 건넸다. 그러자 그는 냉정한 어투로 대꾸했다.

"물론 저들은 근엄하다. 우리는 죽음의 결과를 지켜보고 있다."[2]

역사적인 출항 광경은 곧 우습고 경악스런 장면으로 바뀌었다. 잠수정의 진입을 막기 위해 설치했던 쇠사슬을 출항 전에 제거하지 않아 대규모 함대가 항구에 발이 묶인 것이다. 마셜이 알게 된 더 충격적인 사실은 위급 상황에서 배에 타고 있던 어느 누구도 병기와 탄약을 지급받지 못했다는 것이다. 이 사건으로 그는 미군이 세계대전에 참전할 준비가 전혀 되어 있지 않다는 사실을 분명히 깨달았다.

⠒⠒ 오랜 기다림의 끝에 찾아온 기회,
    대위에서 소령까지 승승장구

독일 U-보트가 접근한다는 루머가 도는 가운데, 첫 번째 미군 부대 호송선단이 구축함 6대의 호위를 받으며 전속력으로 대서양을 건넜다. 하지만 길고 지루한 항해 동안 단 한 차례의 잘못된 비상경보만 울렸을 뿐이었다. 1917년 6월 26일, 마셜은 윌리엄 시버트 장군 다음으로 생나제르St. Nazaire의 해안에 상륙했다. 그는 오랫동안 고대해 오던 작전 투입을 열망했다. 소름끼칠 정도로 많은 사상자가 발생한 지난 3년간의 전투로 고통 받고 있는 프랑스인들에게 동정심을 느꼈다. 제1사단의 상륙을 지켜보던 한 무리의 프랑스 여자와 아이들, 그리고 몇몇 남자는 미군들의 도착에 냉담했다. 지쳐 있던 미군들은 자신들이 신속하게 작전에 투입될 것으로 예상했지만, 미국 원정군 사령관 '블랙 잭Black Jack' 존 퍼싱이 작전 투입을 서두르지 않을 것임을 곧 알게 되었다. 퍼싱은 신참들 중심으로 창설된 제1사단의 장병들을 조금씩 전투에 투입함으로써, 그들의 무의미한 죽음을 막고자 했다. 마셜도 전선에 투입되기 전에, 병사들의 훈련과 부대의 유기적 조직화가 필수라는 데 동의했다. 특히 전투에 투입된 첫 미군 부대의 패배는 연합국 모두에게 좋지 않은 영향을 미칠 것이고, 반대로 적의 사기는 높아질 것이기 때문이었다. 그리고 이는 파병군을 흠집 내고자 하는 미국 내 정치인들에게 기회를 줄 여지도 있었다.[3]

3년간 독일군과 전투했던 프랑스군과 영국군 장교들은 로렌Lorraine에 훈련장을 설치하는 미군들을 냉소적으로 바라보았다. 그러나 미국인들이 '전쟁 건너편'에 있다고 떠들어대던 부대의 지휘관들은 곧 입장을 바꾸게 되었다. 7월 14일 프랑스 혁명 기념일Bastille Day에 파리로 가라는 명령에 따라 1개 대대가 샹젤리제Champs Elysées로 진군하고 있을 때, 마셜은 정력적이고 자신감 넘치는 기병장교 조지 패튼 대위George Smith Patton를 만났다. 그는 퍼싱의 본부대장이었다. 두 대위는 미군과 프랑스군의 행군 모습을 지켜보면서, 미군 보병이 프랑스군과 비교해서 초라하고 군인답지 못하다는 말을 서로 나눴다. 그러나 그들은 미군이 조만간에 변할 것이라는 데에 동의했다.

다음날 마셜은 시버트 장군과 함께 지휘부가 세워질 예정지인 공드르쿠르Gondrecourt로 갔다. 그들은 그곳에서 아버지 시어도어 루스벨트 전 대통령의 이름을 딴 아들의 환영을 받았다. 루스벨트는 아들 테드Ted와 아치Archie, 퀜틴Quentin이 1917년 4월 6일 미국의 전쟁 선언 이후 바로 자원입대한 것을 자랑스럽게 생각했다. 막내였던 퀜틴 루스벨트는 용감한 전투기 조종사였고, 넷째 아들인 커미트Kermit는 미국이 전쟁을 선포하기도 전에 영국군에 자원입대해 메소포타미아Mesopotamia에

시어도어 루스벨트 가족사진(1903) 왼쪽에서부터 퀜틴Quentin, 루스벨트, 테드 주니어 Ted Jr., 아치Archie, 앨리스Alice, 커미트Kermit, 이디스Edith, 에설Ethel.

서 복무했다. 그리고 다시 미군으로 돌아와 프랑스에서 자신의 형과 합류해 있었다.

주에트Jouette 중년 부인의 집을 숙소로 배정받은 마셜은 여섯 달의 힘든 훈련기간을 주에트 부인 집에 머물며 보냈다. 훗날까지도 마셜은 부인의 남편이 작은 체구에 얼굴엔 주름이 자글자글했는데, 마치 악당처럼 보였다고 기억하고 있었다. 그와 미군 장교들은 이 시기를 '벨리 포지의 겨울Winter of Valley Forge'로 묘사했다. 마셜은 주에트 부인의 친절함과 자신을 적극적으로 도와준 것에 대해 감사함을 표했다. 그녀는 그가 머물던 때에도 곤란한 내색을 전혀 하지 않았고 항상 낙천적인 웃음을 지었다.[4]

프랑스 파병 후 처음 몇 주일 동안 마셜은 하루에 약 151킬로미터 이상 이동해야 했다. 그가 수행한 임무는 부대가 훈련할 만한 지역을 조사하고, 막사와 샤워장 건설 위치를 조정하는 일이었다. 또 미군이 어떻게 조직되었는지에 대해 프랑스군 장교들에게 설명을 하고 보병들의 전투능력을 그들에게 확신시켜야 했으며, 미군의 작전투입 시점을 결정하는 퍼싱 장군의 일을 보좌했다. 또한 마셜은 미국인들과 미군 장군들이, 오직 미군 지휘관의 지휘와 성조기 이름 아래서만 미군의 전투 투입을 허가할 것이라고 프랑스군이나 영국군에게 설명했다.

중위로 9년 동안 좌절의 시간을 보내며 거의 군을 떠날 뻔했던 마셜에게 무척이나 빠른 진급 기회가 찾아왔다. 그는 대위 계급장을 단지 13개월도 되기 전인 1917년 8월에 전시 소령이 되었다. 물론 이미 그는 중령이 수행해야 하는 임무를 맡고 있었다. 같은 달 그와 미군 동료들은 베르됭Verdun 전선에서 실시된 프랑스군의 공격작전을 지켜봤다. 언덕 꼭대기에서 그는 하나의 거대한 군사대형이 다른 군사대형과 싸우는 전투를 목격했다. 마셜은 이 전투를 마치 그림책 속에 나오는 전투

> 9년 동안 중위로 좌절의 시간을 보내며 거의 군을 떠
날 뻔했던 마셜에게 무척이나 빠른 진급 기회가 찾아왔다.
그는 대위 계급장을 단지 13개월도 되기 전에 전시 소령이
되었다. "

같다고 말했다. 현재에도 서부전선에서 치러진 전쟁은 대담한 기동전
이 아닌 양측 참호 간의 살육전으로 피비린내 나는 교착전과 소모전으
로 더 잘 묘사되곤 한다.

:: 마셜 소령, 미국 원정군 사령관 퍼싱에게
　 당당히 불만을 토로하다

황량하고 습한데다 춥고 음산하기까지 했던 1917년 가을, 마셜은 여러
번에 걸친 퍼싱과의 마찰로 군에서 약속돼 있던 밝은 미래가 위태로워
질 뻔했다. 첫 사건은 부대훈련 중에 발생했다. 퍼싱은 너무나 적은 수
의 병력이 훈련에 참여한 것과 준비기간이 부족했던 점을 불만족스러
워했다. 퍼싱은 마셜에게 짜증스럽게 "이게 뭐냐?"라고 화를 냈다. 이
에 마셜은 자신이 속한 부대는 주어진 여건 속에 최선을 다했고, 참모
장의 지시를 충분히 잘 이행했다고 설명했다. 하지만 퍼싱은 기분이
상한 채로 돌아갔다. 며칠 뒤, 퍼싱은 짧은 통지와 함께 급히 테드 루스
벨트 소령이 발전시킨 참호전 훈련장을 확인하러 왔다. 마셜은 시버트

장군에게 이 사실을 서둘러 알렸으나 시버트는 아침 기차로 도착한 퍼싱과 미국 원정군 지휘부를 맞이하지 못했다. 마셜은 퍼싱에게 시버트가 왜 정위치에 있지 않은지 설명하느라 진땀을 흘려야 했다. 못마땅해 하는 미국 원정군 사령관 퍼싱과 여러 수행원, 그리고 그 자리에 있던 군인들은 프랑스군이 만들어둔 참호들에서 루스벨트가 모의공격을 지휘하는 것을 보기 위해 이동했다.

마셜은 자신의 회고록에 이때의 일을 이렇게 기록했다.

"빗발치는 총알과 수류탄, 참호와 참호를 오가며 이루어진 수많은 전투, 그리고 큰 소란이 이어진 후 모든 것이 끝이 났다."

퍼싱은 "장교들 집합!"이라고 명령을 내렸다. 훈련이 끝나고 나면 훈련부대 지휘관인 시버트의 강평이 이어져야 한다는 것을 예상했다. 하지만 마셜은 시버트가 루스벨트의 훈련사항을 세부적인 부분까지는 알지 못한다는 것을 잘 알고 있었고, 만약 퍼싱이 이를 눈치 채게 되면 분명 시버트를 존중하지 않을 것임을 직감했다. 퍼싱이 설명을 기대하는 시선으로 시버트를 쳐다보자 마셜 또한 걱정스런 눈빛으로 자신의 지휘관을 바라보았다. 말할 것도 없이 시버트는 훈련에 대해 만족할 만한 강평을 하지 못했다. 이에 퍼싱 장군은 모든 장교 앞에서 시버트를 심하게 질책했다. 사단 전체의 작전에 대한 미국 원정군 사령관의 질책이 계속 이어지자 마셜 소령은 용감하게 끼어들었다. 주변 사람의 말에 따르면 매우 무시무시한 인물로 알려져 있던 퍼싱에게 마셜이 다가가서, 그가 지적한 모든 것에 대해 항변하기 시작한 것이다.

퍼싱은 마셜의 이런 행동을 무시하고 돌아가려 했다. 그러자 마셜은 퍼싱의 팔을 잡고 다시 설명하기 시작했다.

"퍼싱 장군님! 여기에는 그럴만한 이유가 있었습니다. 저는 이곳에 오랫동안 있었기 때문에 이런 말씀을 드릴 자격이 있다고 생각합니다."

퍼싱은 화가 나 돌아서며 물었다. "자네 뭐라고 한 건가?"

퍼싱은 스무 살에 웨스트포인트를 졸업해 미국-스페인 전쟁과 필리핀 전투에 참전했고, 시어도어 루스벨트 대통령의 직권으로 대위에서 준장으로 단번에 진급했던 인물이었다. 그런 그가 이후 몇 분 동안 버지니아 군사학교를 졸업한 마셜 소령의 이야기를 듣기 시작했다. 마셜은 부족한 보급, 전투화가 없는 군인들, 불충분한 막사, 수송수단의 부족, 그리고 미군에 대한 프랑스 장교들의 무시 등 여러 불만을 빗발치듯 쏟아냈다.

퍼싱은 용감한 젊은이에게 상부에서도 노력하고 있다고 말하면서 "그래도 자네는 우리가 처한 곤경에 감사할 줄 알아야 하네"라며 짧게 조언했다.

그러나 마셜은 위축됨 없이 오히려 다음과 같이 대답했다.

"장군님 말씀은 알겠습니다만, 우리는 매일 그러한 문제를 안고 있고 하루에도 수없이 그 어려움에 봉착합니다. 그리고 우리는 야간까지 그러한 문제들을 해결해야만 합니다."

훗날 마셜은 그 사건을 되돌아보며 이렇게 설명했다.

"나는 당시 완전히 미쳤었다. 내 생각에 나는 그것에 완전히 몰두했던 것 같다. 유명해지려던 건 아니었는데 조금쯤은 이름을 알린 것 같다."

그때 동료 장교들이 마셜에게 넌 이제 끝이라고 이야기를 했다. 그는 어리석었다. 그의 군 생활은 끝이 날 거라고 생각했다. 마셜은 동료들에게 말했다.

"아마도 내가 이제 참모 임무 대신 위험한 전투 임무를 부여받게 될 것이다. 하지만 그렇게 되더라도 확실히 크게 성공할 것이다." [5]

:: 잊을 수 없는 전장의 교훈

퍼싱 장군이 마셜의 솔직한 건의를 받아들여서인지, 아니면 다른 업무로 너무 바빠서였는지는 확실치 않지만, 마셜은 이후 어떠한 처벌도 받지 않았다. 그의 신변에는 아무런 변화도 없있는데도 오히려 그에 대한 어마어마한 전설들이 계속해서 부풀려졌다.

마셜은 제1사단을 공드레쿠르의 훈련장에서 동쪽으로 약 32킬로미터 정도 떨어져 있는 앵빌Einville 지역으로 이동시키기 위한 수송과 그 외 세부적인 사항들을 조율하는 작전참모로서의 임무를 수행했다. 1914년 8월에 엄청나게 큰 전투가 벌어졌던 앵빌 지역은 1917년 10월에는 아주 조용한 상태였다. 마을은 한때 전투 중인 양측의 중립지대 끝부분이 독일군 지역과 부분적으로 걸쳐져 있었지만 당시에는 마을의 주민들은 마치 전쟁이 없었던 것처럼 걸어 다녔다. 미군이 넓은 전선을 담당했기 때문에, 마셜은 대대들을 확인하기 위해 아침 일찍 출발해 해가 질 때까지 먼 거리를 돌아다녀야 했다. 길게 늘어선 참호진

지에서의 임무로 처음에는 흥분했었다. 그러나 참호의 진흙과 또 다른
불편함들이 더해지면서 최초의 흥분은 순식간에 사라지고 무료해지기
시작했다.

11월 3일 아침, 마셜이 오토바이를 타고 제16보병연대 2대대를 방문
하기 위해 막 출발하려는 참이었다. 프랑스군 지휘관인 폴 에밀 보르
도Paul Emile Bordeaux 장군이 급히 마셜의 사무실로 뛰어 들어왔다. 흥분한
보르도 장군은 프랑스군의 담당 지역이 독일군 포병의 집중사격을 받
아 미 제1사단 장병들이 전사했다고 소리쳤다. 더욱 나쁜 것은 제16보
병연대 F중대 참호 전방의 뚫린 철조망으로 독일군이 침투해 미군 12
명이 생포되고 3명이 전사했다고 전했다. 3명 중 한 명은 머리에 총을
맞았고, 다른 한 명은 심하게 맞아서 죽었으며, 나머지 한 명은 목이 베
였다고 전했다.

마셜은 프랑스 보르도 장군의 섬뜩한 상황 묘사와 함께 미군이 강력
하게 저항하지 못했다는 그의 결론을 들어야만 했다. 장군의 미군 폄
하에 대해 신경이 곤두선 마셜은 보르도에게 미군의 전투기술에 대해
걱정할 필요가 없다고 반박했다. 그리고 미군에 대한 프랑스 군인의
비판을 퍼싱 장군이 알게 된다면 기분 나빠할 것이라고 자신의 의견을
피력했다. 전사한 병사들의 용기를 모욕한 것에 대한 보상과 퍼싱과의
논쟁을 피하기 위한 마셜의 노력에 보르도 장군은 훈장과 함께 전사자

들을 안장하라는 명령을 내렸다. 마셜은 고귀한 한 명의 상병과 두 명의 이병을 기리며 그들의 죽음을 뛰어난 용기의 예로 언급했다. 그리고 보르도는 묘비에 이렇게 쓰기로 약속했다.

"정의와 자유를 위해 싸운 고귀한 미국의 병사들이 처음으로 여기 프랑스 땅에 묻혔다."

마셜은 자신이 보르도에게 요청해 프랑스 부관을 통해 적었던 그 문구에 크게 감동받았다. 그는 제1사단장에게 보내는 자신의 보고서에 그 내용을 포함시켰다.

이 사건이 있은 지 4주 뒤, 마셜은 캘리포니아 몬테레이의 훈련소에서 만난 자신을 기억하고 프랑스 전역으로 데려갔던 시버트 장군이 전쟁성의 명령에 따라 본국으로 복귀하게 될 것을 알게 되었다. 시버트를 본국으로 보낼 결심을 한 퍼싱 장군이 공병인 시버트를 그의 제안으로 창설된 회학전 부대의 부대장으로 추천했던 것이다. 시버트의 후임은 제1사단 2여단장이었던 로버트 리 불러드Robert Lee Bullard 장군이었다. 마셜은 그에 대해 아는 것이 별로 없었지만 불러드는 과거 마셜을 칭찬한 적이 있었다. 마셜은 사단 참모부에 있는 장교들 대부분이 가까운 친구이거나 레번워스에 있을 때의 학생들이었기에 시버트의 해임에 대해 거리낌 없이 유감을 표했다. 총사령부에 있던 마셜의 동료들은 불쾌한 감정을 쏟아내고 있던 그에게 불러드의 참모장에 마셜이 임명되었으나 불러드가 이를 취소했다는 사실을 전해 줄 수가 없었다. 불러드는 마셜이 시버트의 해임에 대해 강한 불만을 표출하고 있음을 알았고, 이 같은 감정 상태에 있는 마셜을 참모장에 임명할 수 없다고 결정했던 것이다. 훗날 마셜은 감정을 억누르지 못했던 그때의 실수로 여단장으로 진급할 수 있는 좋은 기회를 잃었다는 것을 깨달았다고 말했다.

"그 사건으로 결코 잊을 수 없는 깨달음과 교훈을 얻었다."[6]

그럼에도 마셜은 1917년 크리스마스에 전시 육군 중령으로 진급했다. 그는 전선에 있는 부대 방문을 계속했다. 그리고 상당히 먼 지역까지 행군했을 뿐만 아니라, 진흙 속에서 충분한 식량 없이 지내면서 낯선 장소에서 전투를 치러야 했던 보병들과 강한 동질감을 느꼈다.

12월 25일 크리스마스와 진급을 축하하기 위해 마셜은 자신의 프랑스 보좌관과 동료 장교 3명, 그리고 프랑스 통역관을 주에트 부인의 아담한 집으로 초대해 크리스마스 저녁식사를 함께 했다.

일주일 후, 작전참모 마셜은 프랑스 모로코 사단과 교대하기 위해 제1사단을 생미엘St. Mihiel과 모젤Moselle 강의 중간쯤에 위치한 프랑스 북동쪽으로 보낼 준비를 했다. 그는 거친 용병들로 구성된 부대들의 베테랑 전사들이 전쟁 속에서 피폐해진 정신과 무관심한 눈으로 아직 어리고 경험이 없는 미군 병사들을 어떻게 맞이하는지 지켜봤다. 그 지역을 떠나는 모로코 군인들은 미군들에게, 항시 물과 진흙이 가득 찬 참호진지에서 임무를 수행하게 될 것이라고 주의를 주었다.

제1사단은 새로운 진지를 확실히 점령하지 못한 상태에서 프랑스의 상황을 확인하기 위해 미국 본토 훈련소에서 온 장군들로 구성된 시찰단을 맞이해야 했다. 마셜은 처음에는 시찰단의 인솔과 사단 편성에 대해 설명을 해야 하는 일에 분개했다. 그러나 국내전선 후방이 어떻게 훌륭한 주둔지로 변했는지, 또 어떻게 남북전쟁 이후 보지 못한 수준으로 미 육군 전 계급에 걸쳐 성공적으로 징병을 하고 있는지를 들고는 불쾌했던 감정을 가라앉혔다. 그는 군가, 복싱 훈련, 정신과 전문의와의 상담, 그리고 다른 여러 군인의 삶에 관한 생소한 이야기들을 추가로 들었다.

1918년 3월 1일, 제1사단 미군들은 독일군의 박격포 연막사격과 플라멘베르퍼Flammenwerfer 화염방사기 부대의 공격을 받았다. 이에 대한 대응으로 제1사단은 마셜이 독일군과의 첫 번째 근접 전투로 정의한 작전을 실시했다. 제1사단의 일부 부대는 눈 덮인 땅을 가로질러 반격전을 펼쳤다. 그리고 눈이 약간 내리던 다음날 아침, 프랑스의 수상 조르주 클레망소Georges Clemenceau는 감사의 표시로 미군들에게 프랑스 무공 십자훈장Croix de Guerre을 수여하기 위해 전선에 도착했다. 이 행사를 잊고 있던 한 병사가 뒤늦게 뛰어와 죄송하다고 말하자, 클레망소는 그 병사에게 메달을 걸어주며 말했다.

"자네는 어제 늦지 않았기 때문에 전혀 문제될 것이 없네."

전장에 있는 몇몇 병사에게 메달을 수여하기 위해 파리에서 온 프랑스 정부의 수반이 진흙 속을 돌아다녔던 것은 당시로선 꽤 파격적인 일이었다. 하지만 전투에 참전한 미군 병사들에게 프랑스 정부의 감사의 뜻을 분명히 표시하기 위한 행동이었다. 그 전장에서 매일 수천 명의 군인이 전사했다. 그와 동시에 프랑스군 수뇌부는 퍼싱이 9개월 동안 대서양을 건너 증원되어 온 전 미군 병력의 통제에 실패하기를 기다렸다. 미국 원정군을 전선으로 이동시켜 전투에 투입해 달라던 연합군의 간청에도 불구하고, 퍼싱은 자신의 병력 대부분이 아직 전투 준비를 끝내지 못했다고 주장했다. 중립지대에서 눈이 녹으면서 참호 바닥이 이전보다 더 질어지자, 파리와 런던의 전쟁위원회War Council는 독일의 춘계 공세를 예상하며 더욱 긴장했다. 퍼싱은 유일하게 제1사단에만 진격을 명했고 이러한 제한적인 습격작전 사항을 빠짐없이 세세하게 기록했다. 이 기록은 훈련 중에 있던 다른 부대가 작전을 배울 수 있는 좋은 자료가 되었다.

:: 캉티니 보병작전

퍼싱이 군대를 출동시켜 결정적인 타격을 가할 결정을 내리기도 전에 독일이 먼저 루덴도르프 공세Ludendorff Offensives로 불리는 첫 번째 공격을 개시했다. 1918년 3월 21일 시작된 코드명 '미하엘Michael'로 불리는 생캉탱St. Quentin 공세는 영국과 프랑스 전선 사이를 돌파해 파리까지 진격할 목적이었다. 필리프 페탱Philippe Pétain이 수도 방위를 위해 프랑스 제1군을 철수시키자, 퍼싱은 전선에 형성되고 있는 비관적 상황을 감지했다. 그는 페탱에게 지원이 필요한 위급한 상황에서는 자신의 사단에 명령을 내릴 수 있는 지휘권을 허용했다.

마셜은 자신의 회고록에 당시의 상황을 이렇게 썼다.

"퍼싱 장군은 대단히 위태로운 상황에서 위대함을 보여주었다. 그는 계속되는 부분적 미군 투입 압력에 직면하면서도, 다른 국가 예하로 미 육군이 편성되는 것을 강력하게 막았다. 그러나 자신의 부대에 대한 직접적 통제를 포기한 퍼싱은 예하 병력을 약 650킬로미터 전선에 배치했다. 일시적으로 그의 부하들과 심지어 미국의 위신까지도 위험하게 했던 자신의 계획을 모두 공개했고, 만신창이가 된 연합군을 구

> **66** 전투기들이 놀라운 공중제비와 위험한 선회비행을 하며 계속해서 이륙과 착륙을 반복하던 비행장은 마셜에겐 새로운 세계였다. **99**

조하라고 모든 부대에 지시했다."7

　페탱은 로렌에 있던 미 제1사단에 피카르디Picardy 지역의 전선으로 이동할 것을 명령했다. 3일간에 걸친 행군 후 제1사단 지휘부는 사단에 할당된 전선의 정찰을 위해 작은 마을에 이틀간 머물렀다. 독일의 공세에 맞닥뜨린 연합군은 서로에 대한 불신에 빠진 나머지, 페탱보다 상급자인 67세의 페르디낭 포슈Ferdinand Foch 원수를 중심으로 통합된 사령부를 설치했다. 이때에도 퍼싱은 전선이 안정되면 독자적으로 미군을 구성할 수 있도록 우익의 일부 부대를 남겨두었다.

　프랑스 육군 원수나 미국 퍼싱 장군에 비해 계급이 훨씬 낮았던 작전참모 조지 마셜은 르메스닐Le Mesnil 생피르맹Saint-Firmin의 작은 성에 있는 포도주 저장고에 미 제1사단 사령부 지휘소를 세웠다. 사단 뒤편은 아직 참호나 전쟁의 상흔이 생기지 않은 중립지대였다. 낮은 언덕이 드물게 있고, 길게 뻗은 들판 사이로 잘 닦인 도로가 나 있는 풍작이 기대되는 피카르디의 한 농촌이었다. 이번 전쟁에서 처음으로 전투기가 등장했기 때문에 들판에 급히 조종사와 정비사가 사용할 작은 막사들과 격납고용 대형 막사들을 지었다. 마셜은 이 신종 전사들에 경탄했다. 전투기들이 '놀라운 공중제비와 위험한 선회비행을 하며' 계속해서 이륙과 착륙을 반복하던 비행장은 그에게 새로운 세계였다.

이들 항공조종사들 중에는 미국 종군기자에 의해 미국 내에서 유명 인사가 된 이들도 있었다. 에디 리켄베이커Eddie Rickenbaker 대위와 빌리 미첼Billy Mitchell 대위 그리고 퀜틴 루스벨트 소위가 대표적이었는데, 루스벨트 전 대통령의 아들이 상공에 있다는 그 자체가 뉴스거리였다. 마셜은 작전참모로서, 항공조종사들의 보고서와 전선을 조망할 수 있는 위치에 설치된 관측용 기구의 병사들에게서 받은 보고서를 참고해 보

제1차 세계대전 당시 기구를 타고 항공에서 최전방을 관측하고 있는 미군 병사.

병작전 계획을 세웠다. 그러나 항공 관측으로는 일일순찰 때 알아낼 수 있는 것까지 모두 파악하기는 어렵기 때문에 병력 상황을 파악하기 위해 직접 전선을 순찰했다. 독일군 포병 때문에 차량이 위험할 경우에는 말을 타고 다니기도 했다.

1918년 5월 16일 마셜은 순찰을 위해 말에 올라 사단본부를 출발했다. 증강된 제1사단 28보병연대가 솜Somme 지역의 몽디디에르Montdidier 근처 캉티니Cantigny 마을의 교차로 확보를 위한 공격을 시작하기 전에 준비 상태를 검열하기 위해서였다. 약 4,000명의 미군 병력은 프랑스 전차의 지원을 받았다. 마셜은 자신이 대부분 계획하고 부대의 위치를 결정한 작전이었기에 관심이 매우 컸다. 전선으로 투입되기 전, 그의 감독 하에 연대는 후방 지역에서 일주일 간 예행연습을 실시했다.

> 66 실패는 생각조차도 할 수 없는 일이었다. 작전은 완벽히 성공했다. 99

　어느 날 준비 상태를 검열할 마음에 급해진 마셜이 껑충껑충 뛰고 있는 말의 안장을 조정하고 고삐를 잡으려던 순간, 그만 말이 미끄러지면서 두 바퀴를 굴렀다. 말이 넘어지면서 그의 왼쪽발이 등자에 깔렸다. 발목이 골절되는 사고였다. 지휘부로 복귀했을 때 통증이 심했지만 붕대로 골절 부위를 단단히 감고 앉았다 일어났다 하거나 탁자나 의자에 다리를 올렸다 내렸다 해가며 밤새 일을 했다.

　종군기자들이 5월 27일 저녁 지휘부로 모였다. 마셜이 작전에 대해 지나치게 보안에 신경을 쓴다는 불평이 쏟아지자, 그는 직접 기자들에게 전체적인 상황에 대해 간추린 설명을 했다. 1906년 샌프란시스코 지진을 현장에서 보도해 유명해졌던 「콜리아 매거진Collier's magazine」의 제임스 호퍼James Hopper는 종군기자가 따라갈 수 있는 곳이 제한되어 있냐고 물었다. 마셜은 캉티니에 대한 보병의 첫 공격이 시작되기 전에 기자들이 먼저 그 지역에 가면 안 된다고 답했다. 이는 불러드 장군이 언급한 유일한 제한사항이었다.

　5월 28일 오전, 날이 밝자 포병의 준비사격이 시작되었다. 마을은 활화산같이 붉게 타올랐다. 오전 6시 45분, 보병들은 완벽하게 정렬하여 공격해 들어갔다. 사단 지휘부는 5분마다 전화로 작전 상황을 보고받았다. 마셜은 최소의 사상자로 작전을 완벽히 성공시켜 모두가 몹시 흥분했다고 강조했다. 보병의 첫 번째 돌격에 이어 캉티니로 따라 들

캉티니는 프랑스 북부의 아미앵Amiens 남쪽 마을로, 1918년 5월, 제1차 세계대전 때 미군이 최초로 격전을 벌였던 곳이다.

어간 제임스 호퍼는 독일군 병사들이 그에게 항복을 하자 몹시 당혹스러워했다.

∷ 캉티니 작전이 가져온 변화

마셜은 미국이 실시한 첫 번째 군사작전이었던 캉티니 작전의 성공에 감격했다. 그는 작전의 실패가 가져올 영향을 너무나 잘 알고 있었다. 그는 "실패는 생각조차도 할 수 없는 일이다"라고 말했다. 작전의 실패는 미군뿐만 아니라 연합국 전체 군대의 사기를 떨어뜨릴 것이 분명했다. 인명피해는 있었지만, 격렬한 전투의 승리는 결과적으로 미국 장병들의 우수한 전투력과 헌신, 그리고 불굴의 정신을 증명해 냈다.

> **"** 마셜은 캉티니 작전 이후 미국 원정군에서 자신이 바라던 임무와는 다른 역할을 하게 되리라곤 예상하지 못했다. 그러나 그가 상상했던 것보다 더 중대한 역할이 그를 기다리고 있었다. **"**

개개인의 병사에 대해 결코 소홀히 하지 않았던 마셜은 큰 청사진을 만들고 실행하는 데 천재적이었다. 그에게 캉티니는 미국 역사의 순환을 완성하는 것은 물론 미군의 빛나는 전과였다. 300년 전 '개인의 자유에 대한 억압과 박탈을 피해' 유럽을 떠나 미국에 정착했던 이들의 후손이 오래 전 자신들의 고향이었던 유럽으로 1918년 5월 29일 되돌아왔다고 생각했다. 미국 정착민의 후손이 자신들이 누리고 있는 자유와 정의를 유럽 사람들에게 되찾아주기 위해, '독재의 나머지 세력을 향한 미국의 첫 번째 공격'을 실시한 것이라고 믿었다.[8]

그러나 이런 의미를 깨달았을 당시 마셜은 캉티니 작전 이후 미국 원정군에서 자신이 바라던 임무와는 전혀 다른 역할을 하게 되리라곤 예상하지 못했다. 그러나 앞으로 하게 될 역할은 그가 상상했던 것보다 훨씬 중대한 역할이 그를 기다리고 있었다.

치열한 전장, 작전의 마법사

빠른 상황 분석과 전략적 준비 그리고
완벽한 수행능력의 파워브레인 리더십 ★★★★★★★★★

풍부한 배경지식과 자기 분야의 전문지식을 바탕으로 한 통찰력을 가진 마셜은 군의 비전을 수립하고 병사와 장교들로 하여금 이를 따르게 하는 힘이 있었다. 그는 구체적 비전설정과 실천의지 고취뿐만 아니라 성공적으로 작전을 수행할 수 있도록 독려해 안주하지 않고 계속해서 도전, 승리할 수 있게 이끄는 실행력을 겸비한 리더십을 보여주었다.

MARSHALL

:: 최전선 전투 임무를 원했지만 참모장교로서 인정받다

1918년 6월 18일, 마셜 중령은 미국 원정군 지휘부에 '부대를 지휘하고 싶다'는 내용의 편지를 써 보냈다. 그는 편지에 진급이 빨라진 것에 대해서는 불만이 없지만, 1915년 2월부터 계속 참모 업무만 맡고 있는 데다가 사무 업무의 중압감 때문에 지쳐 있다고 언급했다. 제1사단장 로버트 리 불러드 장군은 어떠한 회신도 보내지 않았다. 대신, 참모 업무에 대한 마셜의 특별한 능력에 주목했다. 하지만 이것은 절대 모욕이 아니었다. 거대화된 현대 군에 있어서 참모장교는 계획을 세우는 고위 지휘관들과 이를 실행하는 야전 지휘관들 사이에서 필수적인 존재였다. 그것이 사실이긴 하지만, 한편으로는 참모장교는 진급할 수 있는 공적을 세울 기회가 좀처럼 없었다. 마셜이 참모장교로서 탁월한 능력이 있다는 걸 인정하고 보상도 했지만 그것은 언제나 참모 업무의 맥

> 최전선 전투 임무를 요청했으나, 야전 지휘를 할 수 있는 자리로 전출 받지 못하고 오히려 전선에서 멀리 떨어진 본부로 가게 되었다.

락 안에서였다. 결국 마셜의 6월 18일자 편지는 7월 퍼싱 장군의 본부로 발령 나는 결과를 초래했다. 직속상관은 미국 원정군 작전처장이었던 폭스 코너Fox Connor 대령이었다.

마셜의 기억에 따르면, 당시 야전 지휘를 할 수 있는 자리로 전출 받지 못해서 몹시 애석했고, 최전선 전투 임무를 요청했는데 오히려 전선에서 멀리 떨어진 본부로 가게 된 아이러니에 탄식했다고 한다. 천성적으로 침착한 마셜이었지만 제1사단 부대원들과 작별 인사를 나눌 때는 감정을 제어하는 게 어려웠다. 그러나 이제 그는 사단에서 근무하며 먹고, 입고, 병사들을 훈련시키는 일상의 문제를 처리하는 사단급 수준의 참모 업무에서 야전군 수준의 참모 업무로 진일보했다. 그가 씨름하던 주요 문제는 대서양 횡단을 위한 선박의 톤수, 양륙을 위한 항구 선택, 미국에서 새로 도착하는 사단을 훈련시키는 일이었다. 또 병참 업무만이 아니라 대규모 작전에도 관여했다. 그는 훗날 이런 일들에 대해 이렇게 회고했다.

"모든 것이 과거 내가 살았던 것과는 다른 세상이었다."[1]

코너 대령은 마셜이 일을 하는 데 시간을 낭비하지 않게 했다. 아침에 마셜이 출근하면 생미엘 돌출부에 대한 정보를 가능한 한 모두 수집하고, 군사적 용어로 위험을 '경감Reduce' 시키기 위한 계획 업무를 처리하라고 지시했다. 돌출부는 연합군 전선으로 깊숙이 V자형으로 들어온 독일군 전선으로 약 56킬로미터에 걸쳐 있었다. 프랑스 요새인 베르됭을 확보하려는 독일군의 시도로 전쟁 초기인 1914년 9월부터 형성된 것이었다. 그때부터 생미엘 돌출부는 연합국에 전략적 관점에서 위협을 가하고 있었다.

퍼싱의 미 제1군이 언제 어떻게 돌출부를 공격할지 퍼싱과 페르디낭 포슈는 열띤 논의를 벌였다. 7월 15일에서 18일까지 전개된 제2차 마른 전투Second Battle of the Marne에서 연합군이 승리하자, 포슈는 생미엘 공세를 준비하고 있는 미군 2개 사단을 마른Marne 강 북쪽으로 투입해 프랑스 제2군의 공격력을 강화하는 작전으로 변경하자고 퍼싱에게 제안했다. 그러나 퍼싱은 화를 내며 대답했다.

"그 제안은 미 육군이 이 작전을 위해 심혈을 기울여온 미 육군의 진형을 사실상 파괴하는 것이오."

그러자 포슈는 퉁명스러운 태도로 질문했다.

"그럼 당신은 전쟁의 일부분을 별도로 담당하고 싶은 것이오?"

이에 퍼싱은 이렇게 반박했다.

"확실히 그렇소. 하지만 미 육군답게 다른 방식으로 할 것이오."[2]

1918년 9월 3일이 돼서야 두 사람의 견해 차이가 겨우 해결되었다. 독자적으로 전쟁을 수행하려는 퍼싱에게 포슈는 생미엘 돌출부에 대한 단독 공격을 허용했다. 그 대신 전략 도시인 스당Sedan을 공격하기 위해, 뫼즈Meuse 강과 아르곤Argonne 산림을 끼고 있는 약 32킬로미터에 달하는 구역을 탈취하는 작전에 미군도 연합군의 일부로 참가하는 절충안을 제시했다. 퍼싱도 이 절충안에 동의했다. 두 지휘관이 서로 논쟁하고 있는 사이 마셜은 8월 27일 대령으로 진급했다. 마셜은 3일 후, 생미엘 작전을 미군 독자적으로 수행하는지, 아닌지를 확실히 하기 위해 퍼싱 장군과 회담차 온 포슈를 만났다. 마셜은 그 자리에서 생미엘 작전에 관한 필요한 대답을 얻었다. 그 대답은 생미엘 작전을 빠르게 진행하는 신호가 되었다. 코너 대령은 그랜트Walter S. Grant 대령과 마셜을 파트너로 선택했다. 그 둘은 전선에 최초로 투입되어 첫 번째 독립작전을 수행할 새 부대 조직의 새로운 참모들을 이끌어야 했다. 그것은 미 육군 부대보다 규모면에서 무려 3배에 달하는 것으로 엄청난 일이었는데, 여기에 퍼싱과 포슈 사이의 합의안에 따라 마셜과 그랜트, 여타 참모들까지 생미엘 작전을 축소하고 규모가 훨씬 큰 뫼즈-아르곤 작전 준비까지 돌입해야 하는 상황이었다.

미군이 전방을 공격했을 때 독일군의 저항은 미미했다. 연합군은 독

생미엘 전투 Battle of Saint-Mihiel(1918)

생미엘은 프랑스 북동부 지역에 있는 도시로 1914년 독일군이 점령하여 뫼즈 계곡을 장악했으나 제1차 세계대전 당시 퍼싱 장군의 지휘로 미국 원정군과 5만여 프랑스군이 독일과 싸워 탈환한 전투이다. 이 전투에 미 육군 항공대Army Air Service가 투입되었으며, 퍼싱 장군의 발탁으로 미군 최초의 기갑부대 지휘관이 된 조지 S. 패튼도 참전했다. 퍼싱 장군의 계획 하에 진행된 이 전투는 기대 이상의 전과를 올려 프랑스군과 영국군 앞에서 미군의 위상을 높여주었다. 공격에 대한 일자 D-day와 시간 H-hour에 대한 표현이 이때 처음으로 사용되었다.

일이 돌출부 유지를 포기하고 철수를 계획하고 있었던 것을 모르고 있던 것이다. 돌출부에는 참호, 방공 터널과 가시철조망이 감긴 충들로 연결된 거대한 콘크리트 토치카 방어진지가 구축되어 있었다. 9월 12일, 그때까지 전투력이 입증되지 않았던 대규모 미군과 새로 조직된 패튼 대령의 전차부대는 빗속에서 잠시 동안 연속 준비포격을 한 후 돌출부 공격을 개시했다.

D-day의 H-hour가 되자 참을성 없는 미군 보병들이 공병의 가시철조망 제거 작업을 기다리지 못하고 그냥 뛰어넘어 기습을 가해 적을 포획하고 짓밟았다. 독일군은 수적 열세와 전열이 흐트러져 순식간에 붕괴되었다. 36시간 동안 미군은 1만 3,000여 명의 포로를 잡았으며 포 466문을 포획했다. 미군은 7,000명의 사상자가 발생했고 독일군의 사상자 수는 5,000명이었다.

∷ 병참 업무의 천재, 참모장교 마셜 마법사

이제 마셜에게 더 큰 도전이 다가왔다. 그는 60만 명의 병력과 90만 톤의 물자 중 일부 보급품과 탄약을 생미엘에서 약 97킬로미터 전방의 뫼즈-아르곤으로 이동시켜야 했다. 생미엘 전투 첫 날인 9월 12일 오후에 이르자 승리는 거의 굳혀졌다. 그는 전시에 발생하는 병참 문제 해결에 초점을 맞췄다. 트럭 호송대와 말이 끄는 화물수레, 버스, 기차 그리고 1만여 명의 보병을 좁은 도로와 골목길이라는 지극히 힘든 상황 속에서 야음을 틈타 은밀히 이동시켜야 했다.

마셜은 1916년 베르됭 전투에서 프랑스군 지휘본부가 있던 소울리 Souilly의 시청 2층 사무실에서 그랜트 대령과 프랑스군 장교의 도움을 받아 유선 가설전화를 이용해 명령을 내렸다. 미 육군의 예비사단은 새로운 전선으로 출발했고, 중포는 생미엘 전투에서 철수하여 서쪽으로 향했다가 예전 돌출부의 끝인 북쪽으로 방향으로 바꾸었다. 동시에 대부분의 부대와 포는 돌출부의 남측 면에서 철수하여 서쪽으로 향했다가, 북쪽으로 방향을 전환해 프랑스 제2군의 지역으로 진입했다. 트럭과 버스들은 하룻밤 사이에 이동할 수 있었지만 말이 끄는 화물수레는 3~6일이나 지체됐다. 야간에 혼잡한 도로를 따라 이동하는 트럭, 트랙터, 동물이 끄는 화물수레와 보병들을 조정하는 일은 두 개 언어를 사용해야 하는 상황까지 더해져 대단히 복잡했다.

"미국인 두 명이 교통체증으로 격렬한 논쟁을 벌이는 것도 괴로운데, 거기에 프랑스인이 섞여 가세하면 상황은 거의 폭발 직전이었다."

야간에 약 80킬로미터나 길게 늘어진 도로를 점검하던 마셜은 행군하는 사람들, 말이 끄는 화물수레, 그리고 무엇보다도 수송차량이 끝이 보이지 않게 늘어선 것을 목격했다. 부서진 차량, 트럭, 모터사이클 등으로 도로 주변이 아수라장인데도 어둠 속에서 사고가 거의 없다는 것이 오히려 신기할 정도였다. 물론 사고가 아주 없었던 것은 아니었다. 캔버스 비행기Canvas Airplane의 격납고에 쓰일 강철 기둥을 끌고 가는 트럭이 기관총을 끌고 가는 두 마리 노새를 옆에서 들이받는 사고가 있었다. 병력 수송 버스가 다리에서 탈선해 뫼즈 강에 빠지고 뒤따르던 트럭은 급작스레 방향을 틀어 다리에 처박히는 사고도 있었다. 같은 장소에서 이튿날 밤엔 병력을 태운 버스가 철도 건널목 차단기를

> 모든 사람들은 병참 업무에 관한 한 마셜이 천재라
> 고 인정했다. 일부 육군에 관심이 있는 사람들은 경외심에
> 사로잡혀 마셜에게 '마법사'라는 별명을 붙여주었다.

치고 지나가 달려오는 기차와 충돌해 여러 명이 사망하는 대형 사고가 발생하기도 했다. 그러나 이러한 사고는 극히 드물었다.

마셜은 상황을 변화시키기 위해 신속히 부대 이동 계획을 수정했다. 일반 유선전화를 가설해서 상부의 새로운 지시사항을 전달받고, 받은 새로운 명령을 교통소음 속에서도 장교에게 큰 소리로 전달했다. 또 사무실로 해명과 확인을 위해 밀치고 들어오는 사람들을 인내심을 가지고 침착하게 대했다. 또 37개의 철도와 미로 같이 얽힌 경로를 따라 위치한 100여 개 마을의 프랑스 마을 이름은 비록 겨우 발음할 수 있을 정도였지만, 세부사항만큼은 각종 서류와 머릿속에 모두 기록했다.

9월 24일 밤, 모든 병력과 물자의 수송이 완료되었다. 마셜은 예정된 날짜에 지정 장소에 도착하는 임무를 성공적으로 수행했고 포슈가 가능하다고 생각한 기일보다도 하루 일찍 모든 것을 완수했다. 「타임스 오브 런던Times of London」의 종군기자 찰스 레핑턴Charles Repington 대령은 "이것은 참모 업무의 걸작이고 다른 참모들은 이보다 더 잘할 수 없다!" 하고 외쳤다. 일부 육군에 관심이 있는 사람Army Wiseacre들은 경외심에 사로잡혀 마셜에게 '마법사Wizard'3라는 별명을 붙여주었다. 마셜보다 계급이 높건 낮건 모든 사람들은 병참 업무에 관한 한 마셜이 천재라고 인정했다. 나폴레옹Napoleon이나 자신의 능력을 증명했던 조지 패튼 같

은 특출한 전사도 드물지만, 타고난 참모장교는 더욱 드물었다. 그것이 마셜이 원하던 길이든 아니든 간에 그 성공을 통해 그는 미 육군 최고의 계급에 진입할 수 있게 되었다.

:: 뫼즈-아라곤, 잃어버린 대대

포슈와 퍼싱의 뫼즈-아르곤 전투 계획은 1918년 9월 26일에 프랑스-미국 연합군이 북동쪽에서 스당까지 밀고 들어가면서 개시하는 것이었다. 그리고 이 전투는 영국해협 쪽부터 서쪽으로 펼쳐진 지역에 대한 세 개의 다른 협공을 진행하면서 실시되었다. 9월 25일, 마셜은 각 부대마다 계획된 열한 시간 동안의 다양한 형태의 이동 계획을 확실하게 이해시키기 위해 여러 부대와 사단본부를 방문했다. 그는 자신이 희망했던 전장 지휘관 대신에 세부사항을 꼼꼼하게 확인하는 아주 능숙한 참모장교의 임무를 다시 수행하고 있었다. 마셜은 영예로운 전투를 꿈꾸며 버지니아 군사학교에 입학했지만 육군에서의 17년 군 생활은 그를 교육자, 계획자, 훌륭한 책략가, 뛰어난 병참 업무 관리자로 만들었다. 이것들은 간단히 말하면 대단히 이상적인 참모장교의 형태였다. 그 사이에 마셜이 가르쳤던 몇 명은 이미 장군이 되기도 했다. 그러나 그는 전장 한가운데서 적이 알아차리지 못하게 육군의 대규모 병력을 다른 곳으로 수송하는 임무를 계획·실행하는 데 뛰어난 공적을 달성했다. 이 공적은 조지 워싱턴George Washington이 1776년 롱아일랜드Long Island에서 영국군 코앞에서 야간에 성공적으로 부대를 철수시킨 것과

> 66 마셜은 교육자, 계획자, 훌륭한 책략가, 뛰어난 병참 업무 관리자, 간단히 말하면 대단히 이상적인 참모장교였다. 99

필적되는 일이었다. 규모면에서 제2차 세계대전 전까지 어떠한 미국인도 감히 그를 필적하지 못했을 정도였다.

개인적인 전투 기회보다는 부대 업무에 집중하던 마셜은 자신이 중요한 공헌을 한 뫼즈-아르곤 공격 개시를 알리는 보고서를 받았다. 그는 언제 어디서든 전장 조건이 변하는 것에 따라 계획을 수정할 준비가 되어 있었다. 공격 첫날 일몰이 시작될 쯤, 완벽한 준비와 계획으로 시작된 연합군의 공격에 독일군은 당황해 허둥대었고, 독일군 방어전선 중 두 곳은 완전히 붕괴되었다. 그러나 첫 전투를 치르던 대부분의 미군 사단은 자신들의 이점을 충분히 활용할 줄 아는 경험이 부족했다. 퍼싱 본부의 프랑스군 참관단은 용감하게 죽어가면서도 전혀 전진을 못하거나 소폭밖에 전진하지 못하는 미군들을 보게 되었다. 참관단은 항상 미군 주위에 위치하며 경우에 따라 제1군의 전투 지역을 지나갈 수 있는 자격이 주어진 이들이었다. 해군, 참모, 민간인, 외국인 등으로 구성된 참관단은 미군을 경멸하며 결과 보고서를 작성했다. 마셜은 훗날 그들은 "미군 병사들은 실패했고, 그렇게 큰 작전을 수행하기에는 무능하다는 것이 입증되었다"라는 보고서들을 프랑스와 영국에 뿌렸다고 언급했다.

뫼즈-아르곤 공세의 초기 병참 업무는 악몽이었다. 심지어 클레망소 수상도 지옥 같은 교통체증에 발이 묶였을 정도였다. 도로는 한 줄로 길게 늘어선 트럭들로 막혔고, 운전자들은 이틀 동안이나 같은 상태라고 분통을 터뜨렸다. 그나마 포병들이 도로를 막고 있던 파괴 차량을 한쪽으로 치울 때나 약 16킬로미터 넘게 늘어섰던 차량 행렬이 잠시 풀렸다. 이런 상황에서 마셜은 추가적으로 하룻밤에 14만 명의 병력을 약 97킬로미터나 떨어진 다른 곳으로 수송하라는 명령과 그 외 여러 다양한 요구사항, 그리고 전투에서의 긴급사태까지 처리해야만 했다.

10월 18일 아침, 아르곤 삼림으로 진입했던 찰스 휘트리지^{Charles W.} ^{Whittlesey} 소령과 휘하의 수백 명이 '실종' 되었다는 보고가 들어왔다. 종군기자들은 전황 소식에 관심이 많던 미국 대중의 욕구를 충족시키기 위해 그 부대에 '잃어버린 대대^{Lost Battalion}' 라는 시적인 이름을 붙였다. 그러니 실제로는 제77사단의 본대에서 낙오된 제308보병연대의 1개 대대 소속 554명이 적들에게 포위당한 일이었다. 그들은 식량 공급도 끊긴 채 100시간 넘게 소총과 박격포, 수류탄 등으로 반복되는 적의 공격에 지칠 만도 했지만 끝내 방어에 성공했다. 포위라는 힘든 상황에서 휘트리지 소령의 부상당한 부하 한 명이 적에게 포로로 잡히는 일이 있었다. 적들은 포로로 잡힌 부상병을 통해서 대대의 항복을 권고했지만, 휘트리지는 어려운 상황에서도 항복 권고를 무시하는 용기를 보여주었다. 10월 7일 마침내 대대의 생존 장교와 병사들이 구조되었다. 이 전투에서 미군 장교와 병사 107명이 전사했다. 휘트리지와 다른 네 명이 명예훈장을 받았다.

프랑스의 아르곤 산림에 있는 '잃어버린 대대' 기념비와 휘트리지 소령.

:: 배워야 할 교훈, 전략의 상대적인 효과

퍼싱의 미국 원정군은 거의 100만여 명의 병력으로 구성되었다. 어떤 미국인도 그처럼 많은 병력을 지휘해 본 적이 없었다. 1918년 10월 12일 퍼싱은 병력을 나누어서 미 제2군을 창설하고 지휘관으로 로버트 리 불러드 장군을 임명했다. 미 제1군의 지휘관으로는 헌터 리젯 장군이 임명되었고, 마셜은 작전처장으로 보직되었다. 10월 말, 포슈는 전진하는 병력에 대해 부대 정렬을 시도하지 말고 11월 한 달간 독일 점령 지역 안으로 최대한 진입하라는 명령을 내렸다. 그리고 가장 멀리 전진한 소부대는 전진이 지연된 부대를 지원하라고 지시했다. 미 제1군은 첫날부터 독일군의 방어선을 무너뜨렸다.

벽에 붙여놓은 지도 위의 핀을 앞으로 이동시키기도 전에 신이 나서 뛰는 참모장교들의 모습이 본부에 있던 종군기자들의 눈에 띄었다. 그런 와중에도 마셜 대령만은 상당히 침착했다. 그는 빠른 전진이 상급 부대 지휘부와 예하 부대 간의 의사소통에 어려움을 야기할 것을 염려했다. 야전에서 무선통신 시대가 열리기 전에 주로 사용되던 통신수단인 유선 가설전화는 광범위하게 사용되었으나, 통신대원들의 폴대와 선로 가설은 부대의 전진 속도를 따라가지 못하고 있었다. 정보를 적은 티슈페이퍼를 전달하는 전령 비둘기는 변덕스런 바람과 급변하는 부대 상황에 취약했고, 가끔씩은 적 조준사격의 표적이 되기도 했다. 마셜은 가장 확실한 대안으로 모터사이클 전령을 활용했으나, 이조차도 전투 차량들로 꽉 막힌 도로에선 속수무책이었다. 그는 정보 지연 사태를 최대한 막기 위해 항상 최근에 제작된 지도를 준비했고, 그러한 과정을 감독하느라 밤늦게까지 일했다. 그렇게 일하고 난 다음날에는 예하 부대로 하달할 모든 야전 명령지의 초안 작성을 감독한 후에야 아주 잠깐 잠을 청할 수 있었다. 다시 아침 일찍 사무실로 돌아와 전날 밤에 양식에 맞춰 작성한 야전 명령지와 4장의 복사본을 검토하고 최종 수정을 한 뒤, 복사본 1부는 등사 담당관에게 주고 나머지를 담당 장교에게 주어 예하 부대의 본부에 유선으로 하달하도록 했다. 등사된 복사본들은 모터사이클 전령을 통해 인접 부대에 배부했다. 전달이 지연될 경우에는 그들이 직접 지도와 명령서를 전달했다. 마셜은 이런 방법으로 전화통신의 문제점을 보완하며 최신의 정보가 상하 부대 간에 소통될 수 있게 했다.

11월 4일과 5일, 미군의 전진은 엄청난 탄력을 받았다. 미 제1군의 동쪽은 전선의 오른쪽을 뒤흔들었고 뫼즈의 제방을 따라 전선을 확보했다. 왼쪽은 프랑스 제4군이 휩쓸었다. 그 사이 '레인보우Rainbow' 제42

사단은 11월 4일 야간에 제78사단의 작전 지역을 통과했다. 이러한 전과들과 독일의 후퇴로 인해 연합군은 승리를 확신하기 시작했다. 이러자 연합국 군사 지도자들은 독일 외교관들이 협상에서 휴전을 위해 유리한 조건에 접근하는 어떤 것도 불가능하게 적군을 완전히 붕괴시키고 싶어했다. 완승할 것이 확실했으므로 오직 무조건적인 항복만 받아들일 생각이었다.

독일 육군은 4년 전에 파리에서 약 48킬로미터 되는 지점까지 접근했지만, 미군과 연합군의 맹공격 때문에 독일 쪽으로 밀려났다. 전황이 불리해지면서 빌헬름 황제Kaiser Wilhelm 치하의 독일 사회는 급격히 흐트러지고 있었다. 오랜 전쟁으로 지친 독일인들에게는 어디서나 사회주의혁명의 기운이 나타나고 있었다. 오스트리아-헝가리 및 터키 '동맹국Central Powers'과 독일과의 동맹은 모든 전선에서 패했다. 유럽의 지도는 연합국에 의해 다시 그려지고 있었다. 다르다넬스Dardanelles에서 페르시아Persian 만에 이르는 석유 부국 오토만 제국Ottoman Empire은 영국과 프랑스에 의해 분할될 처지였다.

전쟁이 결말을 향해 치닫자, 조지 마셜은 비록 전장에서 병력들을 직접 지휘한 것은 아니지만 자신이 실행했던 전술과 병참 업무에 대해 대단히 만족해했다. 그러나 그가 배워야 할 교훈이 몇 가지 더 있었다. 그것은 전략의 상대적인 효과, 전장에서의 기회, 국민정서, 그리고 명령권이었다.

진군하는 미군 병력이 스당의 턱 밑까지 도달했다. 퍼싱의 미군에게 스당은 군사적 의미가 아니라 전선의 균형을 위해 점령해야 할 도시였다. 그러나 프랑스에 스당은 정서적으로 큰 의미가 있는 곳이었다. 프

나폴레옹 3세와 비스마르크 스당 전투Battle of Sedan(1870)는 프랑스-프로이센 전쟁 중 프로이센이 뫼즈 강 연안 스당 요새에서 프랑스군을 격파한 결정적인 전투로, 이 전투에서 프랑스 황제 나폴레옹 3세가 포로로 잡혀 프랑스 제2제정의 몰락을 초래했다.(빌헬름 캄프하우젠作, 1878)

랑스 입장에서 자신들이 이 도시를 해방시켜야 하는 이유가 있었다. 1870년 루이 나폴레옹Louis Napoleon 황제는 프랑스-프로이센 전쟁Franco-Prussian war에서 패배했다. 그 결과 비스마르크Bismarck와 황제에게 풍부한 석탄 생산지인 알사스Alsace 지방을 양도하고, 프러시아Prussia가 유럽 강대국이라는 것을 인정하는 내용의 치욕적인 조약을 맺은 곳이 바로 스당이었다. 포슈는 당시 주둔하고 있던 미 제1군을 무시하고 프랑스 제4군이 그 도시를 탈환해 프랑스의 명예를 되찾겠다고 공표했다.

퍼싱은 포슈의 공표를 충분히 이해했다. 그러나 이 공표는 미 제1군이 옆으로 물러나고, 그동안 미군의 뒤에 있던 프랑스군을 전면에 나서도록 허용하라는 뜻이었다. 이러한 상황은 매우 복잡한 작전 명령을 구상해야 하는 마셜에게는 부담스러울 수밖에 없었다. 11월 4일 오후

4시쯤, 마셜이 새로운 병참 계획에 대해 고심하고 있을 때 미국 원정군 전체의 작전처장인 폭스 코너 소장이 사무실에 들어오면서 마셜의 업무에 대해 물었다. 마셜은 포슈의 공표에 따른 당시의 상황을 설명하려고 했지만, 코너는 끝까지 듣지 않고 중간에 설명을 중단시켰다.

"미 제1군의 위치 변경을 빌미로 궁지에 몰린 적에게 군을 재편할 기회를 주어서는 안 된다."

30분가량 함께 토의하다가 코너가 갑자기 결정을 내렸다.

"제1군이 스당을 점령하는 것은 퍼싱 장군의 요구사항이다. 퍼싱의 직접적인 명령에 따라서 움직여야 한다."

스당이 프랑스에 얼마나 중요한 지역인지를 누구보다 잘 알고 있는 마셜은 "이것은 매우 중요한 사안이다"라고 대답했지만, 코너는 그 자리에서 곧바로 속기사를 호출해 다음과 같이 받아쓰게 했다.

1. 퍼싱 장군은 미 제1군이 스당에 먼저 진입하는 영예를 차지할 수 있게 해 달라고 요구한다. 그는 제1군단의 부대들을 모두 신뢰하고 있으며 제5군단의 우측 지원을 받아 그의 요구가 실현될 수 있게 해야 한다.
2. 상기 명령을 발송함에 따라 귀관들이 주목해야 할 것은 현재의 유리한 기회를 잘 활용하여 밤새 적을 밀어붙이는 것이다.

코너는 즉시 명령을 발효시키기 위해 마셜에게 위 내용을 문서화해서 발표하라고 지시했다. 친근한 웃음과 의문의 미소를 띠며 마셜은

"우리가 대화하는 동안에 장군께서 이런 결정을 내렸다는 것을 알고
있는데, 제가 이것을 퍼싱 장군의 명령이라고 믿기를 바랍니까?"라고
물었다.

"내가 그의 권한을 위임받아 지시하는 것이므로 이것은 곧 총사령관
의 명령이다. 이제 가능한 한 빨리 그 명령을 하달하라"라고 코너가 대
답했다.

마셜이 "하지만 작전 명령은 연합군의 합의에 따라 임명된 연합군
총사령관 페르디낭 포슈가 내려야 합니다"라고 이의를 제기했다. 그러
면서 최소한 명령을 실행하려면 미 제1군 지휘관인 헌터 리젯과 참모
장인 휴 드럼Hugh A. Drum에게 승인을 받아야 하니 6시까지 지시를 연기
해 달라고 요청했다. 덧붙여서 만약 그들이 제 시간에 맞춰 허가해 주
지 않는다면, 관련 있는 지휘관들에게 유선으로 명령을 하달하겠다고
말했다. 코너는 마지못해 동의하고 마셜의 사무실을 떠났다.

시간이 지체될수록 독일이 유리해지기 때문에 마셜은 매 10분마다
리젯과 드럼의 소재를 확인했다. 드럼이 6시 5분 전에 지휘부로 돌아
왔다. 마셜은 드럼에게 코너가 하달한 명령을 보여주었다. 드럼은 그
명령을 승인했으나, 작전 경계 지역에 대해 "법적 구속력을 고려하지
않겠다"라는 내용을 추가했다. 이것은 미 제1군단이 프랑스 제4군의
작전 경계선을 지나갈 수 있도록 암묵적인 허가를 해준 것이었다.

미 제1군단과 제5군단에 내려진 명령의 효과는 마치 마셜이 경기에서 출발 권총을 발사한 것과 같았다. 훗날 이렇게 마셜은 말했다.

"그 명령이 무한경쟁의 권한을 위임한 것이 아니었는데도 쟁탈전이 발생했다."[4]

스당을 확보하기 위한 쟁탈전은 신원 확인을 잘못하는 사건을 발생시켰다. 미국 원정군에서 가장 많은 훈장을 받은 장군이 미군 장교에 의해 잡히기까지 했던 것이다. 스당을 향한 쇄도는 1918년 11월 5일 밤, '빅 레드 원Big Red One' 제1사단이 전진하면서 시작되었다. 붉은 숫자 '1'이 적힌 부대 마크를 부착한 병사들이 레인보우 부대마크를 부착한 제42사단이 점령하고 있는 지역으로 진격했다. 결국 제1사단과 제42사단은 절망적으로 뒤엉켜버렸다. 그 과정에서 제1사단 소속의 부대가 퍼싱의 명령을 모르고 있던 더글러스 맥아더 준장을 체포해 조사를 하는 일이 벌어졌다. 이는 사실 코너의 명령이었다. 헬멧 대신에 쓴 쭈글쭈글한 모자, 긴 실크 스카프, 승마용 바지, 그리고 빛나는 롱부츠, 직접 제작한 제복 등 거의 모든 면에서 육군 규정을 위반한 복장이었던 맥아더는 지도를 보기 위해서 가던 길을 잠시 멈춰 서 있었다. 제1사단 정찰대를 지휘하던 블랙Black 중위는 맥아더를 보자 미국인도 프랑스인도 아닌 것 같았기에 그가 독일인일 것이라고 생각했고, 권총을 빼들고 항복할 것을 요구했다. 얼마 후 여단장 얄마르 에릭슨Hjalmar Erickson은 포로로 잡혀 온 격분한 맥아더를 알아보고 그의 항의에 사과하고, 블랙 중위에게 맥아더를 풀어주라고 명령했다.

정전이 발효된 11월 11일 11시, 프랑스군과 미군 모두 스당을 확보하지 못했고 도시는 여전히 독일군 수중에 있었다.

:: 이론과 전장의 차이, 죽느냐 죽이느냐

마셜 대령이 배워야 할 교훈들은 더 있었다. 그는 마지막 며칠 동안 전쟁터와 현실 사이의 관계, 국가의 명예, 긴급상황 시 명령 권한에 대해 알게 되었다. 그는 피 비린내가 나고 진흙투성이인 참호 속 전장의 실상과 국제정치 사이의 직접적인 관련성을 새롭게 배울 수 있었다. 그는 군 생활과 외교 사이의 관계를 깨달았다. 이 전쟁으로 인해 세계적 규모의 전쟁이 탄생했고, 군인이 더 이상 순수한 군인으로서만 존재할 수 없다는 것을 알게 되었다. 좋든 싫든 간에 이제 마셜은 거대한 국제정치 현실의 한 부분이었다.

장군들은 승전국의 외교관들이 패전국에게 평화 시기의 명령 조항들을 제시할 수 있도록 정전조약 문서를 준비했다. 마셜은 미국 원정군 장군들 모임에서 프랑스 대사와 영국 육군 대표자가 태연하게 아프리카를 포함한 모든 독일 식민지와 오토만 제국의 분배를 논의하는 광경을 목격했다.

프랑스인들이 미합중국에 오토만 시리아Ottoman Syria를 가지라고 제안했다. 마셜은 여기에 끼어들어 미국은 습하거나 건조한 기후에 수많은 곤충이 있는 식민지는 원치 않는다고 말했다. 마셜은 미합중국의 유일한 식민지로 버뮤다Bermuda만이 고려 대상이라고 설명했다. 물론 이것은 농담이었다. 고위 정치인들이 아닌 군인과 공무원에 의해 세계가 나뉘는 것에 대해 비꼬는 표현이었다. 회담장에 있던 미국인들은 그의 말이 농담인 줄 알았다. 하지만 영국 대표는 마셜의 말을 듣고 '마침내 미국이 전쟁에서 무엇을 추구하는지 이제야 알게 되었다'는 듯한 표정

> 마셜은 군인이 더 이상 순수한 군인으로서만 존재할 수 없다는 것을 알게 되었다. 군 생활과 외교 사이의 관계를 깨달은 것이다. 좋든 싫든 간에 이제 마셜은 거대한 국제정치 현실의 한 부분이었다.

을 지었다. 오히려 영국 대표의 표정을 보고 미국인들이 크게 놀랐다.

그러나 정전 당일, 아침식사에서 프랑스 대사가 독일에 대한 복수를 매우 진지하게 언급했다. 한편, 영국인들은 식민지를 배분하자고 여전히 말했다. 게다가 영국의 감시 감독 하에 '공해자유의 원칙Freedom of the seas'을 확실하게 하려 했다. 모든 전투를 중단하기로 계획했던 11시가 되기 30분 전, 식당 밖에 있는 정원에 폭탄이 떨어졌다. 폭발로 식당이 심하게 흔들렸고, 그 충격으로 식당 안에 있던 모든 사람이 의자에서 넘어졌다. 의자에 앉아 있던 마셜은 바닥으로 떨어졌고 머리를 부딪쳤다. 처음에는 '이제 죽었구나' 하고 생각했다. 그러나 곧 정신을 차렸다. 다행히 아침식사를 망친 것 말고는 큰 피해는 없어 보였다. 몇 분뒤, 젊은 비행사가 식당 안으로 불쑥 들어왔다. 그 비행사는 자신이 임무를 끝내고 복귀하는데 비행기의 랙Racks에 붙어 있던 폭탄이 충격을받아 풀려서 정원에 떨어졌다며 사과했다.

마셜은 훗날 정전 30분 전에 죽음을 경험했던 일을 어느 정도 스릴 있었던 사건으로 묘사했다. 사실 이것이 전쟁에 대한 가장 중요한 교훈일 것이다. 전략, 전술, 명예, 감정, 국제정치, 그리고 결국에는 심지어 종전 30분 전일지라도 전쟁은 죽느냐 죽이냐에 관한 것임을…….

:: 병참과 군사 편제의 두뇌 전쟁

제1군 본부에서의 마지막 날, 마셜은 독일에 주둔할 파병군의 부대 배치를 계획하라는 명령을 받았다. 이것은 60만여 명의 이동과 배치에 관한 복잡하고 중대한 임무였다. 이 임무에 대해 훗날 마셜은 자신이 오랫동안 이런 중대한 임무를 손쉽고 빠르게 처리해 왔기 때문에 아무도 자신에게 주어진 임무의 규모에 대해 왈가왈부하지 않았다고 말했다.

11월 19일, 마셜은 신설된 제8군단의 참모장으로 보직되어 쇼몽Chaumont으로 돌아왔다. 군단본부는 남부 프랑스의 몽티니Montigny에 있었다. 마셜은 군단장 소장 헨리 앨런Henry T. Allen가 머물고 있던 샤토 성에서 앨런을 주최자로 한 크리스마스이브 저녁 만찬을 마련해 군단 참모와 몇몇 프랑스인 이웃을 초대했다. 1914년 이후 첫 번째로 연 축하연이었다. 프랑스인들은 처음에는 경직되고 긴장하는 듯했지만 곧 미국 스타일에 익숙해져 다음 날 아침까지 축제를 함께 했다.

약 18개월의 전쟁 기간 동안, 조지 마셜은 총 한 번 쏘지 않았다. 대신 수천에서 수십만으로 증원된 원정군을 프랑스에 상륙시키고, 내륙으로 수송하고 먹이고 숙영시키고 훈련시키는 방법 등을 배웠다. 또한 국가마다 가지고 있는 자부심과 국가 간의 복잡하고 민감한 감정들을 연합군의 전쟁을 통해 알게 되었다. 그는 여느 장군들과 마찬가지로 전투부대가 직면한 문제에 익숙했고, 장군들보다도 그 문제를 어떻게 해결해야 하는지 더 잘 알고 있었다. 그의 전투는 서류라는 전장과 전화라는 다툼으로 이루어졌다. 그러나 그는 진흙과 포화가 빗발치는 곳이든 아니든 고군분투했다. 그는 참호 전투에서 대부분의 병사들이 어

리석게 행동해 병력이 낭비되는 것을 보았다. 비행기의 군사적 가치를
지켜보았으며, 기병대를 구시대 유물로 전락시킨 전차의 등장에 주목
했다. 그는 과거에 집착하는 상급 지휘관과 그와 미래에 시선을 돌리
는 젊은 지휘관들을 목격했다. 마셜은 작전참모로서 미군 역사상 어느
누구보다 더 많은 전투부대의 이동을 지휘했다.

퍼싱의 보급 대장인 조지 반 호른 모즐리 George Van Horn Moseley 장군은 세
계대전에서 미국 원정군의 활약을 뒤돌아보면서, 마셜에 대해 이렇게
언급했다.

"그의 계획 아래 기동한 부대는 항상 승리했다."[5]

모즐리 혼자만 마셜을 이렇게 평가한 것은 아니었다. 대부분의 육군
고위 지휘관들은 참모장교로서, 참모장으로서, 그리고 군을 관리하는
능력면에서 마셜의 가치를 인정했다. 그리고 중대한 문제를 해결할 때
마셜이 보여준 능력 덕분에 전쟁이 오직 대검으로만 싸워 승리하는 것
이 아님을 깨달을 수 있었다.

미군은 군사편제에 관하여 현대전쟁에서 대단히 가치가 있다고 평
가된 후방의 군 편성에 역사상 처음으로 관심을 갖기 시작했다. 따라
서 제2차 세계대전부터는 이 분야의 최고 권위자가 필요해지기 시작했
다. 그러나 마셜이 세상을 떠난 후 병력 관리와 유지, 그리고 효력을 효

과적으로 이끌어내는 데 별다른 관심을 두지 않았던 사람들은 큰 대가를 치렀다. 그것은 바로 도널드 럼스펠드^{Donald H. Rumsfeld} 국방장관 하에서 치른 이라크^{Iraq} 전쟁과 아프가니스탄^{Afghanistan} 전쟁에서 여실히 드러났다. 미 국방부는 최적 유효성과 그 한계성을 초과해 미 군사력을 확장한 대가를 톡톡히 치렀다.

CHAPTER 05

마셜의 사람들, 미래를 만드는 인연

인재를 알아보는 감각과
인재를 훈련시키는 기술, 휴먼 리더십 ★★★★★★★★★

마셜은 미래를 내다보고 인적자원의 가치를 인식했다. 그에게는 인재를 선택하고 교육하는 안목이 있었다. 현재의 미숙함 가운데서도 차별화된 재능과 역량을 알아보고 리더로서 수평적 네트워크의 관계를 유지하며 핵심 인재를 계발하고 훈련시켜 급변하는 미래 세계를 리드할 그만의 인적자원을 만들었다. 이러한 리더십은 훗날 제2차 세계대전에서 저력을 발휘했다.

:: 프랑스에서 새로운 문화와 새로운 인물들을 만나다

마셜은 아름다운 12세기 성 몽티니에 주둔해 있었다. 성문 아래로는
작은 개울이 흘러 우아함을 더했고, 앨런 장군의 참모가 '마이크'라고
이름 붙인 백조 한 마리가 노니는 평화로운 곳이었다. 그러나 미 원정
군 사령관 퍼싱 장군은 마셜의 천재성을 최대한 활용하고자 그를 쇼몽
으로 불러들였다. 퍼싱도 마셜처럼 대규모 전쟁에서 드러난 전투의 현
실을 이해하고 있었다. 그도 마셜처럼 승리의 감격에 취하기엔 이르다
는 판단을 내렸던 것이다. 퍼싱은 예측할 수 없는 어떤 상황이 발생해
미국 원정군이 갑자기 철수할 수도 있다는 예상 아래 마셜에게 가상의
사태를 대비한 비상계획 수립을 명령했다. 퍼싱이 이런 명령을 내린
시기는 '청년들이여'라는 구호 아래 미군을 조기 복귀시키라는 미국
내 압력에 원정군이 급속히 축소되고 있을 때였다.

> **6 6** 마셜은 명령을 단순히 따르는 데 머물지 않고 자신의 창조성을 발휘했다. 단순하게 병사들을 교육하는 대신, 자신에게 주어진 임무를 그들의 불만사항을 묻는 기회로 삼고, 미군 장교들의 자질을 평가했다. **9 9**

마셜은 세계대전에 참전함으로써 전쟁의 현실을 깨달았다. 군의 동원해제라는 현실도 기꺼이 받아들이고 퍼싱의 명령에 따라 동원해제와 관련된 작업을 계속 진행했다.

전쟁을 재개시키려는 계획은 불필요했지만 마셜에 대한 퍼싱의 요구들은 좀처럼 줄어들지 않았다. 보병들은 신속히 동원에서 해제되었다. 이때 퍼싱 장군은 미국에 있는 친구들로부터 실망스러운 이야기를 들었다. 전쟁에 참전했던 수천의 젊은이는 자신들이 '안정된 민주주의' 세계를 만들기 위해 싸웠다고 배웠음에도 불구하고, 이 전쟁을 통해 이루고자 하는 것이 진정 무엇인지를 전혀 알지 못한 채 고향으로 돌아갔다는 것이다.[1]

마셜은 프랑스의 항구로 이동해 미국으로 복귀하는 군함을 기다리는 병사들을 교육하라는 퍼싱의 명령을 받았다. 마셜은 명령을 단순히 따르는 데 머물지 않고 자신의 창조성을 발휘했다. 단순하게 병사들을 교육하는 대신, 자신에게 주어진 임무를 그들의 불만사항을 묻는 기회로 삼고, 미군 장교들의 자질을 평가했다. 미군 장교들의 제27사단 부대원들은 대단히 유사한 형태의 복잡한 문서들을 여러 개 작성하는 것과, 이미 자신들이 르망Le Mans에서 실시했던 검열을 프랑스 브레스트

레지옹 도뇌르 훈장Ordre national de la Légion d'honneur 프랑스 최고 명예 훈장으로 나 폴레옹 보나파르트가 1802년 제정한 것으로 무훈을 세운 군 인이나 문화, 종교, 학술, 체육 등 각 사회 분야에서 공적을 이룬 일반인에게 수여된다.

Brest 항에서 반복해야 하는 사실에 더 큰 불만을 품고 있었다. 이에 따라 마셜은 불필요한 관료주의적인 일처리를 해결해 주고, 제27사단 부대원들이 건의한 육군의 절차에 대한 불만사항을 퍼싱에게 보고했다. 퍼싱은 마셜이 건의한 대부분의 사항들을 받아들이고 시정해 주었다. 마셜이 미국 원정군의 목적과 성공에 대하여 지도와 차트를 이용해 실시한 강연은 상당히 효과적이었다. 의회 대표단이 방문했을 때에도 퍼싱은 마셜에게 교육 자료를 브리핑하도록 지시했다. 이들 의회 대표단에는 피오렐로 라 과디아Fiorello La Guardia 하원의원이 포함되어 있었다. 그는 육군 항공단 소속 소령으로 이탈리아 전선에서 폭격기를 조종했으며, 훗날 가장 유명한 뉴욕 시장이 된 인물이다. 제4해병여단을 지휘했고, 세계대전에서 미 육군 제2사단을 지휘했던 존 레준John A. Lejeune 소장도 마셜의 강연을 들었다. 그는 15년 뒤 이렇게 회고했다.

"내가 전쟁사에 대해 이전에 알고 있었던 것보다 더 많은 것을 배웠다."[2]

1919년 4월 30일, 메스Metz에 있는 레퓌블리크République 광장에서 열린 기념식에서 마셜은 전쟁에서 눈부신 활약을 펼친 사람에게 수여하는 프랑스의 레지옹 도뇌르 훈장Legion of Honor을 수여받았다. 이 훈장의 수상자들 중에는 필리핀과 멕시코에서 퍼싱의 부관이었던 제임스 콜린스James L. Collins 대령도 있었다. 콜린스는 전쟁 초기에 마셜과 함께 근무하다 워싱턴으로 복귀했다. 퍼싱의 참모로 다시 부름을 받은 콜린스는 훈장 수여식 바로 직전 마셜에게 이렇게 물었다.

"퍼싱 장군의 부관을 해보는 것은 어떠냐?"

프랑스 훈장 수여식이 끝난 직후, 마셜은 콜린스에게 그 제안을 받아들이겠다고 대답했다.

베르사유에서 평화협정에 서명이 이루어진 후 퍼싱의 지휘부는 쇼몽에서 파리로 이동했다. 마셜은 바렌Varenne 거리의 미국인 은행가 오그던 밀스Ogden Mills 저택에 숙소를 잡았다. 미국 독립기념일인 7월 4일, 프랑스 대통령 레몽 푸앵카레Raymond Poincaré는 미군 부대를 열병했다. 이를 시작으로 잇달아 개최된 기념행사에서 프랑스와 영국 정부는 전쟁이 끝났다고 기쁨을 표했다. 당시 퍼싱 장군의 부관이던 마셜은 프랑스혁명 기념일에 실시된 승전기념 피레이드에서 백마를 타고 개선문Arc de Triomphe을 시작으로 샹젤리제를 따라 레퓌블리크 광장에 있는 사열대를 통과했다.

마셜은 거리에서 축제를 즐기며 저녁을 보낸 후, 새벽 1시 기차로 파리를 떠났다. 그들이 도착한 불로뉴Boulogne에는 영국 구축함 오르페우스Orpheus 호가 일행을 태우고 영국해협을 건너기 위해 기다리고 있었다. 영국 사람들은 조지 워싱턴 이래 자신들과 이해관계가 있고, 가장 유명한 승리를 거둔 미군 장군을 보게 되었다. 마셜은 영국 공작과 귀족들, 공주 그리고 예루살렘 총독과 모임을 열었고, 이어 실시된 행사에 퍼싱과 동행했다. 정부청사 내 영국 전쟁성에서 실시된 행사에서, 퍼싱은 전쟁성 장관 윈스턴 처칠을 포함한 정부 내 일반 공무원들에게 공로훈장을 수여했다. 미국인들을 위해 하원에서 주최한 저녁 만찬 자리에서 마셜 대령은 처칠의 유창한 웅변을 처음으로 들었다. 45세의 정치인이자, 작가, 저널리스트, 그리고 1898년 수단 전역에서 벌어진 마지막 대규모 기병 전투에 참가한 군인이기도 했던 처칠은 이렇게 연설했다.

"자존심만 가득하고 어리석은 독일이 미국을 전쟁에 끌어들인 순간, 그들의 파멸이 시작된 것이다. 자유의 대의를 지켰으며, 영국과 미국의 민주주의는 다시 한 번 공동의 역사를 써 내려갈 것이다."[3]

수천 년간 왕가의 행사가 열렸던 도시 런던에서 엄격한 공화국 군대의 유니온타운 출신의 마셜 대령과 퍼싱 장군 그리고 다른 여러 장교는 승전의 기쁨을 만끽했다. 각종 오찬, 호텔 리셉션, 귀족풍의 다과회, 그리고 왕 조지 5세King George V와 여왕 메리Queen Mary가 반갑게 맞아준 버킹엄 궁전Buckingham Palace의 가든파티에 참석했다. 그들은 스스로를 칭찬하고 축하했으며 서로 인사하고 포옹했다. 당시 마셜은 여인들의 사치스런 복장에 대해 일기장 가득 묘사했는데. 특히 모든 여성이 달고 다니던 거대한 타조 깃털의 화려함에 대해 기록했다. 웨일즈 공 주관의 미군 연대 사열을 종료한 뒤, 퍼싱은 추가적으로 하이드 파크Hyde Park에 정렬한 병사들을 순시했다. 마셜과 함께 처칠도 동행했다. 그들은 새로 개정된 헌법으로 술의 판매와 제조, 운송이 금지된 고국으로 돌아가는 병사들의 대열 끝에 섰다.

프랑스로 돌아온 마셜은 늘 퍼싱 곁에서 수많은 퍼레이드와 파티, 그리고 군 행사에 참석했다. 둘은 독일 내 주둔 중인 제1사단과 제3사단을 방문했고, 9일간 서부전선의 전장을 돌아봤다. 그리고 4일의 휴가 기간 동안 이탈리아를 여행했다. 파리에서 작별인사와 짐을 꾸리는 데

9일 이상 보낸 후, 그들은 레비아탕^{Leviathan} 호에 승선하기 위해 브레스트에 도착했다. 1919년 9월 1일, 배는 고국으로 항해를 시작했다.

:: 퍼싱과 마셜의 일반 군사훈련 계획

마셜은 퍼싱과 그의 참모들, 그리고 세계대전에 참전한 제1사단의 부대원들과 함께 브로드웨이를 시작으로 뉴욕 시청을 향해 행진했다. 그때까지만 해도 세계대전에 '제1차'라는 말을 붙이지 않았다. 행진에 참가한 마셜은 자신이 여단장이 되지 못한 사실에 실망했다. 비록 퍼싱이 워싱턴에 진급을 추천했지만, 종전으로 인해 전쟁성은 전시 계급을 받았던 모든 군인에게 평시 계급으로 환원한다는 명령을 내렸다. 마셜은 결국 18년 후에나 별을 달게 된다.

버지니아 군사학교에 입학해 보병장교가 되는 법을 배운 지 22년이 지났지만, 마셜은 필리핀 전쟁에서만 유일하게 병력을 지휘해 보았다. 대신에 그는 작전 계획 수립, 수천의 병사들을 전장으로 이동시키는 일, 상황의 변화에 맞게 능숙히 병참 문제를 조율하는 일에서 탁월한 재능을 보였다. 뛰어난 능력은 전시 진급으로 보상받았고, 가장 훌륭한 장군 퍼싱의 전속부관이라는 책임을 맡게 되었다. 퍼싱은 율리시스 그랜트$^{Ulysses\ S.\ Grant}$ 이래 가장 영예로운 장군으로 추앙받았고, 9월 5일 대원수$^{General\ of\ the\ Armies}$로 진급했다. 이전까지 육군 원수는 조지 워싱턴만이 유일했다. 1919년 윌슨 대통령을 대신해 부통령 토마스 마셜 $^{Thomas\ R.\ Marshall}$, 전쟁성 장관 뉴턴 베이커$^{Newton\ Baker}$, 육군 참모총장 페이

> **"** 전투는 늘 추위와 비, 그리고 진흙과 암흑이 매우 복잡하게 얽혀 있었다. 10분간의 전투는 10분 그 이상이었고, 전쟁은 끔찍하고 아주 침울한 것이었다. **"**

튼 마치Peyton March 장군, 뉴욕 주지사 알프레드 스미스Alfred E. Smith, 그리고 뉴욕 시장 존 하일란John F. Hylan이 퍼싱을 반갑게 맞이했다. 뉴욕에서 시작된 퍼레이드는 필라델피아와 워싱턴 D.C.에서도 실시되었으며, 퍼싱 장군을 기리는 상하 양원의 합동회의가 시작되면서 끝이 났다. 전쟁을 종식시키기 위해 참전하여 승리를 거둔 미국은 235억 달러의 비용을 지출했고 11만 6,708명의 미국 젊은이를 잃었다. 마셜은 훗날 전쟁에 대해 이렇게 언급했다.

"전투는 늘 추위와 비, 그리고 진흙과 암흑이 매우 복잡하게 얽혀 있었다."[4]

그는 10분간의 전투는 10분 그 이상이었고, 전쟁이 끔찍하고 아주 침울한 것임을 알게 되었다.

아내 릴리가 조국에 돌아온 마셜을 반갑게 맞이했다. 그녀는 여전히 아름다웠지만 허약해서 임신하기에는 위험했다. 마셜이 퍼싱의 전속 부관이었기 때문에 아내 릴리는 마셜을 따라 버지니아 군사학교의 연병장 가까이에 있던 집을 떠나 워싱턴으로 이사 가야만 했다. 부부가 함께 살게 된 첫 집은 NW 16번가의 호텔식 아파트였다. 이곳은 장교들과 소수의 미혼 의원이 선호하는 곳이었다. 1920년 공화당 대통령 후보였던 워렌 하딩Warren G. Harding이 약속한 평시의 '정상 상태Normalcy'

를 위해 도시는 빠르게 안정을 찾아가는 중이었다. 마셜 부부의 저녁 손님들은 릴리가 매력적인 남부 미인임을, 그리고 키가 크고 잘생긴 그녀의 남편은 유쾌한 이야기꾼임을 알게 되었다. 도시 곳곳에 윌슨 대통령의 뇌졸중에 관한 말과 영부인 에디스Edith가 국정을 운영한다는 루머가 떠돌았다. 또한 수도에서는 전 세계가 전쟁 방지를 위해 '국제연맹League of Nations'을 조직한다면, 미국에 얼마나 큰 규모의 군대가 필요한지에 대한 이야기가 무성했다. 물론 상원의 다수를 차지하고 있었던 공화당이 미국의 국제연맹 참여에 반대표를 던짐으로써 국회 비준이 걸림되어 미국은 국제언맹에 참가하지 않았다.

50만의 상비군을 유지하자는 전쟁성 장관 뉴턴 베이커와 육군 참모총장 페이튼 마치의 제안은 국회에서 미결된 채로 남아 있었다. 퍼싱의 요구로 마셜은 주 방위군과 예비군의 지원을 받게 될 소규모의 정규군에 대한 계획을 수립했고, 폭스 코너와 공동으로 그 일을 처리했다. 마셜과 코너는 질 높은 예비군을 만들기 위해 모든 젊은이들에게 11개월의 '일반 군사훈련(UMT)Universal Military Training'을 시키자는 내용을 계획에 포함시켰다. 훈련 후에는 4년 동안 의무적으로 예비역으로 복무하도록 했다. 1919년 10월 31일과 11월 1일 양일간, 상하 양원 합동위원회의에 퍼싱이 참석해 주 방위군과 잘 훈련된 예비군에 의해 증가된 30만의 정규군을 구체적으로 명시한 계획을 설명했다.

마셜과 코너도 미 의회에 참석했다. 현실은 냉정했다. 마셜은 이 회의를 가까이에서 지켜보며 민주주의체제에서는 민간인이 군을 감독한다는 것을 처음 알았다. 세계대전은 고립주의와 평화주의라는 큰 여파를 몰고 왔다. 고립주의와 평화주의는 나라를 휩쓸었고 일반 군사훈련 계획은 불운한 운명을 맞았다. 그럼에도 불구하고 마셜은 이 계획에 대한 확신을 잃지 않았다. 그리고 1919년 의회가 일반 군사훈련 제안을 일축해 버린 이후로도 30년 동안 한결같이 이를 실행해야 한다고 역설했다. 그는 1948년 3월 공식적으로 해리 트루먼 대통령에게 이 계획을 설파했다. 비록 '1951년 군사훈련과 병역에 관한 법률Military Training and Service Act of 1951'이 마셜의 기대에 못 미치는 작은 규모였지만, 이것은 마셜이 투사였음을 보여주는 좋은 예였다. 징병 적정 나이가 19세에서 18세 6개월로 낮아졌고 복무기간은 21개월에서 24개월로 늘어났다. 그리고 전체 의무복무 연수는 18년으로 정해졌다. 1951년의 법안은 젊은이들을 '국가 안전보장 훈련단National Security Training Corps'에서 6개월간 병역에 복무시킬 추가 법안에 권한을 부여함으로써 일반 군사훈련 계획 또한 승인한 것이나 다름없었다. 마셜은 의회가 결국엔 필수적인 일반 군사훈련 법안을 제정할 것이라고 자신했다. 그러나 이 법안은 끝내 제정되지 않았다.

:: 퍼싱 참모총장의 부관

퍼싱은 1919년 12월에 해체된 미국 원정군에 관한 자신의 공식적인 전후 보고서를 준비하면서 마셜의 자료를 많이 참조했다. 그는 보고서 작성을 마무리하면서 앞으로의 진로에 대해 고민하고 있었다. 우선은 전역을 염두에 두고 있었으나, 대통령 선거 출마도 심각하게 고려 중이었다. 그러나 마셜은 퍼싱의 출마를 찬성하지 않았다. 마셜은 당파적인 민간 정치계에는 군 경력을 가진 사람들의 자리가 없다고 믿었다. 다른 한편으로는 전쟁 영웅 퍼싱이 정치를 하게 된다면 그 역시도 남북전쟁의 영웅 그랜트처럼 피할 수 없는 정치적 부패자로 변질될 것이라고 우려했다. 훌륭한 군사 지도자로 성장시킨 퍼싱의 장점들이 민간 영역으로 옮겨가면서 오히려 민주주의를 위협하지 않을까 두려웠던 것이다. 전쟁성 장관 베이커는 퍼싱에게 전역을 미루도록 설득했다. 베이커는 퍼싱에게 군사기지와 산업 기반 시설을 둘러보고, 그것들 중 계속 유지해야 할 것을 선별해 달라고 요청했다. 이때 퍼싱은 모든 일을 마셜과 코너, 조지 반 혼 모슬리^{George Van Horn Moseley} 장군의 손에 맡겼다. 그리고 대통령 후보가 되기 위한 일을 시작했다. 테네시^{Tennessee} 공화당 대표단이 선거에 대해 논의하고자 퍼싱을 찾아왔다. 마셜은 그들에게 퍼싱 장군이 부재중이라고 설명하며 돌려보냈다. 퍼싱은 이 사실을 알고 매우 분노했다. 그러나 오하이오 상원의원 워렌 하딩이 공화당 후보로 추대되자, 퍼싱은 민주당 소속으로 출마하라는 제안을 무시했다. 그는 선거에 나가겠다는 생각 자체를 모두 포기했다. 또한 어떠한 일이 있어도 대통령 후보로 나서지 않겠다고 선언했다.

퍼싱은 군에 계속 머물게 되었다. 그리고 하딩의 당선 이후 페이튼 마치의 후임으로 육군 참모총장이 되었다. 전쟁 이전의 계급이었던 대위로 환원되었다가 다시 소령으로 진급한 마셜은 참모총장의 부관이 되었다. 마셜의 사무실은 전에 주 정부였던 곳으로 백악관 서쪽에 위치한 빌딩이었다. 그곳에는 전쟁성과 해군성 예하 부서들이 같이 있었다. 퍼싱은 육군의 최선임 장교로서 그 지위를 충분히 누렸다. 그러나 그는 평시의 일상적인 행정 업무에는 관심이 없었다. 따라서 마셜에게 일반적인 부관이 수행하는 임무보다 더 큰 책임이 따르는 높은 수준의 임무를 맡겼다. 대부분의 업무에서 퍼싱은 명목상 책임자였고, 마셜이 육군 수장의 실질적 임무들을 효과적으로 처리했다. 그것은 매우 힘든 일이었음에도 불구하고 실질적으로 그에게는 아무런 소득이 없었다. 그는 전쟁이 끝난 상황이었지만, 군대의 필요성에 대해 무관심과 반감을 갖고 있는 대중 및 의회와 싸워야 했다.

물론 지속적으로 권력자들과 가까이 지낼 수 있다는 특전이 있긴 했다. 참모총장 퍼싱은 버지니아 포트마이어 내 미 육군 최고위직들이 모여 사는 곳에서도 가장 좋은 제1호 공관에 거주했다. 그곳은 수도 워싱턴 D.C.에서 포토맥 강을 건너면 있는 지역으로, 알링턴 국립묘지Arlington National Cemetery 근처였다. 마셜과 릴리는 제3호 공관에 거주했고, 주둔지 내에서 왕성하게 사교생활을 했다. 마셜은 군부와 민간 정부 내 대부분의 권력층 사람들과 친하게 어울렸다. 마셜은 여가시간마다 기병부대의 주둔지로 만들어진 포트마이어의 좋은 길을 따라 말 타기를 즐겼다.

마셜은 군 업무와 포트마이어 기지 내에서 말을 타지 않을 때는 세계대전에 관한 회고록을 썼다. 그는 휴튼 미플린Houghton Mifflin 출판사에 회고록을 보냈다. 그러나 편집자가 교정을 요구하자 자신이 쓴 원고가 가치가 없다고 판단하고 한쪽으로 치워버렸다. 훗날 마셜의 의붓딸인

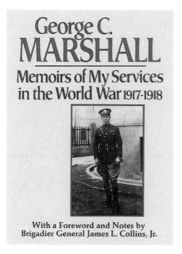

마셜의 『제1차 세계대전 참전 회고록, 1917-1918』
(1976)

몰리 브라운 윈Molly Brown Winn이 버지니아 리스버그Leesburg에 있던 마셜의 집 다락방에서 우연히 발견하기 전까지 이 원고는 낡은 군용 사물함에 들어 있었다. 그전까지 그녀는 마셜의 회고록이 파기된 줄 알고 있었다. 이 책은 1976년 『제1차 세계대전 참전 회고록, 1917-1918 Memoirs of My Services in the World War, 1917-1918』이라는 제목으로 휴튼 미플린에서 출판되었고, 육군 군사연구소장 제임스 로턴 콜린스 주니어James Lawton Collins Jr. 준장이 서문과 각주를 작성했더. 제임스 로턴 콜린스는 1919년 마셜에게 퍼싱 장군의 부관 직책을 추천했던 제임스 로턴 콜린스의 아들이었다.

1919년 9월 마셜은 전쟁 이전의 정규군 계급이었던 대위로 원복되었다가, 1920년 7월 정규군 소령으로 진급했다. 그리고 1923년 8월에는 정규군 중령으로 진급했고 퍼싱과 함께 전국의 육군 주둔지를 순시했다. 샌프란시스코에 머무르고 있던 이들은 하딩 대통령이 알래스카를 방문하고 돌아오는 길에 샌프란시스코에서 서거했다는 비보를 들었다. 그들은 워싱턴으로 돌아오는 장례 열차에 동행하라는 명령을 받았다.

마셜은 하딩이 살아 있었을 때 전쟁성에서 백악관까지의 짧은 거리를 하딩과 함께 걸으며 군사정책에 관한 대화를 나누었고, 평상시 민주주의 국가에서 육군의 적정 규모에 대한 이야기를 나누기도 했었다.

이러한 만남은 오랫동안 퍼싱 곁에 있던 마셜에게는 일상과 같았다. 퍼싱과 같이 다니며 그가 만났던 권력가들 중에는 재정가인 버나드 바루크Bernard Baruch라는 인물이 있었다. 오랜 기간 대통령의 경제고문이었던 바루크는 대공황, 제2차 세계대전, 그리고 냉전이라는 광란의 20세기에 큰 영향을 미쳤던 인물이었다. 그는 마셜 부부와 가까운 사이가 되어 영향력 있는 조언자 역할을 했다.

또한 마셜은 하딩 대통령 재임시절에 해군성 차관인 시어도어 테드 루스벨트 주니어와 함께 다방면에 걸쳐 일을 했다. 세계대전 종전 후 미국 재향군인회American Legion의 창설을 도왔던 테드 루스벨트는 해군성의 2인자가 되었다. 육군과 해군이 서로의 문제를 해결할 방법을 찾고 있었다. 마셜은 테드 루스벨트와 함께 한 회의에서 각 군의 보급, 병기, 그리고 통신 임무를 수행하는 장교들을 서로 교환하자고 제안했다. 수

십 년 내에 단일 국방부로 군이 통합될 것을 예상한 이 혁신적인 아이디어에 대해 전쟁성과 해군성 양쪽 모두 격렬하게 반대했다.

:: 톈진에서 아내와 보낸 3년

1924년 퍼싱이 전역을 앞두자 조지 마셜은 오랫동안 이루지 못했던 지휘관이 될 수 있는 기회를 얻게 되었다. 이때 마셜의 계급은 정규군 중령이었다. 그는 중국 톈진天津에 주둔 중이던 정예 제15보병연대에 보직되었다. 이 부대는 1900년 의화단 운동Boxer Rebillion 이후 중국에 영향력을 행사하던 서구 열강의 군대 중 일부로 평시군에서는 모두가 근무하기를 열망하던 해외 주둔 기지들 중 하나였다.

7월 12일, 마셜은 릴리와 그녀의 어머니도 함께 미 육군 수송선 생미엘 호를 타고 뉴욕을 출발했다. 생미엘 호는 파나마 운하를 거쳐 샌프란시스코에 정박했다. 그곳에서 마셜 일행은 미 육군 수송선 토마스Thomas 호로 갈아탔고, 9월 7일 중국에 도착했다. 톈진은 하이허海河 강의 하구에서 약 10킬로미터 위쪽에 위치했으며, 전략적으로 중요한 베이징北京에서 선양瀋陽 간의 징선京瀋 철도가 지나가고 있다. 미국 정부는 제15보병연대의 톈진 주둔 비용을 중국 정부에 지불하고 있었다. 이 주둔지는 1919년 독일인들이 있던 곳이다. 850명의 장교와 병사들로 구성된 제15보병연대의 임무는 운행 중인 철로를 지키는 것이었다. 당시 톈진은 중앙정부의 통치력이 미치지 못했으며 중국 군벌 간에 전투 행위가 끊이지 않는 곳이었다.

> **"** 마셜은 엄포나 충고 또는 권고를 사용하되, 우리편 이 먼저 총격을 받지 않는 한 무슨 일이 있어도 먼저 발포해 선 안 된다고 지시했다. **"**

톈진에 도착한 마셜은 연대장이 미 본국으로 전출되고, 후임 연대장이 도착하지 않아 지휘관이 없던 제15보병연대를 사실상 지휘하게 되었다. 요새를 경계하는 단순한 업무였지만, 해외 주둔지의 '캔 두^{Can Do}' 제15보병연대를 즐거운 마음으로 지휘했다. 그곳에서 마셜은 세계대전 중 접한 영국인의 전통을 따라 지휘관의 필수품인 예도를 차고, 지휘봉을 가지고 다니기 시작했다. 제15보병연대 장교들 중에는 제2차 세계대전에서 큰 업적을 세우게 될 매튜 리지웨이^{Matthew B. Ridgway} 대위와 조셉 스틸웰^{Joseph W. Stilwell} 소령이 있었다.

마셜은 중국 군벌의 부대가 북쪽에서 톈진을 향해 남하하고 있다는 보고를 받았다. 이들은 군벌 간의 전투에서 패배한 자들로 중무장을 했으며, 지휘관을 잃은 채 굶주린 상태였다. 수천의 패잔병은 탈취한 기차나 강에서 무단 장악한 증기선, 노새, 말 등을 타거나 걸어서 남쪽을 향해 몰려들고 있었다. 마셜은 도시 외곽의 5개 초소에 근무하고 있던 하사 한 명과 병사 다섯 명에게 명령해 패잔병들이 무기를 반납하면 밥과 끓인 양배추, 차를 주게 했다.

리지웨이는 훗날 마셜이 "엄포나 충고 또는 권고를 사용하되, 우리편이 먼저 총격을 받지 않는 한 무슨 일이 있어도 먼저 발포하지 말 것"을 지시했다고 회상했다. 마셜의 방책은 효과가 있었다. 다행히 총격전은 일어나지 않았다. 중국 군벌의 군대는 그대로 도시를 지나쳐 계속해서 남쪽을 향해 이동했다. 그들 중 일부는 뿔뿔이 흩어졌고 다른 이들은 다른 군벌 밑으로 들어갔다.

물론 이와 같은 상황이 자주 있었던 것은 아니다. 마셜과 릴리, 그녀의 어머니는 우드로 윌슨 거리의 미국 백인 거주지에서 방이 10개인 집에 자리를 잡았고 많은 하인도 거느렸다. 마셜은 털 많은 몽고산 조랑말을 타거나 스쿼시와 테니스 같은 운동을 즐기기도 했고 중국어도 배우며 행복한 날들을 보냈다. 릴리 역시 편안한 삶을 즐겼고, 중국풍 가구와 예술품 수집을 즐겼다. 하지만 몸이 약한 탓에 여전히 활동엔 제한이 따랐다. 그래도 다행인 것은 중국의 무질서한 정치와 군사 상황에도 불구하고 남편을 더 자주 볼 수 있었다는 것이다.

마셜은 중국에서 근무하는 3년 동안 주목할 만한 일을 하지는 못했다. 요새 경계 업무를 하는 상황에서 이것은 당연한 결과였다. 임무가 끝나가자 그는 조지아 포트베닝의 보병학교 부교장이 되길 원했다. 그러나 보병학교 대신 마셜은 워싱턴 육군대학의 교관에 보직되었다. 마셜의 가족은 1927년 5월 본국을 향해 출발했으며, 8월에 워싱턴에 도착했다. 하지만 도착 직후 릴리의 심장이 매우 나빠졌다. 그녀는 월터 리드 제너럴 병원Walter Reed General Hospital에 입원해 갑상선종이라는 진단을 받고 8월 21일 수술을 했다. 회복은 어렵고 길 것으로 예상되었으나 9월 15일, 의사는 다음 날 집에 가도 좋다고 퇴원을 허락했다. 릴리는 어머니에게 희소식을 전하기 위해 병실 책상에 앉아 편지를 쓰고 있었다. 그러나 그녀의 심장은 편지를 다 쓰기도 전에 멈추고 말았다. 그녀가 쓴 마지막 단어는 '조지'였다.

> **"** 내 아내가 조금 전⋯⋯, 세상을 떠났네. **"**

:: 마셜의 사람들

마셜이 육군대학에서 강의를 하고 있을 때였다. 강의실로 위병 한 명이 갑자기 들어와 긴급 전화가 왔다고 전했다. 위병이 옆에 있는 가운데 마셜은 책상에 앉아 짧은 전화통화를 했다. 수화기를 내려놓으며 머리를 숙여 팔에 기댔다. 옆에 있던 위병은 걱정스러워 혹 도움이 필요하냐고 물었다. 마셜이 대답했다.

"아닐세⋯⋯. 내 아내가 조금 전⋯⋯, 세상을 떠났네."

마셜은 퍼싱으로부터 애도의 편지를 받았다. 퍼싱은 1915년 프레시디오에 있던 집에 불이 나 아내와 4명의 자녀 중 3명을 잃은 아픈 경험이 있었다. 마셜은 퍼싱의 편지에 대해 이렇게 답장을 썼다.

"장군의 경험으로부터 나온 모든 생각이 저에게 진심으로 와 닿았습니다. 그녀는 제가 소년일 때부터 지금까지 26년 동안 가장 의지했던 단 한 명의 반려자였습니다. 하지만 그녀는 미래를 위해 전력 투구를 하고 있는 시점에 저를 홀로 남겨두고 떠나가 버렸습니다. 만약 제가 사교생활이나 동료들과 야외에서 다른 체육활동을 하거나, 또는 군사작전이나 집중을 요하는 다른 긴급한 임무를 해야 한다면 저는 이전보다 더 열심히 해야 할 것입니다. 저는 방법을 찾을 것입니다."[5]

비통한 시기를 보내던 마셜은 한 친구에게, "정신적·육체적으로 깊이 몰두할 일을 찾지 못한다면, 난 아마 폭발해 버릴 것 같다"고 털어놓았다. 육군 참모총장 찰스 서머올^{Charles P. Summerall}과 마셜은 세계대전 때 지휘관과 작전참모로 같이 근무했었다. 그는 마셜에게 육군대학에 계속 머물 것인지, 아니면 군단 작전참모로 뉴욕 가버너스 섬으로 전출 갈 것인지, 그것도 아니면 조지아 포트베닝의 보병학교로 갈 것인지 선택하라고 했다. 서머올은 보병학교 부교장인 프랭크^{Frank S. Cocheu}의 임무가 끝나가기 때문에 마셜이 실제적으로 포트베닝의 교수부를 완전히 책임질 수 있을 거라고 추가로 귀띔해 주었다. 이에 마셜은 보병학교 근무를 결정했다. 그는 보병학교에서 위관급 장교들의 소부대 전술 교육 과정을 통제했다. 또한 새로운 보병 기술과 전장 기동술을 체험할 수 있었다. 이것은 마셜이 원하던 일이었다. 그리고 아내의 죽음으로 힘겨운 시간을 겪고 있던 그는 교관 업무가 자신의 생명을 구했다고 느꼈다.

포트베닝은 조지아의 조용한 미 읍 콜럼버스에서 약 15킬로미터 떨어진 곳에 채터후치^{Chattahoochee} 강을 따라 약 393제곱킬로미터에 걸쳐 넓게 펼쳐져 있었다. 마셜은 1927년 11월 초에 학교에 도착해 새로운 일에 몰두했다. 그는 열정적인 전문 교관들이 새로운 방식을 배우고 직접 가르칠 수 있도록 활동 영역을 최대한 보장했다. 사무실이나 강의실에 있지 않을 때는 정원을 가꾸거나 강을 따라 말을 타고 달렸다. 차츰 시간이 흘러 그곳 생활에 익숙해질 무렵 포트베닝 사냥 모임을 조직했다. 마셜을 포함해서 거의 100명이나 되는 장교들이 아내와 함께 소리를 지르며 사냥개와 함께 조지아의 목초지를 돌아다녔다.

하지만 마셜의 목표는 강의실 내 교육방식을 완전한 바꾸는 것이었다. 시민군을 지휘하는 전문 장교들에게 기술면에서의 단순함이 요구된다고 매우 강력하게 강조했다. 그리고 야전에서는 정상적인 것을 예측할 수 없기 때문에 장교들은 어떤 상황에서도 준비가 되어 있어야 한다고 강조했다. 세계대전 동안 서부전선의 고착화된 참호에서 전투부대를 지휘한 경험을 바탕으로 전쟁에 대해 고정관념에 사로잡혀 있던 대다수 보통 장교들과는 달리, 마셜은 전차와 항공기가 주가 되는 기동전을 가르쳤다. 참호가 세계대전을 지배한 것은 맞다. 하지만 전쟁 중에 등장한 전차, 항공기, 차량 등은 다음에 일어날 전쟁이 참호에서 싸우는 것이 아니라 기동전이 될 것임을 암시했다. 그래서 마셜은 특별히 포트베닝에 전차대대를 배속하라고 명령했고, 근처에 있는 맥스웰 공군기지Maxwell Field의 1개 비행중대에 항공지원 시범을 준비하도록 지시했다. 기동과 속도에 따라 즉각적이고 민첩한 대응이 필요했고, 학생들과 교관들은 공히 이러한 기술을 받아들였다. 교관에겐 준비된 강의안을 읽는 식의 수업을 금지했다. 대신 그들은 즉석에서 가르쳐야 했다. 임기응변의 순발력을 가르치기 위해 교관들 또한 준비된 교안 없이 즉석에서 학생들을 교육했다.

마셜에게 배우기 위해 찾아왔던 이들 중에는 오클라호마 포트실Fort Sill의 야전 포병학교Field Artillery School에서 1927년 8월 전입해 온 조셉 로턴 콜린스Joseph Lawton Collins 대위가 있었다. 그는 앞서 언급했던 퍼싱의 전임 부관 제임스 로턴 콜린스와는 다른 인물이었다. 어느 토요일 오후, 베닝에 있는 집 앞에서 갈퀴로 낙엽을 치우고 있을 때 마침 산책을 하고 있던 마셜을 만나게 되었다. 콜린스는 근엄하고 유머가 없을 것 같아 보이는 마셜에게 말을 붙였다.

"마셜이 대화를 하려고 가던 길을 멈췄다. 나는 그가 망설이는 것 같

> 마셜 중령은 겉으로는 가까이 하기 어려운 상태였지만 그의 사고는 항상 열려 있었다. 새로운 아이디어와 새로운 방법을 가진 이는 누구나 그것을 설명할 수 있었고, 이론을 발전시킬 구체적인 계획을 찾을 수 있는 용기를 얻었다. ""

아, 차 한 잔 마시자며 집으로 초대했다. 나는 아내가 손님 맞이할 옷차림이 아닐 수도 있다고 말했지만, 그는 주저하지 않고 초대에 응했다. 아내 글래디스Gladys가 차를 내왔고, 수수하고 편한 복장을 한 마셜 중령은 느긋하게 차를 마셨다. 나는 항상 마셜이 편했다."

포트베닝에서 콜린스는 마셜의 많은 추종자 가운데 한 명이 되었다. 콜린스는 자신의 선배들이 1918년 새로운 보병학교 교육을 만들었고, 마셜의 등장이 학교 교육을 발전시켰음을 인정했다. 그는 마셜이 보병의 문제점들에 관한 참신한 견해를 내놓았고, 거기에 대하여 전체 육군에도 새로운 예측을 제시했다고 설명했다. 콜린스는 마셜의 혁신적인 견해들과 달성하고자 하는 것에 대한 그의 확신에 놀랐다. 그의 견해는 보병이 당연시하던 보수적인 방식들을 탈피하는 한편, 새로운 아이디어와 방법들을 발전시킬 수 있는 것이었다. 콜린스는 마셜이 교관들과 학생들에게 도전을 두려워하지 말라고 분명하게 각인시켰던 것을 회상했다. 마셜은 만약 학생장교의 답이 공인된 답과 현저하게 달라도, 그것이 이치에 맞는다면 학급에 있는 다른 모든 장교들에게도 알려주라고 교관들에게 지시했다.

콜린스는 이렇게 기록했다.

"마셜 중령은 겉으로는 가까이 하기 어려운 상태였지만 그의 사고는 항상 열려 있었다. 새로운 아이디어와 새로운 방법을 가진 이는 누구나 그 앞에서 그것을 설명할 수 있었고, 자신의 이론을 발전시킬 구체적인 계획을 찾을 수 있는 용기를 얻었다. 그는 학생장교들과 교관들의 생각을 알기 위해 종종 교관들의 강의실에 들어와 함께 토론을 들었다. 그는 교관들에 대해 알게 되자 점차적으로 변화를 이끌어냈다." 6

1930년 중국에 있던 조셉 스틸웰을 베닝으로 데려와, 콜린스가 있던 전술학과 책임자로 임명한 것도 이러한 변화 중 하나였다. 마셜은 무기 분야의 책임자로는 오마 브래들리Omar N. Bradley를 선택했다. 1915년 웨스트포인트를 졸업한 브래들리는 1915년부터 1919년까지 미 서부지역에서 근무했다. 이어서 1919년부터 1920년까지는 미네소타Minnesota와 사우스다코타South Dakota에서 ROTC를 가르쳤던 경험이 있었다. 그리고 1920년부터 1924년까지는 웨스트포인트의 수학과 강사였다. 브래들리도 마셜처럼 전투부대를 지휘한 경험이 없어서 마셜이 그랬던 것처럼 진지전에 집착하는 입장이 아니었다. 브래들리는 곧 마셜이 중시하는 기동전의 열렬한 지지자가 되었다.

마셜은 부교장으로 복무한 마지막 3년 동안 자신이 불러모은 보병학교의 교관들이야말로 자신이 알고 있던 사람들 중 가장 총명하고 유능한 사람들의 집합이라고 확신했다. 교관들은 미 육군의 미래와 미래

마셜이 저술에 직접 참여한 『전투에서의 보병Infantry in battle』의 표지 제2차 세계대전 때 장교의 보병전투 작전 안내서로 쓰였으며 현재까지도 참고자료로 활용되고 있다.

전에 대해 고심했고, 그동안 국가방위에 관련된 문제들을 해결할 수 있다고 믿어왔던 것 외의 새로운 분야를 살펴보는 일에도 두려움이 없었다. '베닝 혁명Benning Revolution'으로 불렸던 일들의 중심인물이었던 그들은 '마셜의 사람들Marshall's Men'로 잘 알려져 있다. 이 혁명은 제2차 세계대전에 활용한 전투교리의 기초를 세웠으며 전쟁에 참전할 위관장교 세대를 키워냈다. 보병학교에서 배출된 중위들과 대위들은 마셜의 교육 특징을 갖고 있었다. 그들은 시험적인 원칙들과 일반상식을 전투 상황에 적용하는 실용주의를 선호했고 자신들이 전문 직업군인이 아닌 시민군을 지휘하고 있음을 확실히 알고 있었다.

마셜은 그 교관들의 이름을 '마이 리틀 블랙 북My Little Black Book'에 적었다. 이들은 그가 미래의 대대장, 여단장, 사단장, 군단장 그리고 군사령관 감이라고 여겼던 사람들이었다. 이들 중 브래들리, 콜린스, 리지웨이, 스틸웰, 제임스 밴 플리트James Van Fleet, 테리 앨런Terry Allen, 노만 코타Norman Cota, 클리랜스 휴버너Clarence Huebner, 그리고 월터 비들 스미스Walter Bedell Smith는 제2차 세계대전에서 이름을 남긴 위대한 인물이 되었다. 마셜이 보병학교 재임시절 함께 했던 교관진 50명과 학생장교 150명은 다음의 세계대전에서 장군이 되었다. 또한 마셜과 그의 선도적인 사도 브래들리 덕분에 전문적인 교육과 훈련이 미 육군의 구심점이 될 수 있었다. 오늘날 공립이든 사립이든 미국 내에서 미 육군보다 더 교육을 잘하는 교육기관은 없다.

:: 새로운 인연

마셜은 보병학교 부교장이 된 지 1년이 다 되어 릴리를 잃은 상처가 겨우 아물 때쯤, 펜실베이니아 그린스버그Greensburg에 있는 누나 마리의 집에서 어머니가 심장마비로 돌아가셨다는 비보를 들었다. 그 다음 해에는 릴리의 어머니마저 돌아가셨다. 자신의 삶에서 가장 중요한 여인 세 명을 2년 사이에 잃은 탓에 마셜은 지난 삶의 49년 그 어느 때보다 더 큰 외로움을 느꼈다. 그는 일을 통해 위로를 얻었고, 장교들과 말을 타거나 전통적인 군 열병식에서 고관들을 위한 '화려한 행렬'을 관람하면서 기분전환을 했다. '화려한 행렬'은 학생들은 병기를 들고, 테니스 선수들은 라켓을 들고, 폴로 선수는 말을 타고, 농구팀과 야구팀은 각각의 장비를 들고 퍼레이드를 하면서 부대의 다양한 활동을 소개하는 것이었다. 마셜은 테니스장 옆에 살고 있었기 때문에 종종 기분을 전환하기 위해 선수들을 초청했다. 거리감 없고 조용한 마셜은 장교들의 자녀들 사이에서 '조지 아저씨Uncle George'로 불렸다.

마셜은 무척 외로웠지만 다행히 그를 집으로 초대해 주는 친구들이 많이 있었다. 1929년 가을, 평소 알고 지내던 콜럼버스 주민으로부터 저녁식사 초대를 받았다. 안주인이 미망인이 된 대학시절 친구와 그녀의 십 대 딸도 함께 초대한 자리였다. 손님들이 도착했을 때 마셜은 벽난로 앞에 서 있었다. 젊은 미망인의 눈에 술을 사양하는 마셜의 모습이 들어왔다. 그녀는 미소를 띠며 마셜에게 다가가서 말을 걸었다.

"당신은 조금 특별한 육군 장교로군요. 전 군인이 칵테일을 사양하는 것은 본 적이 없거든요."

마셜은 그녀에게 육군 장교를 몇이나 아는지 물었다.

그녀는 "많이는 아니에요"라고 대답했다.

그녀의 이름은 캐서린 보이스 터퍼 브라운Katherine Boyce Tupper Brown이었다. 캐서린은 1882년 10월 켄터키 해로즈버그Harrodsburg에서 태어나 1904년 버지니아 로어노크Roanoke 인근의 홀린스 대학Hollins College을 졸업하고 나서, 뉴욕시에 있는 미국 연극 아카데미American Academy of Dramatic Arts와 프랑스 코메디 프랑세즈Comedie Francaise에서 연기 공부를 해 아버지와 가족들, 그리고 주변의 침례교 성직자들을 놀라게 했던 여성이었다. 그녀는 캐서린 보이스라는 예명으로 아일랜드와 런던에서 셰익스피어 작품의 여주인공을 연기하며 주목을 받았다. 그러나 막 인기를 누릴 무렵 심각한 발작에 시달리기 시작했다. 결국 무대에서 두 차례나 느낀 심각한 통증이 신장 결핵 때문이라는 진단을 받고 치료차 미국으로 돌아와야 했다. 그러나 미국의 외과의사는 단순히 육체적인 피로가 심해서 그런 것이라며 휴식을 권했고, 캐서린은 요양차 애디론댁Adirondack 산맥 인근에서 안정을 취했다. 이때 볼티모어Baltimore에 사는 어린 시절 친구 클리프턴 브라운Clifton S. Brown이 찾아와 오랫동안 그녀를 사랑했다며 청혼을 했다. 하지만 캐서린은 유명한 배우 리처드 맨스필드Richard Mansfield의 극단에서 입단 제의를 받은 상태였기 때문에 청혼을 거절하고 시카고로 갔다. 그러나 얼마 후 통증이 재발했다. 어느 날 밤, 공연 중이었던 그녀는 갑작스런 심한 통증에 움직일 수 없었고, 결국 무대에서 실려 나갔다. 그것이 그녀의 마지막 공연이었다. 그녀는 다시 애디론댁 산맥으로 안정을 취하기 위해 돌아왔고, 가족과 친구들의 건강에 대한 염려와 연극을 그만 두라는 압력에 못 이겨 클리프턴의 청혼을 받아들였다.

캘빈 쿨리지Calvin Coolidge 대통령의 지지 아래 주식시장에 붐이 일어났던 10년간 캐서린 보이스 터퍼 브라운은 성공한 볼티모어 변호사이자, 테니스 챔피언인 클리프턴의 쾌활한 아내 몰리Molly와 클리프턴 주니어Clifton Jr., 앨런Allen의 어머니로서 평범한 시간을 보냈다. 사람들의 눈길을 끄는 아름다운 외모와 직업에서 얻은 영어 액센트, 그리고 여배우의 자세를 가진 캐서린은 자신의 볼티모어 집에서 열린 저녁 만찬과 칵테일파티에서 항상 우아한 여주인의 모습을 보여주었다. 그녀는 경제적으로도 넉넉해 자기 힘으로 뉴욕 파이어Fire 섬의 작은 별장을 매입했고, 여름과 주말 휴가를 그곳에서 보내고자 했다. 그녀의 삶은 최고로 행복했다. 별장 소유권이 도착한 날 캐서린은 그 근사한 소식을 전하기 위해 남편 사무실로 전화를 걸었다. 하지만 어느 누구도 전화를 받지 않았다. 잠시 뒤 볼티모어의 형사 둘이 집으로 찾아왔다. 형사는 남편이 사무실 로비에서 불만을 품은 고객 한 명에게 정면으로 총격을 받아 사망했다는 사실을 전해 주었다.

그런 일이 있고 난 다음 해 캐서린은 코네티컷의 조용하고 한적한 곳에서 자매와 함께 머물거나 하와이의 와이키키 해변에 있는 별장에서 몰리와 함께 머물며 충격과 슬픔을 견뎌냈다. 볼티모어로 돌아오는 길에 캐서린은 조지아 콜럼버스에 살고 있는 몰리의 대모 윌리엄 랜돌프 블랜차드William Randolph Blanchard 부인을 방문했다. 콜럼버스에 살고 있던 한 대학 동창생이 그녀와 몰리를 저녁식사에 초대했다. 캐서린은 처음에는 주저했지만 저녁식사에 초대해 준 친구와 친구의 남편 그리고 '포트베닝에 근무하는 조지 마셜 중령'뿐이라는 말에 마음을 바꿨다.

마셜에 대한 그녀의 첫인상은 움푹 파인 눈에다 짧은 머리를 한 키 크고 마른 남자였을 뿐이었다. 그러나 식사를 마칠 때쯤 그녀는 '이 사람은 확실히 특별하다'라고 생각했다.

마셜도 그녀와 같은 감정을 느꼈고, 그녀를 집까지 바래다주겠다고 했다. 그가 길을 잃고 헤맨 지 한 시간이 지났다.

그녀가 "포트베닝에 얼마나 오래 있었나요?"라고 물었다.

그가 "2년 동안이요"라고 대답했다.

"2년이나 있었는데도 콜럼버스 주변을 잘 모르는군요"라고 그녀가 말했다.

그는 자신 있게 "알긴 잘 아는데요, 제가 블랜차드 부인의 동네에 갈 일이 없었던 거겠죠"라고 대답했다.

다시는 결혼하지 않을 거라고 둘 다 여러 차례 선언했음에도 불구하고, 서로 편지를 주고받기 시작했다. 마셜은 잠시 와이오밍Wyoming에 머물던 1929년 여름에 블랜차드 부인에게 캐서린을 콜럼버스에 다시 초대해 줄 것을 부탁하는 편지를 썼다. 1930년 봄 캐서린과 재회했을 때, 마셜은 그녀에게 청혼을 했다. 그러자 캐서린은 아이들이 허락한다면 받아들이겠다는 뜻을 전했다. 이미 몰리와 클리프턴 주니어의 동의를 얻은 상태였다. 그녀는 12살이었던 앨런에게 파이어 섬으로 마셜을 불러 같이 살 생각이라고 이야기했다. 그러자 앨런은 현재 자신들이 누리고 있는 모든 삶을 포기해야만 한다고 말했다. 그러나 다음 날 아침 앨런은 캐서린에게 마셜과 결혼해도 좋다고 했다. 그리고 마셜에게 편지를 보냈다.

"전 당신이 파이어 섬에 왔으면 해요. 내가 있으니 걱정하지 말아요. 어려울 때 친구가 진정한 친구잖아요. 앨런 브라운."

파이어 섬에서 5주를 보낸 뒤, 마셜은 퍼싱 장군에게 10월 중순 결혼할 예정이라고 편지를 썼다. 마셜은 이 결혼으로 완전한 가정을 이루게 되었다. 세계대전의 나이든 영웅이 신랑의 들러리로 결혼식에 참석했고 마셜의 누나와 릴리의 형제 에드먼드 콜스Edmund Coles, 캐서린의 언니 알렌Allene도 결혼식에 와주었다. 1930년 10월 15일 볼티모어에 있는 임마누엘 영국 성공회 교회Emmanuel Episcopal Church 예배당에서 결혼식을 올렸다.

:: 그리고 또 다른 준비

마셜은 필리핀 치안대장과 버지니아 군사학교의 교장직을 제안받았지만 모두 거절했다. 퍼싱이 마셜에게 육군 내에 머물라고 한 조언을 받아들였던 것이다. 여전히 부대 지휘를 동경해 오던 마셜은 1932년 7월부터 조지아 포트스크레번Fort Screven의 작은 기지 내의 제8보병연대 1개대대를 지휘하라는 명령에 기뻤다.

이 시기에 미 육군은 다시 한 번 축소되는 시련을 겪게 된다. 전쟁 이후 의회의 예산삭감에 따른 병력 해산과 감축은 거의 모든 사단들을 대대 또는 중대급으로 뿔뿔이 흩어놓았다. 오래된 인디언 전쟁의 유물만을 지닌 수많은 기지로 분산된 사단, 여단, 연대들은 주 방위군의 시민군을 훈련시키기에는 유용했을지 모르지만 정규군 병력을 훈련시키기에는 부족함이 많았다.

지방 세력들과 지역 의원들은 소규모 군사기지들을 줄이려는 시도에 강력하게 저항했다. 1930년 야전 임무가 가능한 24개 연대는 작게 쪼개져 45개의 기지에 퍼져 있었다. 이들 부대의 조직적인 수송수단은 세계대전 때 사용했던 낡은 것들뿐인 데다가 육군은 훈련을 위해 부대를 집결시키는 데 필요한 여러 수단을 위한 예산도 없었다. 마셜은 겨우 400명의 병력을 지휘했지만, 퍼싱에게 보낸 편지에 이렇게 썼다.

"작기는 하지만 부대 지휘를 통해 적어도 사무 업무와 고차원적인 이론에서는 벗어날 수 있습니다." 7

변화와 정체,
새로운 도약을 향해

어디에 있든 그 자리에 충실하면서도

낙관적으로 미래를 준비하는 리더십 ★★★★★★★★★

마셜은 안정되고 익숙해져 변화가 없는 정체된 일상 속에서도, 현실의 안락함을 자신이
설정한 목표에 이르는 방법을 모색하는 시간으로 활용했다. 비현실적인 이론을 없애고
자신이 직접 전장에서 경험했던 것을 기초로 새로운 군사훈련을 기획했으며, 낙관적인
자세로 자기 발전을 향해 시간을 투자하고 흐트러짐 없는 최선의 시간을 보냈다.

:: 시골생활 도시생활, 일리노이 국경 수비대

"조지는 4년간의 보병학교 교관 생활을 마치고 야전 부대로 돌아갔다. 매우 평범한 임무였지만, 그는 대단히 기뻐했다."[1]

옆에서 지켜본 캐서린은 마셜의 당시 심정을 이렇게 회상했다.

조지아 서배너Savannah에서 출발해 야자수와 하비스쿠스가 바람에 흔들리는 길을 따라 습지대를 약 27킬로미터 정도 운전해 가면 타이비Tybee 섬이 있다. 포트스크레번은 그 섬의 북단에 위치하고 있다. 캐서린은 포트스크레번이 베닝처럼 허름한 것을 보고 큰 충격을 받았다. 마셜은 이 작은 기지를 개선해야겠다고 마음먹고 아침에 말을 타고 다니면서 꽃을 심고 페인트칠을 하라고 명령했다. 부하들은 이런 명령을 내리는 마셜을 남부 지역의 농장주에 비유했다.

미 의회는 육·해군이 연간 부담해야 하는 세금의 10퍼센트를 면세해 주자는 후버Herbert Clark Hoover 대통령의 요청을 기각했다. 이런 결정이 나자 마셜은 생계가 어려운 병사들은 점심을 준비하고 남은 식재료를 기지 내 식당에서 직접 조리해 실비만 내고 가족의 저녁식사를 사갈 수 있게 도왔다. 캐서린의 기록에 따르면, 마셜의 배려에 대해 병사들 사이에 있을 법한 어떤 자존심 강한 거부를 극복하기 위해 캐서린이 자신의 아들들을 사립학교에 입학시키고 몰리를 장기 세계 여행을 보내줄 수 있을 만큼 경제적 능력이 있었음에도 마셜 가족들도 함께 그 관례가 제대로 자리 잡을 때까지 그곳 음식을 먹었다.

최악의 국가 경제 침체기의 세 번째 해인 1932년, 마셜 중령은 경제적으로 어려운 부하들의 처지를 돕기 위해 일했다. 미국인들은 4년 만의 대통령 선거운동으로 바빴다. 11월의 대통령 선거는 연임을 노리는 후버 대통령과 새로운 도전자 민주당 뉴욕 주지사 프랭클린 루스벨트Franklin D. Roosevelt가 각축을 벌였다. 마셜이 둘 중 누구를 선택했는지, 어떠한 생각을 했는지는 알려져 있지 않다. 대부분의 전문 군 장교들처럼 그도 자신의 정치 견해를 철저히 숨겼다. 그러나 개인적인 용무로 워싱턴에 와 있던 마셜은 1933년 3월 4일 흐린 아침 펜실베이니아 애비뉴Pennsylvania Avenue에서 열린 루스벨트 대통령 취임식 퍼레이드에 참석했다. 마셜은 참모총장 더글러스 맥아더 장군과 그를 뒤따르는 각 병과의 기, 휘날리는 제1사단의 부대기를 보며 프랑스의 옛 기억을 떠올렸다. 생도 제복을 입은 어린 니커버커 그레이스Knickerbocker greys, 하얀 모자의 미 해병, 푸른 재킷의 수병, 국방색의 육군, 국방색 트럭, 국방색 방공포, 그리고 새로운 종류의 짧고 검은 기관총의 행렬이 뒤를 따랐다. 푸른색 리치먼드 블루스Richmond Blues, 회색 리치먼드 그레이스

상공에서 내려다본 루스벨트 대통령 취임식 장면.(Immense Plaza, Washington, D.C., 1933. 3. 4)

Richmond Grays, 빨강고 회색을 띤 리치먼드 하우이처Richmond Howitzers, 모든 생도들의 화이트 깃털과 남북전쟁 이전의 제복들이 뒤를 이었다. 마셜은 〈웨스트포인트 생도 행진곡The West Point Cadets March〉과 〈성조기여 영원하여라The Stars and Stripes Forever〉를 연주하는 군악대가 지나갈 때, 자신의 유년기와 소년 시절을 떠올렸다. 그리고 새로운 전투 형태의 전조로 빌리 미첼Billy Mitchell 장군이 뫼즈-아르곤에서 수백 대의 비행기를 배치한 것처럼, 흐린 하늘에 비행기 9대가 나타나 전투 대형으로 비행하는 장면을 보았다.

마셜은 포트스크레번으로 돌아오기 며칠 전 새로운 대통령은 수천의 젊은이에게 새로운 일자리를 만들어주기 위한 정부사업의 일환으로, 군 감독관의 감독 하에 나무심기와 홍수·침식 예방사업을 시행하

> **“** 마셜, 당신의 재능을 믿고 당신이 필요한 곳으로 보
> 내는 것이다. **”**

는 시민자원보존단(CCC)^{Civilian Conservation Corps}을 창설하는 법안에 서명했다. 이 법안에 따라 대통령은 1933년 5월 10일 전쟁성에 25만여 명의 훈련병을 7월 1일까지 작업장으로 이동시키라고 지시했다. 마셜은 정규군 대령으로 진급하면서 제8보병연대장으로 임명되었다. 제8보병연대는 찰스턴^{Charleston}에서 약 4.8킬로미터 떨어진 설리번^{Sullivan} 섬의 포트몰트리^{Fort Moultrie}에 본부가 있었다. 임무는 조지아와 플로리다^{Florida}를 담당하는 제4군단의 CCC F 지구를 관할하는 것이었다.

마셜은 해안 포병대가 지은 큰 집을 숙소로 배정받았다. 캐서린은 집의 수리 상태가 좋지 않다는 것을 알고, 프랑스식 문 42개를 꾸미기 위해 재봉사와 함께 약 300미터에 달하는 커튼용 천을 샀다. 캐서린은 그곳에 적어도 2년간은 머물 것이라 생각했고, 많은 방을 꾸미기 위해 볼티모어에서 트럭 한 대분의 골동품을 가져왔다. 그러나 커튼을 단지 일주일 만에, 마셜은 시카고에 본부가 있는 일리노이^{Illinois} 제33국경수비사단으로 전출 명령을 받았다. 마셜은 맥아더에게 현재 부대의 지휘관으로 남게 해달라는 탄원서를 썼다. 이러한 요구는 군 생활 동안 단한 번밖에 하지 않은 특별한 요청이었다. 하지만 참모총장 맥아더는 거절하면서 "마셜, 당신의 재능을 믿고 당신이 필요한 곳으로 보내는 것이다"라는 답신을 보냈다. 또한 맥아더는 대공황으로 심각한 위기를 맞은 도시에서 실직자들이 일으키는 폭동을 진압하라고 덧붙였다. 일

리노이 국경 수비대의 임무 중 하나는 시민 폭동이 발생했을 때 진압하는 것이었다. 수비대는 임무에 따라 즉각적인 대응훈련이 필요했고, 마셜은 훈련을 실시하는 데 가장 적합한 인물이었다.

하지만 마셜은 이러한 훈련 업무에 불만이 많았다. 또 한적한 시골 생활에서 복잡한 도시생활로 돌아오면서 의기소침해져 있었다. 그는 이를 극복하기 위해 니어 노스 사이드Near North Side 인근 호텔 드레이크Drake 근처 아파트로 이사해 국경 수비대 본부까지 매일 30분씩 걸어 다녔다. 때때로 기분전환을 위해 주둔지에서 말을 타거나 시카고의 체육 클럽에서 테니스와 스쿼시 시합도 했다. 또 사단의 공식 출간물인 「일리노이 가즈맨Illinois Guardsman」의 편집을 지도 감독하기 위한 여가시간도 충분히 가졌다. 그 일은 그에게 많은 기쁨과 만족을 주었다. 캐서린은 훗날 그가 「타임Time」을 책임지고 있는 것처럼 열렬하고 정열적인 편집 장이었다고 말했다.

도시생활을 한 지 1년 후, 마셜은 서쪽으로 약 61킬로미터 떨어진 일리노이 웨인Wayne 근처에 집을 마련하고 '하얀 문의 농장White Gate Farm Cottage'이라고 이름 붙였다. 주말에는 가까운 더럼 우드 컨트리클럽Durham Woods Country Club에서 승마를 즐기며 신선한 시골 공기를 마셨다. 그는 기차를 타고 도시로 출퇴근하며 여유 있게 신문을 읽는 시간도 가졌다. 당시 그가 읽는 신문에는 일본의 끊이지 않는 만주 침략, 1935년 10월 무솔리니Benito Mussolini의 에티오피아Ethiopia 침략, 히틀러의 라인란트Rhineland 점령과 군사적 확장, 그리고 계속되고 있는 스페인 내전Spanish Civil War으로 인한 독일·이탈리아·러시아의 군사력 경쟁에 관한 기사가 실려 있었다. 마셜은 전 세계 뉴스를 읽으면서 확실히 또 다른 전쟁이 있을 거라고 내다보았다. 그러나 자신의 임무는 미국 내 폭동 저지를 위해 부대를 훈련하는 것이었기 때문에, 미 육군이 1917년 때보다 더 전쟁 준비가 되어 있지 않았다는 것을 알면서도 도울 수가 없었다.

:: 더디기만 한 진급, 답답함과 절박한 마음

마셜은 1936년 미시간^{Michigan}에서 실시된 기동훈련에서 '대항군'의 사령관으로 보직되어 부대를 지휘할 기회를 얻었다. 훈련은 2주 동안 진행되었고 2만 4,000명의 정규군이 참가했다. 그뿐만 아니라 일리노이와 미시간 국경 수비대에서 2,000명가량의 장교들도 참가했다. 이 훈련을 두고 마셜은 친구에게 이렇게 편지를 썼다.

"나의 인생에서 같은 기간 동안 그때보다 더 많은 것을 배운 적은 없었다. 이 워게임은 현재 미 육의 전술과 이론 대부분이 비현실적이라는 걸 가르쳐주었다."

마셜은 포트베닝의 보병학교에서 근무할 때, 비현실적인 이론을 없애버리려고 노력했다. 세계대전을 경험한 장교들은 참호 속에서 치른 전투를 절대 잊을 수 없었다. 그래서 만약 다시 전쟁이 일어난다면, 그 전쟁 또한 자신들이 경험한 세계대전과 비슷한 양상으로 전개될 거라고 생각했다. 따라서 자신이 전장에서 직접 경험했던 것을 기초로 기동훈련을 계획했다. 세계대전은 자신의 위치에서 진지를 파고 들어가 적에게 대항하면서 공격과 방어를 반복하는 참호전으로 이루어졌다. 때문에 참호전술과 기관총 등의 방어용 과학기술이 발달했다. 하지만 전쟁 종반부에는 공격용 과학기술이 빠르게 발전했다. 전차와 장갑차, 비행기가 공격자에게 이점을 제공했다. 하지만 그때만 해도 미시간 기동훈련 담당자들 중에는 어느 누구도 이러한 사실을 인식하지 못하고 있었다. 그들은 미래 전쟁에는 전차와 비행기가 존재하지 않거나, 존재하더라도 어떤 중요한 역할도 하지 못할 거라고 생각했다. 마치 기동전은 불가능한 것처럼 여기며 훈련을 계획하고 진행했다.

마셜은 그 훈련의 진행 과정에서 답답함을 느꼈다. 숨 막히는 육군의 연공서열로 인해, 한때 자신의 학생이기도 했던 많은 이가 이미 장군으로 진급해 있었다. 이들은 계급으로는 자신을 능가했지만 시대착오적이고 구식의 훈련 방법을 계속 유지하고 있었기 때문에, 전투능력은 자신보다 훨씬 뒤처진다고 느꼈다.

1918년 퍼싱 장군은 마셜을 준장으로 추천했다. 하지만 곧 전쟁이 끝났다. 참전 장교들의 임시 계급은 전쟁 전 계급으로 환원되었고, 그의 진급도 취소되었다. 그의 경력과 더불어 훌륭한 참모 업무, 지도능력을 극찬하는 보고서들과 전설적인 명성에도 불구하고 마셜은 은색 독수리의 대령 계급장을 되찾는 데 8년이 걸렸다. 1935년 크리스마스 이틀 뒤, 마셜은 퍼싱에게 편지를 보냈다.

"저는 인내심을 가진 사람입니다. 하지만 육군 내에서 제가 원하는

> **66** 사실 마셜의 야망은 별 네 개를 달아 육군 참모총장
> 이 되는 것이었다. **99**

미래와 목표를 달성하기에는 제가 너무 빨리 늙어가고 있습니다. 이것
은 인내와는 별개의 문제라고 생각합니다. 제 생각이 비관적일지 모르
지만, 12월 31일 제 생일이 또 다가오는데 아무런 변화가 없다는 건 제
위치가 얼마나 보잘 것 없는지를 너무나 잘 보여주고 있는 것입니다."[2]

그의 바람은 64세 정년 전역이 되는 1944년 전에, 별 두 개를 단 소
장이 되는 것이었다. 하지만 1935년 여름까지도 그는 별 하나조차 달
지 못한 상태였다. 사실 마셜의 야망은 별 네 개를 달아 육군 참모총장
이 되는 것이었다. 마셜의 야망처럼 계급의 단계를 뛰어넘어 바로 대
장으로 진급한 사람은 퍼싱과 맥아더가 있었다. 게다가 위에서 언급한
바와 같이 퍼싱은 전례 없는 '대원수'의 계급을 달았다. 퍼싱과 맥아더
는 전시 진급이라는 특혜 덕분에 이익을 볼 수 있었던 것이다. 전쟁 후
원래 계급으로 돌아간 다른 장교와는 달리, 그들은 계속 전시 계급을
유지했다. 이런 과정을 지켜본 마셜은 장군들이나 정치가들이 직접 영
향을 미쳐야만 연공서열 규칙에서 예외라는 게 생긴다는 것을 깨달았
다. 그래서 퍼싱에게 직접 편지를 썼던 것이다. 마셜의 편지를 받은 퍼
싱은 그의 절박한 마음을 이해하고 전쟁성 장관 조지 던 George H. Dern과
루스벨트 대통령에게 마셜의 진급을 직접 간청했다. 하지만 퍼싱의 요
청에도 불구하고 진급은 꽤나 어려웠다. 맥아더 장군은 육군이 오랫동
안 유지해 온 연공서열 체계가 무시되는 것을 매우 꺼려했고 마셜을

보병 참모장의 직책과 함께 '임시Temporary' 소장 계급으로 진급시킬 예정이라고 공식적으로 밝혔다. 이것은 그저 예정일 뿐이었다. 그동안 맥아더는 자신을 배척했던 퍼싱의 미국 원정군 핵심층을 일컫던 '쇼몽 무리'의 상위 계급 진출에 관한 중대한 문제에 관여하지 않았다. 그럼에도 유독 마셜의 진급에 대해서만은 구체적으로 언제 진급이 될지 등을 명확히 언급했다.

결국 이런저런 노력 끝에, 퍼싱은 1936년 4월 마셜에게 전쟁성 장관이 9월 준장 진급자 명단에 그의 이름을 올리기로 했다는 소식을 알릴 수 있었다. 하지만 이것은 퍼싱이 원했던 결과에는 못 미친 것이었다. 퍼싱은 마셜이 남들보다 더 빨리 별 두 개를 달도록 최대한 노력했다. 그러나 그 노력은 마셜이 연공서열 체계에서 정상적으로 준장 진급을 한 것보다 겨우 한 달 빠른 것에 그쳤다.

마셜은 진급과 함께 보직도 변경되어 워싱턴 밴쿠버 병영Vancouver Barracks에 주둔하고 있는 제3사단 예하 5여단장으로 가게 되었다. 그에게 주어진 임무 중에는 워싱턴과 오리건Oregon의 CCC 캠프를 감독하는 것도 포함되어 있었다. 보직 이동과 동시에 마셜은 3주간의 휴가를 신청했다. 마셜은 캐서린, 몰리와 함께 신형 자동차 '패커드Packard'를 타고, 10월 초 일리노이를 출발해 서부에서 3주를 보냈다.

창의적인 접근과 지휘력을 인정받다

마셜은 새로 보직된 부대를 지휘하는 것에 만족했다. 그리고 34년 전

필리핀에서 만났던 헨리 호스필드Henry Hossfield 대령과 재회했다. 여단장 마셜은 포트스크레번과 포트몰트리에서 그랬던 것처럼 그 지방을 알기 위해 노력했다. 그는 멀리 떨어진 CCC 캠프를 방문하기 위해 차량에 취사도구를 싣고 캐서린과 함께 북서부 지역을 둘러보았다. 캐서린은 그때의 일을 이렇게 기록했다.

"우리는 활짝 핀 야생화들이 마치 카펫처럼 아름답게 대지를 뒤덮고 있던 계곡 아래로 내려갔다. 그다음 주변의 거대한 협곡들과 눈으로 뒤덮인 산을 올라갔다가, 다시 자연이 만들어낸 지옥처럼 땅이 뒤틀린 용암지대를 거쳐 내려왔다."

두 가지 사건이 마셜과 캐서린의 전원생활 같은 일상을 깨뜨렸다.

첫 번째 사건은 마셜의 갑상선 이상이었다. 포트베닝에서 발병해 그를 고통스럽게 했던 병이 다시 시카고에서 재발한 것이다. 마셜은 밴쿠버에서 검사를 받은 후 갑상신 제거 수술을 위해 샌프란시스코로 갔다. 그는 이 사실을 육군에 비밀로 유지하고 싶었지만, 소문은 최고위층까지 빠르게 퍼져나갔다. 어쩌면 군 생활을 끝나게 만들지 모르는 이 소문을 무마시키기 위해, 그는 매일 운동 시간을 늘렸고 자신을 담당했던 의학조사관에게 그가 건강하다는 사실을 군에 알리도록 했다.

두 번째는 북쪽 하늘에서 갑자기 나타난 러시아 비행기 조종사 세명이 불시착한 사건이었다. 그들은 모스크바Moscow에서 출발해 북극을 지나 캘리포니아 오클랜드Oakland까지 비행하는 길이었다. 그들은 소련 당국의 선전으로 매우 유명했다. 그러나 그들은 비행 중에 연료가 다 소모되어 밴쿠버 병영 연병장 남쪽의 피어슨 공군기지에 비상 착륙했다. 마셜은 그들을 만나기 위해 서둘러 출발하면서, 아내에게 아침식사와 침구를 부탁했다. 캐서린은 당시 러시아 조종사를 두고 이렇게 기록했다.

"마셜이 나간 지 20분 만에 세 명의 북극곰이 비틀거리면서 집 안으로 들어왔다. 입고 있던 모피 외투에는 기름과 오물이 묻어 있었고, 몹시 초췌한 몰골이었다. 턱수염으로 뒤덮인 얼굴만 간신히 사람으로 알아볼 수 있을 정도였다. 사람으로 보기 힘든 모습이었다."[3]

캐서린의 표현을 빌자면, 몇 시간 안에 모든 밴쿠버 병영이 '서커스 Circus' 상황처럼 바뀌었다. 소련 대사와 미국 대사, 워싱턴과 오리건의 장교들, 포틀랜드Portland 시장과 참모들, 수많은 기자와 사진작가, 그리고 뉴스 카메라맨까지 많은 사람이 유명한 항공기 조종사들을 환영하기 위해 마셜의 집에 도착했다. 마셜은 서재에 즉석 뉴스 룸을 만들고 전화를 설치했다. 또한 러시아인과 인터뷰를 하기 위해 거실을 라디오 송수신실로 고쳤다.

그러는 동안 마셜은 그들에게서 여러 이야기를 들었다. 지구 반대편에 있는 모스크바의 스탈린Iosif Vissarionovich Stalin은 자신의 붉은 군대의 수뇌부를 숙청했으며, 베를린Berlin에서는 히틀러Adolf Hitler가 군부의 지지하에 독일군 규모를 유럽에서 가장 큰 규모로 확장하고 있다는 내용이었다.

바로 이전 포트베닝의 교관이었던 스미스Truman Smith 소령은 현재 미국의 주독일 무관으로 베를린에 복무 중이었다. 마셜은 세계대전에서 독일 공군의 에이스였던 현 나치 독일 공군Luftwaffe 사령관 헤르만 괴링Hermann Göring이 독일 항공기 공장에서 1년에 6,000대 가량의 비행기를 생산할 능력이 된다고 확신하고 있다는 스미스 소령의 보고를 직접 받았다. 그에 비해 1936년 오스카 웨스토버Oscar Westover 소장이 지휘하는 미 육군 항공단은 1만 7,000대가 채 안 되는 비행기를 보유하고 있었고, 대부분 낡고 오래된 것이었다. 그런데도 2년 안에 겨우 476대만이 보충될 예정이었다. 이런 식으로 가다간 낡은 독일 비행기들은 모두 새로운 기종으로 충원될 판이었다. 나치 독일 공군의 전력이 미 육군 항공단 전력보다 강해질 것이 확실했다.

그나마 다행인 것은 프랭클린 루스벨트가 전임자였던 하딩이나 쿨리지, 후버와는 다르게 고립주의자가 아니었다는 점이다. 전 해군차관의 촉구에 따라 의회는 미 군사력 확장에 투자하기 시작했다. 그와 동시에 루스벨트 행정부는 '1937년 방어동원계획Protective Mobilization Plan of 1937'을 발표했다. 이것은 증가하는 위협으로부터 백악관이 직접 국가의 안정을 지키기 위해 육군을 확장하는 계획이었다.

계획의 주요 골자는 주 방위군을 연방화해 약 40만여 명을 정규군의 '최초 방어 병력Initial Protective Force'으로 제공하는 것이었다. 육군이 순차적으로 수요를 판단해 전시 강도에 따라 단계적으로 100만, 200만, 400만으로 확장하는 동안, 해군과 함께 이 방어 병력이 국토방위를 우선적으로 책임지게 했다. 이 계획은 정규군, 주 방위군, 육군 예비병력 간의 차이점을 상당부분 제거하여 통합한 오늘날의 병력 개념과 상당 부분 비슷했다. 1937년과 오늘날의 차이라면 주 방위군과 예비 전투력 사이의 상대적인 준비 상태 정도였다. 하지만 1937년의 이 계획은 현실성 없는 열망에 더 가까웠다. 사실 오늘날 육군은 실질적인 전투의무를 위해 예비군, 특히 주 방위군에 크게 의존하고 있다. 1935년 의회는 일련의 중립법Neutrality Acts의 첫 법안을 통과시켰다. 고립주의자들은 국제정세가 자국의 경제나 안보에 악영향을 미치지 않을 경우, 국제분쟁에서 중립적인 위치를 유지하며 높은 관세를 매겨 정치·경제적으로 국제사회에서 고립한다는 정책이다. 이 정책은 산업혁명 전, 중상주의 정책을 실시하던 나라에서 주로 쓰였다. 미국의 고립주의는 초대 대통령 조지 워싱턴의 이임사에서 시작되었다. 이임사에서 워싱턴은 미국은 유럽의 어떠한 국가와도 관계를 맺지 않으면 안 되며 유럽의 분쟁에 휘말리면 안 된다고 강조했다. 그 이후 약 100여 년 동안 미국은 먼로 독트린 등을 통해 고립주의를 더욱 강화했다. 이 고립주의는 맥킨리의 쿠바·필리핀 침공과 시어도어 루스벨트의 곤봉정책에 의해 변화하는 듯했으나, 제1차 세계대전이 발발하기 전까지 미국은 대체로 고립주의를 유지했다.

제1차 세계대전이 발발했을 때, 대다수의 미국인은 미국이 중립을 유지해야 한다고 생각했다. 하지만 루니타니아 호 사건과 독일의 무제한 잠수함 작전 등으로 인한 선박 손실로 미국인의 감정은 연합군 쪽으로 기울기 시작했고, 결국 짐머만 전보 사건으로 미국은 대독 선전포고를 심각히 고려하게 되었다. 그 이후 세 척의 미국 선박이 더 침몰하자, 미국은 지난 120년 동안의 고립주의를 포기하고 연합군에 참전했다.

세계대전이 끝난 후 미국은 윌슨이 고안한 국제연맹에 가입하지 않고 다시 고립주의 정책으로 돌아섰다. 1930년대의 대공황은 미국의 고립주의를 강화시켜 제2차 세계대전이 발발하기 전까지 미국은 네 차례에 걸친 중립법안의 통과 등으로 가능한 한 유럽의 사태에서 발을 떼려 했다.

하지만 나치 독일의 잇단 승리는 미국으로 하여금 경계를 하게 했고 1940년에는 무기대여법을 제정하여 연합군의 전쟁 노력을 지원했다. 1941년 12월의 진주만 공습은 미국이 연합군으로 참전하는 계기가 되었고, 미국의 참전은 연합군이 승리하는 계기가 되었다.

제2차 세계대전은 미국의 고립주의 정책에 종지부를 찍는 계기가 되었다. 제2차 세계대전 이후 벌어진 냉전은 미국이 세계 곳곳에 군대를 파견하게 하게끔 하였고, 냉전이 끝난 후엔 '세계의 경찰(팍스 아메리카)'로 남게 되었다.

– 위키피디아 참조 인용

> **❝** 마셜은 유럽과 아시아 두 지역의 전쟁 준비와 관련된 정책에 영향력을 행사할 만한 직책을 맡지 못했지만, 마셜 자신의 궁극적 목표였던 진급을 예상하고 이미 국제적인 전략을 생각하기 시작했다. **❞**

이 법안을 유럽에서 발생할 조짐이 있는 전쟁에 관여하지 않는 수단으로 보았다. 그러나 1937년 방어동원계획은 군에 더 이상 전쟁을 피하기 위한 수단이 아니라 전쟁을 지연하기 위한 수단이 되었다. 그중에서도 예비군은 육군을 강화하기 위해 시간을 벌었고, 더 높은 수준의 대응력을 갖추기 위해 개편되었다. 그러나 유감스럽게도 중립법은 국제 상황이 급격하게 악화되는 동안에도 위험 불감증을 불러일으켰다.

1930년대 후반 미국의 정치 및 군사 정책 입안자는 일반적으로 독일과 이탈리아에 관심을 두었다. 하지만 6년 동안 중국에 강한 관심을 보였던 마셜은 1931년 일본이 중국을 침략한 사실에 주목했다. 일본군은 장제스蔣介石 정부의 수도인 난징南京을 함락했다. 또한 충칭重慶에 망명 정부를 세우려는 민족주의자들을 체포했다. 마셜은 일본에 반대하는 공산주의자들과 장제스 정부의 불안한 동맹 구축에 주목했다. 이 시기에 마셜은 유럽과 아시아 두 지역의 전쟁 준비와 관련된 정책에 영향력을 행사할 만한 직책을 맡지 못했지만, 마셜은 자신의 궁극적 목표였던 진급을 예상하고 이미 국제적인 전략을 생각하기 시작했다.

1937년 12월, 더글러스 맥아더는 당시 미국으로부터 반 독립한 필리핀 자치정부 마누엘 케손Manuel L. Quezon 대통령의 제안을 받아들여 육군 참모총장의 직책을 사임했다. 그리고 필리핀 육군 최고 원수와 함께 케손 대통령의 군사 고문으로 임명되었다. 참모총장 후임은 다름 아닌 30년도 훨씬 전에 텍사스에서 조지 마셜 중위의 흐트러진 유니폼을 보고, 그를 육군 장교라 믿을 수 없다고 생각했던 멀린 크레이그 장군이었다. 그 후 상황은 바뀌었다. 세계대전 동안 마셜은 크레이그가 헌터 리젯의 참모일 때 다시 만났다. 그 뒤 함께 퍼싱의 참모로 근무했다. 이러한 만남들 속에서 크레이그는 마셜에게 감명을 받았고, 참모총장이 되자마자 진급 심사위원회에 자신의 첫 번째 소장 진급 대상자로 마셜을 추천했다.

육군의 최선임 장교인 크레이그의 도움으로 마셜은 이제 자신의 진급이 보다 유리해졌다는 희망을 가졌다. 하지만 북서지방 CCC 캠프 시찰 임무를 계속했다. 그러다가 1938년 4월 11일에서 13일까지 몬태나Montana 포트미줄라Fort Missoula를 시찰하던 중, 그는 7월에 워싱턴 전쟁성의 전쟁기획처로 보직을 옮기라는 명령을 받았다. 워싱턴으로 떠나기 전에 육·해군 수비대 합동 기동훈련에서 '레드 포스Red Force'를 지휘했다. 기동훈련 평가관인 마크 웨인 클라크Mark Wayne Clark 소령은 마셜의 야간 공격에 대한 '창의적인' 접근과 지휘를 격찬했다. 마셜은 기동훈련 후 마지막 부대 지휘 임무를 뒤로하고 워싱턴으로 떠났다. 그는 보다 높은 지위로 떠나는 것에 만족했다.

밴쿠버 병영에서의 마지막 밤, 제7보병사단 군악대와 밴쿠버 고등학교 밴드부가 마셜 부부를 위해 작별 세레나데를 연주해 주었다. 이 시기 아시아와 유럽, 그리고 아프리카의 군대들은 각각 치열하게 전투를 벌이거나 전쟁을 준비하고 있었다. 그러나 미합중국의 육군은 새로운 위기에서 세계 민주주의를 지킬 수 있는 준비가 전혀 되어 있지 않았다.

레드 포스를 지휘할 때의 기억이 잊힐 즈음, 전쟁기획처에 있던 마셜 앞에는 모든 군 관련 문서가 쌓여 있었다. 전쟁기획처에 속한 장교들에게 전투는 지도와 도표, 그래프와의 싸움이었다. 마셜은 그렇게 다시 참모장교가 되었다. 하지만 멀린 크레이그가 곧 은퇴할 것이므로, 이번만은 자신의 멘토이자 영웅인 퍼싱의 발자취를 따라 어깨에 별 네 개를 달고 육군의 최선임인 참모총장이 될 것이라고 예상했다.

미래 군사 지도자, 레인보우 계획

현재를 바로 읽고, 과거의 경험을 살려
미래를 대비하는 비전 전략 리더십 ★★★★★★★★★★

미군의 미래를 바꾸어놓은 마셜의 핵심 역량 중 하나로, 마셜에겐 연합국 내의 힘을 적확한 비전 아래 하나로 이끌어낼 수 있는 전략을 수립하는 능력이 있었다. 이를 위해선 풍부한 실전 경험과 날카로운 현실 비판, 정확한 미래 예측 능력이 필요했다. 특히 마셜은 전략가이자 군의 탁월한 리더로서 군사력을 강화하고 균형을 유지하는 데 출중했다.

:: 크레이그의 선택과 루스벨트의 지지

"조지. 자네가 떨리는 내 손을 잡아주러 와서 정말 다행이네."[1]

멀린 크레이그 장군이 전쟁성에 1938년 7월 7일 보직신고를 하러 온 마셜을 반갑게 맞이했다. 전역을 앞둔 크레이그는 마셜이 자신의 후임이 되기를 몹시 바라고 있었다. 그는 미국의 전쟁 수행능력 부족과 군의 급속한 확장으로 몹시 힘들어했다. 문제는 군 확장에 대한 요구가 시급하다는 점이었다. 당시 루스벨트 대통령은 군에 호의적이었지만 의회는 군 확장의 가속화를 달가워하지 않았다. 대통령이 이런 의회를 계속 설득하려면 참모총장의 지속적인 독려가 필요했다. 그러나 참모 장교단뿐만 아니라, 야전장교들조차도 규모가 커진 군대의 운용능력이 아직 부족한 상황이었다. 크레이그는 마치 갈증으로 죽어가는 사람 같아 보였다. 그는 필사적으로 물을 요구했지만 그것을 담을 적당한

> **참모총장 크레이그는 마셜이야말로 전시 대비에 따르는 여러 문제를 해결할 유일한 능력자라고 믿었다.**

그릇이 부족했던 것이다.

마셜이 마침내 군에서 그의 가치를 인정받았다는 확실한 증거는, 참모총장 크레이그가 마셜이야말로 전시 대비에 따르는 여러 문제를 해결할 유일한 능력자라고 믿었다는 데 있다. 이미 육군의 행정부서에서 입대하는 자원들을 운용하는 일을 처리하고 있었지만, 부서의 능력을 넘어서는 한계에 부딪치고 있었다. 하지만 이 모든 것들은 절실한 문제였고, 즉각적으로 처리되어야만 했다.

마셜이 오랫동안 갈망하던 진급을 추진했다. 크레이그는 마셜을 몇 계급 뛰어넘어 육군 참모차장으로 진급시키려고 했다. 만약 이것이 단순하게 크레이그의 '떨리는 손'을 안정시키기 위한 것이었다면, 단계를 뛰어넘는 진급은 매우 난감한 문제를 발생시킬 수도 있었다. 참모차장으로서 마셜은 거의 40명에 달하는 선배 장군에게 명령을 내려야 했다. 물론 선배 장군들도 다들 훌륭한 군인이기 때문에 마셜의 명령은 잘 받아들여질 것이지만 명령이 잘 수행된다고 해도 육군 최고위층의 사기가 떨어진다면 오히려 역효과가 될 수도 있었다.

마셜은 군 참모진의 내부 갈등이라면 충분히 이겨낼 자신이 있었다. 하지만 곧 격한 논쟁에 휘말렸다. 그것은 항공력이 다음 전쟁을 결정할거라고 믿는 육군 항공단 옹호자들과 지상군에 기반을 두어야 한다고 믿는 사람들 사이의 격렬한 논쟁이었다. 또한 한정된 방위비를 놓고 육군과 해군의 경쟁도 어렴풋이 나타나기 시작했다. 결정적으로 거대한 정치적 상황이 도사리고 있었다. 루스벨트 대통령은 중립법의 제한사항들을 없애야 할 필요성을 이해했고, 이를 주장했다. 그리고 대통령은 침착한 속도로 전쟁을 준비했다. 그렇다고는 해도 여전히 '미국 최우선America First'을 주장하는 강력한 공화당의 고립주의자들이라는 벽이 존재했다. 노련한 정치가였던 루스벨트는 자신의 임무가 전쟁 준비를 포기하지 않도록 반대파들을 달래야 하는 것임을 잘 알고 있다. 루스벨트가 전쟁성 장관으로 해리 우드링Harry Woodring을 선택한 것은 '아메리카 퍼스트'를 지지하는 사람들을 납득시키려는 의도가 분명했다. 우드링은 고립주의자들과 같은 성향을 가진 인물이었다. 그러나 영향력 있는 전쟁성 차관인 루이스 존슨은 군의 확장과 전쟁 준비를 확실히 주장했던 사람이었다. 멀린 크레이그는 참모총장으로서 이들 두 사람 사이에 끼어 있었다. 마셜도 마찬가지였다. 다행인 것은 크레이그가 후임 참모총장으로 마셜을 지목한 것에 우드링과 존슨이 별 반대 없이 동의했다는 점이다.

1938년 가을 유럽에서는 주데텐란트Sudetenland 위기가 발생했다. 독일은 체코슬로바키아의 독일어 사용 지역인 주데텐란트의 합병을 원했다. 아돌프 히틀러는 전쟁도 불사하겠다며 위협했다. 유럽 민주주의의 중심 국가였던 프랑스와 영국 두 국가는 제1차 세계대전 후 체결한 베르사유 조약에 의해 체코의 독립 수호를 위한 조약에 제한을 받고 있었다. 영국 수상 네빌 체임벌린A. Neville Chamberlain은 히틀러를 '달래기' 위해, 체코슬로바키아의 주데텐란트 지역을 양도하기로 결정하고 뮌헨으로 날아갔다. 이런 처사에 안도한 루스벨트 대통령은 위기를 확실

주데텐란트 지역의 한 마을을 지나가고 있는 독일 국방군 1938년 독일은 체코슬로바키아의 주데텐란트의 합병을 요구했고, 히틀러는 전쟁도 불사하겠다는 뜻을 표명했다.

히 해결한 것에 공개적으로 환영의사를 보냈다. 루스벨트는 각료들에게 영국과 프랑스 모두가 독일과 유대관계를 유지하여, 그들의 손으로 피를 씻어낼 것이라고 털어놨다. 뮌헨에서 돌아 온 체임벌린은 "우리 시대를 위한 평화를 가지고 왔다"라고 주장했다. 그러나 이 위기는 전 세계 국가들에게 재무장의 필요성을 각인시켰다.

루스벨트가 먼저 행동으로 옮겼다. 그는 5억 달러의 추가 방위비를 의회에 요청하려는 자신의 의지를 언론에 발표했다. 또한 거의 돌발적으로 미국이 매년 군용 항공기 1만 5,000대를 생산하길 원한다고 발표했다. 이러한 맥락에서 루스벨트는 타협하지 않는 솔직한 장교 멀린 크레이그가 그의 후임자로 지목했던 마셜과 처음으로 만나게 되었다. 이 만남에서 중요한 것은 마셜에게 크레이그의 자리를 이어받게 될 때

> 마셜의 최우선 임무는 대규모 군을 균형 잡힌 군으로
> 만드는 것이었다. 하지만 그는 강력한 공군 창설을 원했다.

그가 직면하게 될 첫 번째 큰 문제를 명확히 전했다는 점이다.

분명히 대통령은 국민군을 만들길 원했다. 하지만 대통령의 이런 의사가 정쟁의 불씨가 되지 않아야 했다. 그리고 효과적인 육군을 창설한다는 데 의견이 모아져야 했다. 마셜이 맡게 될 임무의 최우선 순위는 대규모 군을 균형 잡힌 군으로 만드는 것이었다. 마셜은 강력한 공군의 창설을 더 원했다. 그렇다고 지상군의 강력함을 잃어가면서까지 이루려고 했던 것은 아니었다. 이런 과정에서 문제는 세계전쟁 이후 국방·외교 관련 장관들과 장군들이 익숙한 것만 고수하는 데 있었다. 엄청나게 빠른 속도로 전쟁과 관련된 기술들이 발전했다. 이에 따라 군의 기획자들은 오래된 것은 포기하고 최신 기술과 교리를 포함하라는 주변의 압력들에 부딪히고 있었다.

냉전시대에 미군은 주로 소련과의 핵전쟁 임무를 수행할 수 있는 전략군 형태로 변형되었다. 그 결과 재래식 전쟁능력은 무시되었다. 이것은 베트남 전쟁의 패인이었다. 또한 전쟁 수행요원들은 보스니아에서 이라크와 아프가니스탄에 이르기까지 최근 분쟁들에서 정치가들과 투쟁해야만 했다. 정치가들은 지상작전에 최소한의 부대를 투입시키는 대신, 최신 기술인 항공력과 새롭게 출현한 무인항공기에 의존하며 피해를 줄이려고 했다. 군사력을 키우고 균형을 유지하려는 조지 마셜은 미래 군사 지도자의 표본임을 입증했다.

:: 참모총장, 새로운 임무 새로운 작전

마셜은 루스벨트 대통령의 막역한 친구 해리 홉킨스에게 좋은 인상을 주었다. 홉킨스는 잘 알려진 공공사업 진흥국의 전 책임자였다. 루스벨트는 멀린 크레이그의 추천대로 마셜을 참모총장으로 임명했다. 또한 40여 명 이상의 선배들을 뛰어넘어 곧바로 4성 장군으로 진급시켰다. 마셜은 1939년 7월 1일 참모총장에 취임했고, 9월 1일 육군대장 계급장을 달았다. 이날은 아돌프 히틀러의 군대가 폴란드를 침공하면서, 유럽 대륙에서 제2차 세계대전이 시작된 날이었다.

당시 미 정규군은 장교와 병사를 모두 합쳐 18만 9,000명이었다. 마셜은 보병의 균형을 유지하면서 군대를 늘리기 시작했다. 이미 육군 항공단은 급속히 성장하고 있었고, 기갑병과도 출현하고 있었다. 강력한 군대의 건설은 중요한 사항이었지만 마셜이 최우선으로 여기는 사항은 아니었다. 마셜은 포트베닝의 경험을 살려 전선으로 부대를 보내기 위한 훈련을 시작했다. 그리고 기동전을 실시할 수 있는 육군을 만들기 위해 레슬리 맥네어Lesley McNair 준장에게 전술적인 훈련을 철저히 시키는 임무를 부여했다. 맥네어는 전쟁이 기동전 형태로 이루어질 거라고 믿고 있던 인물이었다. 그리고 포트레번워스에 위치한 '지휘 및 총참모학교Command and General Staff School'의 진보적인 학교장인 데다가 믿을 만한 오랜 친구이기도 했다. 마셜이 예상했듯이 기동전은 더 이상 이론적인 추측이 아니었다. 마셜은 폴란드에서 독일이 수행한 전격전을 목격했다. 항공·기갑·보병의 조합은 효과적이었고, 엄청나게 빠른 속도로 침공하면서도 완벽한 조화를 이루어 모든 저항군을 휩쓸어버렸다. 마셜은 미 육군이 그와 같은 공격작전을 할 능력을 갖추지 못한 것을 알고 있었다. 또한 반대로 그와 같은 공격을 받았을 때, 방어할 능력이 없다는 것도 잘 알고 있었다. 그는 맥네어라면 혁신적인 훈련으로 미 육군을 독일군이 보여준 전격전 그 이상의 능력을 갖춘 군대로 이끌어낼 수 있다고 확신했다.

마셜은 육군의 확장과 함께 실제 새로운 전쟁 수행을 위해 대규모 교육훈련을 감독했다. 미국 역사의 첫 번째 평화기에 '1940년 선발 훈련 및 복무법Selective Training and Service Act of 1940'의 통과에 따라 모병된 장병들로 육군의 규모가 확장되었다. 마셜은 군 확장 관련 업무와 더불어 많은 긴급사태를 처리했다. 마셜은 전쟁 계획 수립을 위해 자신이 직접 선발한 참모들과 쉴 틈 없이 일했다.

전쟁성은 20년간 또 다른 세계대전을 준비해 왔지만 전격전의 등장으로 그동안의 준비는 필요 없는 것이 돼버렸다. 모든 계획을 수립하면서 마셜은 일본을 고려했다. 그가 멀린 크레이그의 직책을 이어받았을 때, 두 대륙에서 동시에 전쟁을 수행할 6가지 계획이 수립되어 있었다. 이는 일본이 독일 및 이탈리아와 동맹을 맺을 것이라는 가정 아래 세워진 레드·오렌지·블랙·그린·퍼플·블루 계획이었다. 이 계획들은 1940년 봄에 이르러 마셜의 명령으로 폐기·수정·통합되어 단일 기본 계획인 '레인보우Rainbow'로 재작성되었다. 1941년 12월 7일 일본군의 진주만 공습은 미국 대중에게 큰 충격이었다. 하지만 루스벨트와 군사 전략가들은 이미 전부터 미국이 전쟁에 참전하게 될 것을 예상하고 있었다. 마셜의 참모진에 의해 구상된 레인보우 계획은 미국이 일본과 독일이라는 두 국가에 맞서 미영동맹을 결성할 것을 예견했다. 또한 이 계획은 독일을 강력한 적이자 커다란 위협으로 상정하고 있었다. 그리고 전쟁 수행 시에는 독일을 우선 목표로 해야 함을 넌지시 암시했다.

1941년 여름, 루스벨트 행정부와 마셜 및 육군 참모진들은 미국이 참전을 피할 수 없다는 것을 알게 되었다. 1941년 8월, 대통령은 윈스턴 처칠과 플라센티아Placentia 만의 한 전함에서 일급비밀을 다루는 대서양 회담Atlantic Conference을 열기로 결정했다. 이때 대통령의 주장으로 마셜이 동행했다. 그리고 육군 항공단 지휘관인 '햅' 헨리 아놀드 장군과 해군 참모총장 해럴드 스타크Harold R. Stark 제독, 그리고 대서양 함대 사령관 어니스트 킹Ernest J. King 제독도 참석했다.

중립법은 직접적으로 영국을 지원하고자 했던 루스벨트에게는 걸림돌이 되고 있었다. 그러나 이미 미국의 전쟁 개입을 주장하는 발언이 계속되고 있었다. 동시에 영국을 합법적으로 도울 수 있도록 조치를 취했다. 1939년 중립법은 캐시앤캐리Cash-and-Carry (상품구입 시 고객이 현금으로 대금을 지급하고 자신이 직접 구입상품을 가지고 가는 방식)로 영국과 다른 국가에 무기를 판매할 수 있게 해주었다. 1941년 3월, 루스벨트의 설득으로 의회는 중대한 무기대여법Lend-Lease Act을 통과시켰다. 이 법으로 대통령은 미국 방위에 중요하다고 여기면 어느 국가나 돈을 받

지 않고 도움을 줄 수 있게
되었다. 플라센티아 만에서
루스벨트와 처칠은 미국이
전쟁에 참전할 것과 레인보
우 계획에 따라 독일을 우선
적으로 무너뜨릴 것, 그리고
1943년 내에 프랑스를 통해
유럽에 상륙할 것에 동의했
다. 독일 공격을 위해서는

제2차 세계대전 중인 1941년 3월, 루스벨트 대통령이 영국
과 중국에 무기원조를 승인하는 장면.(1941)

먼저 영국 내에 미국 군대를 준비할 수 있게 했다. 훗날 이 작전은 볼레
로 작전Operation Bolero이라는 암호명이 붙여졌다. 대서양 회담의 결과 '대
서양 헌장Atlantic Charter'이 만들어졌고, 이는 제2차 세계대전의 대동맹을
위한 대략적인 청사진이었다. 영국과 미국이 일련의 전쟁 목표들에 대
해 동의했던 것이다. 마셜은 영국 참모총장 존 딜John Dill 경과 회담을 했
고, 그와 우호 관계를 형성했다.

마셜이 대서양 회담을 마치고 워싱턴으로 돌아왔을 때, 미 육군은
150만 명에 조금 못 미쳤다. '1940년 선발 훈련 및 복무법' 이전에는 18
만 9,000명에 불과했던 군이 엄청나게 늘어났지만 이들 대부분은 아직
징집된 상태로 곧 징집해제되거나 주 방위군이 되어 곧 민간인으로 돌
아갈 예정이었다. 훈련된 많은 병력이 손실될 거라는 전망은 육군을
맥 빠지게 했다. 또한 육군의 준비 상태를 점검하기 위한 8월의 기동훈
련 결과는 실망스러웠다. 1941년 9월, 루이지애나Louisiana와 텍사스에서
마셜의 지침에 따라 새로운 대규모 종합 기동훈련을 시행하기로 계획

했다. 미국 역사상 최대였던 루이지애나-텍사스 기동훈련의 워게임
결과는 미군이 매우 부족하다는 것을 여실히 드러냈다. 그러나 이 기
동훈련을 통해 두 명의 뛰어난 장교가 주목을 받게 되었다.

조지 패튼 소장은 기갑부대를 잘 운용해 모의 전쟁 스타로 찬사를
받았다. 패튼은 부하들에게 단언했다.

"만약 귀관들이 루이지애나를 뚫고 전차들을 파괴시킨다면, 귀관들
은 지옥에서도 전차들을 파괴할 수 있을 것이다."

패튼은 기동전의 대가로서 미국의 전격전을 이끌 지휘관이었다. 하
지만 돌출 행동으로 기사거리가 많아 언론에 자주 거론되는 인물이었
다. 실례로 루이지애나 드리더Deridder 북쪽 마을에 있던 교차로에서 교
통통제를 하던 헌병들과 관계된 기사가 있었다. 헌병들은 교통이 마비
된 상황을 통제하지 못하고 있었다. 그때 갑자기 패튼이 나타나 '욕을
퍼붓고 난장판을 만들기' 시작했다. 패튼이 직접 교통을 통제해 교통
마비가 풀리기 시작했지만 꽤나 소란스럽게 굴어 주변 성당에서 미사
를 드리던 사제가 참다못해 밖으로 나와 패튼에게 "입 다물어Hush up!"
하고 소리를 질렀다. 패튼은 사제에게 사과하고, 헌병에게 교통통제권
을 다시 넘겨주었다. 또 다른 예로, 전쟁에 승리하기 위해서라면 규정

을 어기는 것도 서슴지 않았던 패튼은 개인 돈으로 171번 고속도로에 위치한 주유소의 모든 연료를 사버린 일이 있었다. 이 때문에 경쟁관계인 '적군Red army'이 사빈Sabine 강을 도하해 패튼의 '청군Blue Army' 영토로 침투하려고 했을 때 적군의 전차와 차량들은 기동에 필요한 연료를 보충할 수 없었다.

패튼이 용맹한 전술가였다면, 또 다른 장교는 기동전 기획가들 중 스스로를 스타로 부각시켰다. 일부 기자들은 발음하기 힘든 이름 '아이크Ike' 드와이트 아이젠하워Dwight D. Eisenhower 대령을 패튼보다 더 잘 기억했다. 그는 기동을 은폐하기 위해 자신의 텐트를 기자들을 위해 마

드와이트 D. 아이젠하워 Dwight D. Eisenhower(1890~1969)

미 육군 원수, 1953년부터 1961년까지 미국의 제34대 대통령을 지냈다. 1935년 맥아더 군사 고문의 보좌관으로서 필리핀 방위 강화에 참가했다. 제2차 세계대전 중에 연합군 최고사령관으로 당시 미군에 대한 불신을 숨기지 않았던 영국군과 그런 영국군을 고깝게 여긴 미군 지휘관들 사이에서 중재자로 활약했고, 그에 대한 평가도 전투 지휘관보다는 대기업의 총수 같다는 평이 많았다. 유럽 전선에 파견된 후 최초로 지휘한 작전은 미군과 영국군으로 구성된 연합부대로 북아프리카에 상륙한 토치 작전이었으며, 이후 유럽 연합군의 총사령관으로서 노르망디 상륙작전을 지휘해 성공시켜 승리를 거두었다. 전쟁 중에 '아이크Ike'란 별칭으로 줄곧 불렸다. 퇴역한 후 컬럼비아 대학 총장지냈다. 1952년에는 오랜 민주당 대통령 시대를 마감하고 20년 만에 공화당으로서 대통령에 당선되었으며, 재임 중의 뉴룩New Look 전략, 덜레스 국무장관을 중심으로 한 롤백roll back 정책, 중동에 대한 아이젠하워 독트린, 특히 6·25전쟁의 휴전, 인도차이나 전쟁 휴전, 수에즈운하 문제의 수습, 균형재정의 견지 등의 업적이 있다.

런한 구역으로 옮겼고 기자들은 아이젠하워의 따뜻함과 친근함에 매력을 느꼈다. 영향력 있는 칼럼니스트들과 드류 피어슨Drew Peason의 〈워싱턴 메리-고-라운드Washington Merry-Go-Round〉 라디오 프로그램은 아이젠하워 때문에 위게임 계획의 신뢰도가 높아졌다고 말했다.

∷ 일본을 경계하라, 태평양을 지켜라

조지 마셜 참모총장은 훈련에 참석한 여러 지휘관들 가운데, 패튼과 아이젠하워에게서 장교로서의 우수성을 발견했다. 또한 마셜은 기동 훈련 분석자료들을 면밀히 검토하여 개선이 필요한 분야들을 찾아냈다. 이런 훈련들과 동시에 '매직MAGIC'으로 불린 일급비밀 작전을 통해 다량의 정보를 파악한 결과 최근 정황도 잘 알게 되었다. 매직팀은 일본의 외교 및 해군 관련 암호를 풀 수 있었다. 아마도 이를 통해 미국은 일본 본국에서 온 전문을 워싱턴 주재 일본 대사관 직원들보다 더 빨리 해독하고 있었을 것이다. 워싱턴에서는 미국과 일본의 외교관들이 평화회담을 하고 있었지만, 매직의 암호해독으로 일본 정부의 의도가 전쟁으로 흐르고 있다는 것을 밝혀냈다.

 1941년 11월 26일 오후 백악관에서 열린 회의에서 코델 헐Cordell Hull 국무장관은 대통령, 전쟁성 장관 헨리 스팀슨Henry Stimson, 해군성 장관 프랭크 녹스Frank Knox, 해군 작전사령관 해럴드 스타크 제독, 그리고 조지 마셜에게 일본이 이미 전쟁 준비를 하고 있다고 경고했다. 코델 헐은 군 수뇌부에 다음과 같이 전했다.

> ❝ 일본의 작전은 정확히 예측할 수 없지만 언제든지 적대적인 행위가 가능하다. 만약 전쟁 행위를 계속 피할 수 없다면 미국은 일본에 선제공격을 실시하길 바란다. ❞

"일본인들이 전쟁을 할 작정이니 군은 대비해야만 한다."[2]

마셜은 전쟁성 집무실로 돌아와 매직팀이 가로챈 중국 타이완 남쪽에 있던 일본 호위함의 움직임에 관한 보고서를 읽었다. 호위함의 목적지는 알 수 없었지만 미국 식민지 필리핀과 영국 식민지 싱가포르에 대한 위협이 보고서에 드러나 있었다. 같은 날 늦은 오후, 마셜은 태평양 지휘관들에게 경고했다.

"일본의 작전 시기는 정확히 예측할 수 없지만 언제든지 적대적인 행위가 가능하다. 만약 진쟁 행위를 계속 피할 수 없다면 미국은 일본에 선제공격을 실시하길 바란다."[3]

국무장관 헐은 일본이 인도차이나와 중국에서 군대를 철수하라는 요구사항을 담고 있는 '10단계 계획Ten Point Plan'을 일본에 전달했다. 헐의 최후통첩에 대한 대응으로 일본군이 공격하지 않을 것이라는 가정 아래, 루스벨트는 조지아 웜스프링스Warm Springs에 설립한 소아마비센터에서 뒤늦은 추수감사절 보내기 위해 부모님과 함께 워싱턴을 떠났다. 캐서린 마셜이 그 전 달 낙상으로 늑골이 부러져 플로리다에서 회복 중이었으므로, 마셜은 필라델피아에서 열리는 육·해군 미식축구 경기 입장권을 포기하고 그녀를 만나기 위해 남부로 향했다.

11월 24일 워싱턴으로 돌아온 마셜은 스타크 제독을 만났다. 제독은 하와이 진주만과 필리핀에 있는 해군 지휘관들에게 최근의 징후를 알릴 생각이었다. 마셜은 일본과 최근 협상 결과가 좋은 것이 '매우 의심스럽다'는 스타크의 의견에 동의하고 즉시 더글러스 맥아더에게 암호 전문을 보냈다. 맥아더는 1941년 7월 루스벨트 대통령의 명령으로 현역으로 복귀했다. 맥아더는 필리핀에서 당시 극동에 있던 모든 미군을 지휘하고 있었다. 마셜은 맥아더에게 '국제적 상황이 호전되지 않았음'을 조언했다. 그리고 "위험한 시기는 12월의 첫 열흘간이다"라고 경고했다. 그 이유는 많은 수의 증원부대와 장비, B−17 폭격기가 12월 10일 전에 맥아더에게 도착할 수 없었기 때문이었다. 맥아더는 12월 10일 이후에나 일본의 '극히 위험한' 공격을 막아낼 수 있는 충분한 전투력을 갖출 수 있었다.4

뮤니션스 빌딩 지하에서 쉼 없이 작업하던 매직의 암호 해독가들은 12월 초에 발송된 전문들을 해독했다. 포착된 전문에는 전 세계에 나가 있던 일본 외교관들에게 암호 해독기와 암호 해독에 필요한 자료들을 파괴하라고 지시되어 있었다. 이러한 사실은 일본이 전쟁을 계획하고 있다는 충분한 증거가 되지 못했다. 그러나 매직팀은 베를린 주재 일본 대사가 도쿄로 보낸 보고서에, 독일 외교부장관이 일본 정부에 미국과 영국에 타격을 가해 달라고 촉구한 것과 독일도 즉시 그 전쟁에 참전하겠다고 약속한 전문을 찾아냈다. 베를린 주재 일본 대사의 보고서에 따르면 현재 일본 정부의 입장은 미일 회담이 '결렬'되었으며, 히틀러는 '이 전쟁이 누군가의 바람보다 더 빨리 시작될 것임'을 알고 있다는 것이었다.

:: 진주만 하늘을 뒤덮은 일본의 폭격기들

12월 6일 토요일 이른 오후, 육군 정보부 극동지역 책임자인 루퍼스 브래튼Rufus Bratton 대령은 마셜, 헐, 스팀슨에게 해독된 전문의 사본을 전했다. 이 전문은 도쿄에서 워싱턴에 있는 일본 측 협상가들에게 보낸 것으로, 일본이 받은 헐의 '10단계 계획'에 대한 지령을 내리고 있었다. 전문은 총 14개 부분으로 나뉘어 있었고 마지막 부분은 12월 7일 이침에 발송된 것이었다. 가 부분은 감청되어 지체 없이 해독되었다. 마지막 부분은 새벽 4시 37분 메릴랜드 베인 브리지Bain Bridge에 위치한 미 해군의 감시기지에서 감청되었다. 아침 7시에 해독된 전문은 2시간 뒤 영어로 번역되었다. 마지막 부분은 두 밀사에게, 그날 오후 1시 국무장관 헐에게 전체적인 답신을 전하라고 지령이 내려져 있었다. 먼저 앞쪽 13개 부분을 읽은 브래튼은 태평양에 위치한 미국의 군사시설 어딘가에 일본의 공격이 임박했다는 것을 확신하고 바로 포트마이어에 있는 마셜의 공관으로 전화를 걸었다. 참모총장 마셜은 평소 일요일 아침처럼 말을 타고 있다가 전갈을 받았다. 10시 반 마셜이 전화했을 때 브래튼 대령은 매우 중요한 전문을 가지고 있고 포트마이어로 가져가 보여 드리겠다라고 전했다.

그러나 마셜의 대답은 달랐다.

"아니네, 신경 쓰지 말게. 내가 사무실로 내려갈 테니 그리로 가져오게." 5

한 시간 뒤, 브래튼이 지켜보는 가운데 마셜은 책상에 앉아 일본의 전문 전체를 읽었다. 그는 내용을 이해했고 태평양에 있는 모든 지휘

진주만 공습 Attack on Pearl Harbor(1941. 12. 7)

1941년 12월 7일 일본의 비행기와 잠수함이 진주만에 정박 중이던 미국의 태평양함대를 기습 공격했다. 이 사건은 미국이 제2차 세계대전에서 연합군에 가담하게 직접적인 계기가 되었다. 일본의 공격으로 전함 8척과 미 해군 선박 13척이 침몰하고 미 공군기 188대가 파괴되었으며, 수천 명의 사상자가 발생했다. 미국 전함 애리조나호는 일본군의 폭탄에 피격을 받은 뒤 이틀 동안이나 불타올랐다. 함선의 일부는 나중에 인양되었으나, 나머지 부분은 진주만 해저에 지금까지도 남아 있다.

관들에게 "언제가 될지는 모르겠지만 빈틈없이 경계해야 한다"라는 명령을 하달했다. 실제 공격시간은 오후 1시였다. 오전 11시 50분, 마셜은 브래튼에게 지침을 주었다. 브래튼은 이러한 경고 내용을 '즉시 가장 빠르면서 안전한 수단'을 이용해 전달하라는 명령을 받고 통신 센터로 갔다. 브래튼은 전문이 전파되는 데 걸리는 시간이 얼마나 되냐고 물었고, 30분에서 40분 정도 걸릴 거라는 답변을 들었다.

하지만 예상과는 달리 전파 시간은 너무 오래 걸렸다. 호놀룰루 Honolulu 포트세프터 Fort Shafter의 미 육군 지휘관 월터 쇼트 Walter Short 중장은 마셜의 명령을 호놀룰루 시간으로 오후 1시 3분에 받았다. 워싱턴 시간으로는 오전 7시 33분이었다. 6분 뒤에, 하와이에서 약 1,050킬로미터 서쪽에 있던 일본 항공모함에서 출격한 급강하 폭격기와 뇌격기가 두 차례에 걸쳐 공격을 시작했다. 진주만 Pearl Harbor과 그 일대에 노출되어 있던 미 해군 기지와 미 육군 시설물들이 공격을 받았다. 미 태평양 함대의 군함들은 이물에서 고물까지 완전히 정박한 상태였고, 미 육군 항공단의 비행기들은 나란히 정렬되어 있었다. 부대원들은 일요일 아침식사를 하는 중이었거나 막 식사를 끝낸 상태였다.

마셜 효과,
멘토를 따르는 전략가들

공동의 목표를 향한 파트너십,
존중과 배려가 있는 **서번트 리더십** ★★★★★★★★★★★★

마셜은 부하와의 관계 관리를 중시했다. 부하를 가장 중요한 재원으로 보고 그의 모든 경
험과 전문지식을 제공하면서 부하를 중요하게 평가하고 인정하는 리더십을 보여주었다.
작전을 명령하고 수행하는 데 권위와 권력이 아닌 이해와 헌신의 자세로 임함으로써 부
하 스스로 따르고 싶은 멘토가 되는 새로운 군 조직문화를 만들고자 솔선수범했다.

:: 동일한 목표를 향한 파트너십, 영웅들이 모이다

워싱턴 시간으로 1941년 12월 7일 3시 정각, 참모총장 조지 마셜은 프랭클린 루스벨트 대통령이 구성한 전시내각의 첫 전시회의에 참석했다. 스타크 제독은 실시간으로 보고되는 일본의 진주만 기습에 관한 보고서들을 전달하고 있었다. 태평양 함대의 주력함들이 심하게 훼손되거나 파괴된 것이 확실했다. 스타크는 심하게 동요했다. 그와 대조적으로 마셜은 전문가답게 침착함을 유지하면서, 대통령에게 보고할 부대 배치를 재검토했다.

마셜은 자신의 첫 번째 과업이 전쟁의 불확실성을 다루는 것임을 잘 알고 있었다. 그는 타고난 천성으로 침착하게 준비할 수 있었다. 다른 이들이 감정적이었을 때도 마셜만은 기민하고 집중적인 태도로 항상 침착했다. 일부 군인들은 전쟁을 두려워하기도, 반대로 사랑하기도 했

> 일본이 태평양 함대를 공격해 폐허로 만든 지 5일
> 후, 마셜은 자신의 일생에서 가장 운명적이라고 볼 수 있는
> 결정을 하게 되었다. 그것은 최고의 능력을 지닌 사람들을
> 찾아내 적재적소에 배치하는 일이었다.

다. 그러나 마셜에게 전쟁은 해결해야 하는 문제들이었다. 그러한 문제를 해결하기 위한 방법은 그것들을 하나하나씩 '처리' 하는 것뿐이었다. 마셜은 그렇게 진주만 기습으로 초래된 문제를 처리하려고 했다. 그는 무분별하게 쏟아지는 정보들 중에서 신뢰할 수 있는 것들과 그렇지 않은 것들을 구별하여 소문을 막고, 혼란이나 공황이 발생하지 않도록 조치했다. 믿을 만한 정보를 모아 문제 해결을 위한 작업에 착수했고 그것들은 곧 처리되었다.

동시에 마셜은 자신이 전쟁을 수행하는 데 도움이 되는 사람들을 모았다. 그리고 겨우 며칠 만에 자신의 커다란 명성에 새로운 내용의 명성을 더할 만한 일을 해냈다. 그것은 최고의 능력을 지닌 사람들을 찾아내 적재적소에 배치하는 일이었다. 그 일에 그는 대단한 능력을 발휘했다. 일본이 태평양 함대를 공격해 폐허로 만든 지 5일 후, 마셜은 자신의 일생에서 가장 운명적이라고 볼 수 있는 결정을 하게 되었다. 텍사스 샌안토니오에 있는 제3군 본부의 드와이트 아이젠하워 준장은 '비틀Beetle'이라 불리던 오랜 친구 월터 비들 스미스Walter Bedell Smith 대령의 전화를 받았다. 마셜의 보좌관인 비들은 아이젠하워에게, 마셜이 원하고 있으니 "당장 비행기를 잡아타고 이곳으로 와서 전쟁기획처에

합류하라"라고 말했다.

제1차 세계대전 때의 마설처럼 아이젠하워도 이번 전쟁에 야전 지휘관으로 참전하기를 희망하고 있었다. 그러나 비틀의 얘기를 통해 참모 직책이 자신에게 부여될 것이 예상되자 대단히 실망했다. 아이젠하워는 훗날 자신의 부인 마미Mamie에게 비틀이 전한 소식을 알리면서 '침울함'을 느꼈다고 편지에 썼다. 그는 한 시간 내로 가방을 싸 전쟁성으로 향했다. 12월 4일, 워싱턴의 유니온 스테이션Union Station에 도착한 지 한 시간 후에, 전쟁에서 승리하기 위해 '태평양에서 일본군을 무력화시키기 위해 필리핀에 있는 맥아더를 돕는 최선의 계획'을 수립하는 임무를 부여받았다.[1]

아이젠하워는 신중한 태도로 "제게 몇 시간만 주십시오"라고 대답했다. 몇 시간 후 그가 작성한 계획은 증원 부대가 도착하기 전까지 극동·태평양 사령부가 유지해야 할 사항들을 다룬 것이었다. 그 계획은 마설이 구상하는 계획에 직접적으로 큰 도움은 되지 않았지만 반드시 언급해야 할 중요 문제들을 다루고 있었기 때문에 마설은 상당한 감명을 받았다. 이것을 계기로 1915년 웨스트포인트 졸업생과 1902년 버지니아 군사학교 졸업생 간의 파트너십이 시작되었다. 그들 공동의 전기작가 마크 페리Mark Perry가 적었듯이 이 파트너십은 "미국 역사상 가장 위대한 승리를 가져왔다."[2]

:: 최고의 사람을 적재적소에 배치하다

미국인들은 전쟁 중이라는 충격적인 현실 속에서도 크리스마스를 기념하고 있었다. 이때 미합중국 대통령은 12월 22일부터 윈스턴 처칠을 백악관으로 초대할 의사를 밝혀 국민을 놀라게 했다. 처칠 수상은 8일간의 여행을 마친 후 암호명 '아르카디아ARCADIA'라는 전쟁 전략회의를 위해 백악관에 은밀히 도착했다. 처칠은 12월 26일 양원 합동회의 연설에서 "만약 나의 아버지가 미국인이었고 어머니가 영국인이었다면 또는 그 반대의 경우였더라도, 나는 혼자의 힘으로 이 의회의 구성원이 되었을 것입니다"라고 하며 의원들의 마음을 사로잡았다.

몹시 위태로운 태평양 전투로 고심하던 아이젠하워는 미 육군과 해군, 그리고 영국군의 참모 회의에 참석해야 했지만, 마음이 움직이지 않았다. 그는 그때 다음과 같이 불평을 했다.

"말, 언쟁, 수다……. 쓸데없이 너무 많은 말만 오고간다. 이 일에 너무 많은 아마추어 전략가들이 매달리고 있다. 그들은 자신들이 어디서나 프리마돈나인 줄 착각하고 있다." 3

어쨌거나 회의의 핵심은 마셜의 가장 큰 고민이었던 극동 및 태평양 전구와 유럽 전구에 통합군사령부를 만드는 것이었다. 이것은 미합중국과 영국의 육·해·공군의 모든 병과를 지휘할 단 한 명의 총사령관을 의미했다. 마셜은 전쟁의 궁극적인 승리는 총사령관 손에 달려 있다고 생각했다. '제1차 세계대전First World War'에서 퍼싱 장군이 프랑스와 영국 고위 지휘부의 근시안적 요구를 막기 위해 시간과 노력이 낭비되는 것을 가까이에서 직접 보았기 때문이다. 따라서 제1차 세계대

>   역사가들은 유럽군 총사령관 아이젠하워가 통합군
> 사령부를 성공적으로 만들고 지휘했다고 하지만 아이디어
> 와 비전, 그리고 초기 명령은 모두 조지 마셜의 것이었다.

전보다 좀 더 대규모적이고 복잡한 '제2차 세계대전Second World War'은 연합국의 하나 된 마음과 하나 된 의지가 없으면 승리할 수 없다고 판단했다. 마셜에게 이러한 비전은 확실한 것이었고 이 비전에 대해서만은 추호도 양보하지 않을 생각이었다. 타협으로 상실되거나 변질되는 일 또한 내버려둘 생각이 전혀 없었다. 역사가들은 유럽군 총사령관 아이젠하워가 통합군사령부를 성공적으로 만들고 지휘했다고 하지만 아이디어와 비전, 그리고 초기 명령은 모두 조지 마셜의 것이었다. 그런 마셜의 주장을 양국의 장군들은 강하게 반대했다. 그는 반대하는 장군들과 제독들, 그리고 루스벨트와 처칠에 이르기까지 모든 이들과 끈질기게 논쟁했다. 그리고 마침내 마셜이 이겼다.

또한 마셜은 소련을 포함한 더 많은 연합국을 대신하여 전쟁을 지휘할 연합참모본부Combined Chiefs of Staff를 신설할 것을 제의했고, 이를 관철하는 데 성공했다. 1942년 새해 첫날 담화 발표에서 루스벨트 대통령은 회의에서 탄생한 이 연합을 '국제 연합United Nations'이라고 처음으로 명명했다.

아르카디아 회의는 성공리에 끝났다. 하지만 전선에서 전해 오는 뉴스들은 한결같이 비관적인 것들이었다. 맥아더 장군의 필리핀 방어선은 일본군에 의해 마닐라 만의 작은 섬인 코레히도르Corregidor까지 밀려

났다. 맥아더는 필사적으로 방어했지만, 겨우 버티는 것이 다였다. 1월 23일, 어려운 상황에서도 맥아더는 마셜에게 결의에 찬 무전을 보냈다.

"완전히 파괴될 때까지 싸울 계획이다."

2월 15일, 영국은 싱가포르를 구하려고 안간힘을 쏟다가 결국 포기했다. 슬픔에 잠긴 처칠은 "우리 영국군 역사상 가장 큰 재앙이다"라고 발표했다. 3월 11일, 필리핀의 전황이 극도로 악화됨에 따라 루스벨트는 직접 맥아더를 구출하라고 명령했다. 맥아더와 아내, 그리고 어린 아들은 코레히도르에서 미 해군의 PT 보트를 타고 긴급 구출되었다. 그들은 위험한 항해 끝에 필리핀의 민다나오^{Mindanao} 섬에 도착했다. 그곳에서 맥아더 가족은 B-17에 탑승해 오스트레일리아로 향했다. 오스트레일리아에 도착하자 맥아더는 "일본의 봉쇄 속에서 돌아왔다"라고 발표하면서 필리핀의 사람들에게 약속했다.

"나는 만드시 돌아갈 것이다."

맥아더는 태평양 미 육군의 새 사령관으로 임명되었다. 이 조치는 처칠의 동의를 얻은 결과로, 오스트레일리아와 뉴질랜드의 지원과 더불어 태평양 전쟁에서 대부분의 지휘를 미국인이 담당한다는 의미를 포함하는 것이었다. 루스벨트도 지중해 전구의 작전은 영국의 지휘 아래 실시하는 것에 동의했고, 유럽 전구는 영국과 미국이 나누어 통솔하기로 했다. 그리고 예정된 날짜에 영국해협을 건너 프랑스를 침공하게 될 부대의 집결지로 영국 본토를 결정했다. 이것은 마셜과 참모들이 구상했던 '레인보우' 계획과 대단히 유사한 결정이었다.

마셜은 명령을 시행할 수 있도록 즉시 육군을 능률적으로 조직하는 일에 착수했다. 마셜은 비행기와 전차뿐만 아니라, 효과적인 행정 관료도 기동전에서 필요하다는 것을 잘 알고 있었다. 미 육군 역사를 살펴보면, 고위 지휘관의 전략과 이것을 전장의 지휘관들이 효과적으로 실행하도록 조율하고 책임지는 '중간 관리자'로서의 참모장교가 부족했을 뿐만 아니라 이들을 육성하는 시설도 부족했다. 마셜은 미 육군을 전쟁에서 효과적인 관리가 요구되는 거대한 다국적 기업으로 보고, 이번 전쟁에서는 이전의 전쟁들처럼 관리 부실이 반복되는 것을 허용치 않을 작정이었다.

마셜은 새로운 관리체계를 만들었고 이를 자신의 사무실에서부터 적용했다. 그가 가장 신뢰하는 보좌관들에게 자신에게 가져오는 모든 보고서를 힘들더라도 중요한 것만 간추리고 걸러서, 간결한 양식으로 요약해 보고하도록 지시했다. 마셜의 이러한 행동은, 마치 군단장이 사단과 연대 지휘관들이 스스로 일을 할 수 있다고 확신하고 그가 가진 지휘권을 위임하고 본인은 간섭하지 않는 것과 비슷한 것이었다. 마셜은 아주 중요한 일을 제외하고 나머지 모든 일을 직접 처리할 수 있는 믿을 만한 부하들을 선택했다. 그들은 어떠한 내용들을 보고해야 하는지 잘 알고 있었다.

마셜은 각 분야에 맞는 최고의 군인을 적재적소에 배치하는 것에 중점을 두었다. 아이젠하워는 자신의 재능을 철저하고 신속하게 발휘했다. 그 결과 1942년 2월 6일, 마셜은 새로 창설된 제29보병사단 지휘관으로 임명된 레오나드 게로우Leonard T. Gerow 전쟁기획처장의 후임으로 아이젠하워를 지명했다. 아이젠하워는 기꺼이 자리 교체를 받아들였을 테지만, 그의 재능을 제대로 발휘할 수 있는 곳이 어딘지, 그를 어디에 두어야 하는지를 잘 알고 있었다.

국민과 군사 아마추어들은 전쟁을 거대한 폭발로 보고 있었다. 마셜은 이것을 혼돈으로 보았고 이를 완전히 해결해야 할 필요성이 있음을 알고 있었다. 그래서 새로운 전쟁기획처장에게 첫 번째 임무를 부여했다. 그것은 국제 연합의 이름 아래 모인 동맹국들이 세계전쟁에서 승리할 수 있는 전략 제안서를 만드는 것이었다. 1942년 3월 25일, 아이젠하워의 제안서에는 아메리카 대륙과 영국 보호, 러시아와 활동적인 동맹관계 유지, 그리고 광대한 원유 수송로로 전략적 가치가 매우 큰 수에즈 운하Suez Canal를 통제해 중동을 지키자는 내용이었다. 미국인들은 일본에 즉각 보복전을 해야 한다고 들썩였다. 그러나 아이젠하워는 '레인보우' 계획을 최우선 순위로 고수했고, 연합군의 첫 번째 공격 목표가 독일임을 분명히 했다. 이 계획은 서유럽을 통해 공격하는 것이었다. 마셜도 이 계획을 지지했고 4월 1일 루스벨트 대통령은 이 계획을 승인했다.

　일주일 후, 마셜과 해리 홉킨스는 영국 내의 미군 병력 증강을 위한 볼레로 작전을 구현하기 위해서 처칠 및 영국의 고위 지휘관들과 런던에서 회담을 했다. 그들 중에서도 마셜은 코만도Commandos로 잘 알려진 영국의 특수작전국의 국장 루이스 마운트배튼Louis Mountbatten 경과 많은 것을 상의했다. 큰 규모의 육군을 총괄 지휘하는 참모총장은 보통 소부대 특수작전에 관여하지 않는다. 일반적으로 참모총장은 지휘관이나 대규모 병력을 조직, 배치, 공급, 제공하는 경우가 아니라면 대부분의 지휘를 예하 지휘관들에게 맡기는 편이었다. 그러나 마셜은 일을 효과적으로 처리할 수 있는 방향으로 지휘했다. 마셜은 2개의 전선에서 동시에 전쟁을 하기 위한 전투력이 만들어지기까지는 상당한 시일

특공대, 특공대원, 특수부대로 번역되기도 하는데, 이들은 기동성이 빠르며 전략적·전술적 목적의 특수작전을 수행하거나 기습공격을 감행하는 상륙·낙하·등반 등의 기술 등에 능숙하다. 때로는 대테러리즘, 정찰, 수색, 파괴 공작 등의 특화된 높은 위험성을 가진 임무를 수행한다. 한국의 공수부대·특공여단, 영국의 코만도commando, 미국의 레인저ranger, 일본군의 특공대 등이 이에 해당된다.

현대적인 특수부대는 제2차 세계대전 영국에서 시작되었다. 제2차 세계대전 초기에 영국은 프랑스에서 패퇴하고 나치의 공군 폭격으로 엄청난 수세에 몰려 있었다. 당시 영국의 수상인 윈스턴 처칠은 정규군에 의한 유럽 본토 공격이 여의치 않자 경제전쟁성Ministry of Economic Warfare을 본격적으로 가동하면서 특수작전국과 코만도 부대를 양성하기 시작했다. 이후 수많은 비밀작전을 거듭하면서 처칠의 코만도 부대는 놀라운 전적을 내었고, 코만도의 공격에 분노한 히틀러는 코만도 부대원은 포로로 잡지 말고 사살할 것을 지시하기까지 했다.

현재 이스라엘을 비롯한 미국·영국·독일·프랑스 등 일부 선진 국가에서도 특수작전 수행을 위해 특공대를 편성·운용하고 있다.

이 걸린다는 것을 알고 있었다. 그래서 그는 코만도 부대를 이용하기로 결정했던 것이다. 마셜은 우선 전투 경험이 많은 코만도 부대원들을 대규모 부대에 조금씩 나눠 배치하기로 했다. 이렇게 배치된 코만도 부대원들은 배속된 부대의 장교와 병사들에게 자신들의 실전 경험을 가르치고 이러한 과정을 통해 전투 경험이 없던 부대의 전투력이 빠르게 향상되리라 예상한 것이다. 런던을 떠날 때 마셜의 머릿속에는 특수작전들이 자리하고 있었다.

워싱턴으로 돌아온 후, 마셜은 자신이 오랫동안 가지고 있던 유능한

루시안 킹 트러스콧(1895~1965) 제2차 세계대전 당시 마셜의 전폭적인 신임을 받았고, 디에프 습격, 토치 작전, 시칠리아 전투, 안치오 전투 등에 참가했다.

장교들의 목록이 적힌 '리틀 블랙북'을 찾아보았다. 마셜은 자신의 런던 방문에서 구상한 작전과 후속 조치들을 시행할 사람으로 텍사스에 있는 루시안 킹 트러스콧Lucian King Truscott Jr. 대령을 선택했다.

트러스콧은 오클라호마에서 성장했고, 1917년 ROTC로 임관했다. 제1차 세계대전 동안에는 멕시코 국경 기병대에서 복무한 이후, 육군 복무를 계속하기로 선택했다. 트러스콧은 많은 군사교육을 받았고, 그 도중에 미셜과 이이젠하워를 만났다. 또 루이지애나-텍사스 기동훈련에서 출중함을 보여주기도 했다. 트러스콧이 작전처에 도착하자, 아이젠하워는 그에게 마셜 장군이 영국 연합작전 사령부(COHQ)Britain's Combined Operations Headquarters 소속으로 임명한 미군 장교 그룹을 영국으로 보내기로 마운트배튼과 합의한 내용을 설명했다. 그들의 목적은 영국군 코만도의 '히트 앤 런 전술Hit-and-Run-Tactics'을 미군에 도입하려는 계획이었다. 트러스콧은 영국군의 지휘를 받게 되었다. 트러스콧은 영국의 문서를 검토했고, 같은 임무를 부여받은 다른 사람들과 그에 대해 의논했다. 그리고 그는 자신에게 임무를 부여한 마셜 장군을 만났다. 당시의 상황을 두고 훗날 트러스콧은 이렇게 기록했다.

"그의 침착함과 위엄은 대단히 인상적이었다. 그는 나의 손을 재빨르게 움켜잡으며 악수했고 자신의 옆 의자를 가리켰다. 그는 의자에 약간 기대어 나를 계속 응시했다."

표정 변화 없이 마셜은 천천히 말했다.

"귀관은 내가 이 일을 맡겨야겠다고 예상한 것보다 나이가 많다. 자네는 마흔일곱 살이고 마운트배튼은 마흔세 살이다. 그의 참모 대부분은 더 젊다. 그들 모두가 전투 경험이 있다. 심지어 지금도 독일에 대한 급습을 계획하고 지휘하는 데 관여하고 있다."

마셜의 말에 트러스콧은 할 말이 없었다. 어쨌든 그 당시에 그는 입이 너무 말라서 마셜에게 아무런 말도 할 수가 없었고, 이것은 오히려 다행스러운 일이었다고 훗날 기록했다.

마셜은 계속 말했다.

"귀관의 몇몇 친구는 내게 자네가 나이에 비해 젊게 산다고 장담했다. 특히 귀관의 경력이 이 임무에 적합하다고 추천했다."

트러스콧이 자신의 자질 부족에 대해서 해명하고자 했으나 마셜은 이를 무시했다. 오히려 마운트배튼과 함께 트러스콧이 참여하게 될 조직과 현재 하고 있는 활동, 그리고 계획된 공습을 준비하는 데 맡은 부분에 대해서 설명했다. 마셜은 미군들이 첫 전투를 치르는 것에 대해 상당히 우려하고 있었다. 마셜은 미 육군이 충분히 훈련하지 못할 것이라고는 생각하지는 않았다. 하지만 전장의 불확실성과 심리적 부담을 완벽하게 이겨낼 수 있는 병력을 만드는 것은 오직 실제로 전투를 겪는 것뿐이라는 사실을 잘 알고 있었다. 제1차 세계대전 당시 미군 병력들은 전투를 위한 충분한 심리적 준비를 하기도 전에, 비교적 평온한 구역에서 갑작스럽게 전투에 노출되어 많은 '피를 흘려야' 했다. 이 새로운 전쟁에서 제안된 작전의 본질은 제1차 세계대전 때와는 달리 어떠한 경우라도 미군 사단의 대규모 '출혈 사태'를 막는 데 있었다. 그래서 소수의 병력을 코만도에 포함시켜 전투 경험을 쌓도록 제안했던 것이다. 그렇게 풍부한 경험을 얻은 병력들을 후속 공격 부대에 재배치해, 후속 부대들도 어느 정도 전투 감각을 배울 수 있게 하고, 이들의 존재를 통해 후속 병력들의 가상 공포와 무경험에서 오는 정신적 공황을 대비할 계획이었다. 또한 코만도들 중 일부도 후속 부대에 배치해 실질적인 내용들을 전파시킬 계획도 있었다.

마셜은 트러스콧에게 이것이 그의 조직을 런던에 보내서 준비하게 하려는 중요한 이유임을 설명했다. 소부대 코만도 공격은 전투에서 미군들을 불필요하게 희생시키지 않고 좀 더 효율적으로 투입시킬 수 있는 가장 빠른 방법이자, 미 육군에 전투 경험을 서서히 주입할 수 있는 가장 효과적인 방법이었다. 소규모 코만도들이 있는 부대뿐만 아니라 미 육군의 훨씬 더 큰 부대들에도 같은 영향을 미쳤다. 이것은 훌륭한 통찰력이었고, 전투에 투입되기 전부터 전투 경험을 갖춘 군대를 만들 수 있는 대단히 혁신적인 접근이었다.

마셜은 1943년 본격적인 침공을 시작하기 전까지, 독일이 점령한 유럽 대륙에 점점 더 야심찬 습격들을 계획했다. 가능한 한 많은 미군에 이런 작전에 참가할 수 있는 기회를 주고자 했다. 마셜은 이러한 베테랑을 만들 책임이 있었다. 그리고 트러스콧의 임무는 이것을 준비하여 각 전투부대에 유용한 전투 경험을 전파하는 것이었다. 그는 마운트배튼의 참모진과 함께 일하면서 미군 부대를 훈련시키고 침공을 준비하는 데 가능한 한 모든 방면에서 지원했다.

훗날 트러스콧은 이렇게 기록했다.

"이 대화가 나에게 마셜이라는 인물에 대해 잊지 못할 인상을 남겼다. 마셜 장군은 내가 예상한 혼란을 모두 제거시켜 주었다. 그 밖에는 내가 하기 나름이었다."[4]

이 기록에서 트러스콧은 '마셜 효과Marshall Effect'라는 단어를 만들었다. 마셜은 야전에서 적의 정체가 무엇이든지 간에 가장 치명적인 적은 '혼란'이라고 생각했다. 따라서 첫 번째 목표는 혼란을 없애는 것이었다. 그의 계획 아래서 혼란은 항상 우선적으로 제거되었다. 그 후 마셜에게 계획이나 해결책을 내놓은 이들은 자신들의 생각이 경이로울 정도로 뚜렷해진 것을 느꼈다. 그리고 자신들이 무엇을 해야만 하는지 명확히 깨달았다.

:: 미국의 특공부대, 레인저

트러스콧과 그의 팀은 신속하게 파견 준비를 했다. 그들은 폭풍이 치는 겨울 날씨 속에 대서양 횡단 비행을 포함한 일주일의 고된 여정 끝에, 1942년 5월 14일 런던에 도착했다. 런던은 폭격으로 도시가 파괴되고 황폐해져 있었다. 마운트배튼 경은 그들에게 연합작전 사령부가 육·해·공군의 인원들로 조직되어 있으며, 계획·훈련·침공에 중요한 역할을 하고 있음을 설명해 주었다. 트러스콧은 연합작전 사령부가 자신이 알고 있는 다른 사령부 같지 않다는 것을 알게 되었다. 영국의 참모 조직과 절차는 미 육군과는 달리 한 명의 참모가 3개 군을 통합하여 참모 업무를 수행한다는 차이가 있었다. 또한 어떤 것들은 연합작전처장의 특성에 좌지우지되는 일도 있었다. 트러스콧과 그의 팀원들이 그리한 시스템에 익숙해지고 일에 자신감이 생기기까지는 몇 주가 지나야 했다. 하지만 그렇게 되기 전 영국에 발을 들여놓은 지 9일밖에 되지 않았을 때였다. 트러스콧은 아내 사라^{Sarah}에게 보내는 편지에 이런 불평을 썼다.

"모든 것은 위원회에 의해 이루어지고 있소." 5

트러스콧은 연합작전 사령부의 통제 아래 작전이 실시되며, 영국 선박에 의해 미군 병력이 수송되고 영국 왕립 해군 함정들의 지원을 받게 된다는 것을 알게 되었다. 따라서 그는 순수하게 미군들로만 구성된 부대를 만들어야 하겠다는 결정을 내리고 1942년 5월 26일, 영국 코만도 개념의 훈련을 기초로 하되 미 육군의 조직과 장비를 적용하는 방안으로 부대를 만들자는 제안서를 마셜에게 보냈다. 이틀 뒤 마셜은 승인서를 전신으로 보내왔다. 트러스콧은 미국 특공대에 미국만의 독특한 명칭을 사용해야 한다는 아이젠하워의 특별한 요구를 받아들였다. 보좌관들이 토론에서 제안한 여러 이름 가운데, 트러스콧은 프렌치 인디언 전쟁French and Indian War 동안 활약한 비정규 전투원 집단의 명칭 '로저스 레인저Rogers' Rangers'가 가장 마음에 들었다. 이 명칭은 단순한 역사 기록에서 1937년 출판된 케네스 로버츠Kenneth Roberts의 소설 『북서 항로Northwest Passage』를 통해 그 이름이 미국 대중에게 알려져 1940년에는 이 소설을 바탕으로 한 영화가 개봉되기도 했다. 미 육군의 '제1 레인저대대'는 이렇게 창설되었다. 북아일랜드Northern Ireland에 본부를 둔 제34사단의 지휘관이었던 러셀 하틀Russell Hartle 장군이 레인저 대대의 지휘관을 선발하게 되었다. 그는 몇 달 전 북아일랜드에 도착했을 때부터 점찍어 둔 보좌관들 중 한 명인 웨스트포인트 출신의 젊은 장교 윌리엄 올랜도 다비William Orlando Darby를 선택했다. 그는 아칸소Arkansas

프렌치 인디언 전쟁 French and Indian War(1754~1763)

프랑스와 영국이 전 세계에 걸쳐 7년 동안 벌인 전쟁 중에서, 북아메리카 대륙에서 오하이오 강 주변의 인디언 영토를 둘러싸고 일어난 영국과 프랑스의 식민지 영토를 결정하는 국지적인 문제로 시작되었다. 영국과 프랑스 모두 인디언들과 동맹을 맺었지만, 영국 측에서 볼 때 프랑스가 인디언과 동맹을 맺었기 때문에 프랑스-인디언 전쟁이라고 한다.

이 문제의 이면에는 어떤 민족 문화가 북아메리카의 심장부를 장악하게 될 것인가라는 큰 쟁점이 숨어 있었다. 영국이 전쟁에서 승리했지만 전쟁의 부채와 확장된 식민지 제국의 행정 및 정착 등 승리에서 생겨난 문제들로 인해 10년 후에 치른 미국 독립전쟁에서 패배하게 되었다.

포트스미스Fort Smith에서 태어나 자랐고, 1933년에 웨스트포인트를 졸업했다. 포병장교인 그는 푸에르토리코Puerto Rico에서 실시된 일주일간의 연합작전 훈련연습에서 수륙양용 공격을 지휘한 경험이 있었다. 그는 태평양 전투부대의 지휘관이 되기를 희망했지만, 북아일랜드에서 하틀의 보좌관으로서 행정 업무 담당 기지에 배치되어 있는 것에 불만이 많았다. 그래서 종종 자신의 실망감을 노골적으로 말하곤 했다. 그러던 차에 레인저 대대의 지휘관으로 임명되

윌리엄 올랜도 다비(1911~1945) 실제 그의 군 경력은 1933년부터 1945년으로 매우 짧았다. 하지만 그가 창설하고 훈련시킨 '다비의 레인저'는 제2차 세계대전 중에 활약했던 부대들 중에서도 가장 유명했다. 그의 이야기는 영화와 책의 소재가 되기도 했다. ·

어 대대의 창설과 훈련, 그리고 그들을 지휘하는 기회를 얻자 뛸 듯이 기뻐했다. 이후 '다비의 레인저Darby's Rangers'는 제2차 세계대전 중 가장 많이 회자된 부대 중 하나가 되었다.

:: 전투의 기본, 지피지기

마셜은 트러스콧을 영국에 보내면서 특공부대가 미 육군의 전투 숙련을 위한 인큐베이터 역할을 해야 함을 주지시켰다. 그다음 아이젠하워

와 함께 육군 항공단장 '햅' 아놀드와 마크 웨인 클라크, 미 지상군 사령부 지휘관인 레슬리 맥네어를 보냈다. 런던에 근거지를 둔 모든 선임 미군 장교들에게 철저히 전쟁성의 목표를 주입시킬 목적이었다. 마셜은 통합군사령부를 위해 야전 지휘관과 최고 상부 지휘관들이 서로를 이해하는 것부터 시작해야 한다고 일목요연하게 설명했다.

전쟁이란 본질적으로 적을 아는 것이다. 또한 마셜은 승리를 위해, 적을 파악하기 전에 모든 아군 지휘관들이 서로를 이해해야 한다고 생각했다. 마셜과 아이젠하워는 서로를 거의 완벽하게 잘 알고 있었다. 하지만, 유럽작전전구(ETO)European Theater of Operations의 초대 사령관인 제임스 채니James E. Chaney 장군의 임무 수행능력을 아이젠하워를 통해 확인한 결과, 마셜은 채니가 자신의 역할을 충분히 이해하지 못하고 있다는 판단을 하게 되었다. 그래서 가차 없이 '느린 보트를 타고 호위 없이' 집으로 돌려보내야만 한다고 결론 내렸다.[6] 정상에는 약한 고리를 위한 자리는 없었다.

1942년 6월 8일, 아이젠하워는 유럽작전전구의 상황에 대한 상세 보고서를 마셜에게 제출했다. 이 보고서에서 채니를 '미국 정부의 계획을 완벽하게 이해하고 있으며 육·공·해군의 부대들과, 공격 간에 그 부대들을 지원할 수 있는 요소들을 창출할 수 있는 실용적 업무능력을 가지고 있는' 인물로 교체할 것을 요구했다.

"이 보고서는 앞으로 전쟁을 하는 데 중요한 문서가 될 것입니다. 그렇기 때문에 자세히 읽고 핵심을 찾아야 하는 문서입니다."

이에 마셜이 대답했다.

"확실하게 읽어보겠다. 전에 자네가 말한 그 인물이 바로 자네일 수도 있다. 만약 자네가 임명된다면 언제 떠날 수 있는가?"[7]

　1942년 6월 11일, 아이젠하워가 유럽작전 전구의 미국 지휘관으로 임명되었음을 공식적으로 발표했다. 아이젠하워는 자신의 전쟁회고록에, 그가 관련된 것들을 '모조리 다' 챙겨서 런던에 도착했을 때 미국은 기동화와 육군·해군, 그리고 공군 훈련에서 겨우 걸음마를 떼고 있었다고 썼다. 단지 최초의 기갑사단인 제34사단과 미 육군 항공단의 일부 소규모 파견대가 북아일랜드에 도착했을 뿐이었다. 다 합쳐봐야 이들은 겨우 3만여 명밖에 안 되는 병력들로 대부분 훈련이 되어 있지 않았고, 그나마 훈련을 받았다 할지라도 부분적인 훈련만 받은 상태였다. 유럽 침공에 필요한 장비도 도착하지 않았을 뿐만 아니라 일부는 아직 존재하지도 않았다. 일부 상륙용 주정은 계획 단계에도 들어가지 않은 상태였다.

　유럽 침공에서 중요한 것은 가능한 한 빨리 서부전선을 개방해 동부전선에서 소련이 받는 압박을 해소시키는 것이었다. 그러나 1943년 예정되었던 침공은 이내 취소되고 1944년 초까지도 실행되지 않았다. 루스벨트 대통령은 소련의 압박을 해소하기 위해 독일과의 교전을 서둘러 개시하라고 요구했다. 이에 워싱턴과 영국의 군 수뇌부는 대통령의 요구를 이행할 수 있는 방안을 고심하기 시작했다. 처칠은 에르빈 롬멜Erwin Rommel 육군 원수의 자부심인 아프리카 군단을 잡기 위해서 서쪽의 영-미 부대와 이집트Egypt에 있는 영국 제8군으로 프랑스령 모로코French Morocco, 알제리Algérie, 그리고 튀니지Tunisie를 침공할 것을 제안했다. 적어도 1942년에는 미국 지상군 부대들이 적에 대항해 행동을 개시해야 한다고 주장하던 루스벨트는 마셜의 북아프리카 침공 계획을 7월에 승인했다. 그리고 8월 초에는 영국과 미국의 장교들이 토치 작전 Operation Torch을 계획하기 시작했다. 마셜은 마지못해 승인하면서 통합군 사령부에 대한 접근을 고집했고 아이젠하워가 미군 병력뿐만 아니라

에르빈 롬멜 Erwin Rommel(1891~1944)

제2차 세계대전에서 활약한 가장 유명한 독일 원수 중 한 명이다. 그는 제1차 세계대전 때, 프랑스 전선, 루마니아 전선, 이탈리아 전선 등 여러 전선에서 뛰어난 전공을 보였다. 제2차 세계대전 때 기갑사단 지휘관으로 임명되어 1940년 프랑스 전선에서 전격전으로 아르덴 숲을 돌파하는 등 혁혁한 전공을 남겼고, 1941년에 북아프리카 전역에서 독일 아프리카 군단을 이끌어 능수능란하게 지휘해 적과 아군 모두로부터 사막의 여우The Desert Fox, Wüstenfuchs라는 별명을 얻었다.

1942년 12월, 엘알라메인 전투에서 본국으로부터 물자와 보급 지원조차 받지 못해 패배한 뒤에는 북아프리카에서 그의 위용은 사라져갔다. 1943년 독일로 귀환한 그는 이탈리아 전선에서 지휘하다가 후에 프랑스 서부 전선으로 파견되어 영불해협의 방위를 맡았으나 1944년 6월 6일, 연합군의 막대한 물자와 병력을 바탕으로 전개한 노르망디 상륙작전을 저지하지 못했다. 1944년 히틀러 암살 음모 사건에 연루되었다는 의혹이 일자, 그 해 10월 14일 히틀러에게 자살 강요를 받아 음독자살했다.

영국군까지도 지휘하는 종합적인 지휘권을 갖는다고 명시했다.

1942년 9월 5일, 연합국은 영국으로부터 출항한 영−미 부대가 알제리의 해안 도시인 알제Alger와 오랑Oran을 목표로 하여 상륙하는 것에 대해 동의했다. 마셜은 동시에 미군을 미 본도에서 출발시켜 모로고의 카사블랑카Casablanca에 상륙시키겠다고 주장했다. 알제와 오랑은 지중해에 있었고, 지브롤터Gibraltar 해협의 동쪽이었다. 마셜은 반드시 해협의 서쪽에 상당한 병력이 상륙해야 한다고 믿었다. 만일 파시스트가 통치하는 스페인이 갑자기 독일과 이탈리아 편으로 전쟁에 참전하기로 결정한다면 일제리의 상륙 병력과 연락을 취할 수 있는 육상 라인이 필요했다. 따라서 카사블랑카의 확보는 필수적이었다. 카사블랑카에 상륙할 부대가 창설되었다. 마셜은 아이젠하워가 웨스턴 기동부대Western Task Force의 사령관으로 조지 패튼을 선발한 것에 대해 전적으로 승인했다. 미 육군은 최고이자 가장 까다로운 야전 지휘관이 될 패튼과 함께 제2차 세계대전에 참전하게 되었다.

별들의 전쟁,
아프리카 사막

**최악의 사태도 예상하며 적시적소에
인물을 배치하는 합리적 관리의 리더십 ★★★★★★★★**

마셜은 중대한 작전을 수행하는 전장의 현장을 지휘하기 위해 인사관리를 할 때 타탕한
원칙과 합리성·신중성을 전제로 선발했다. 즉, 마셜은 전장 지휘의 문제 해결에 따르는
정확한 상황 판단·사람관리·협상능력 등을 발휘할 수 있는 중간 관리자로서의 인성·수
행능력·추진력 등을 제고해 적시·적재·적소에 합당한 인재를 배치했다.

:: 미국 원정군, 아프리카 해안 상륙작전

1941년 12월 7일 일요일 이후 캐서린 마셜의 삶은 남편의 오랜 부재와 저녁식사를 방해받거나 취소해야 하는 일, 한밤중에 걸려오는 전화들, 그리고 남편의 건강을 위협하는 스트레스에 대한 걱정들로 가득했다. 포트마이어의 제1호 공관에서 거의 3년을 지낸 그들은 버지니아 리스버그에 있는 도도나 매너Dodona Manor라는 시골에 저택을 마련했다. 마셜은 전시 중 첫 런던 방문에서 돌아온 후에야 겨우 아내가 애써 준비한 집을 볼 수 있었다. 그 시골 저택은 워싱턴에서 약 56킬로미터 떨어진 블루리지 산맥의 작은 언덕 위에 조지 워싱턴의 조카가 1786년에 지은 집이었다. 마셜이 만족스러워했던 것 중 하나는 넓은 정원이었다. 마셜은 그 집을 이렇게 표현했다.

"이 집은 41년 동안의 방랑 이후 얻은 진정한 우리의 보금자리이다."

1942년 11월 8일 그리피스^{Griffith} 경기장에서 열릴 워싱턴 레드스킨스 Washington Redskins의 야간 미식축구 경기 VIP 좌석 초대권이 도도나 매너에 도착했다. 캐서린은 남편이 이 경기를 구경하면 잠시나마 일을 잊을 수 있을 거라 생각했다. 그러나 마셜이 "사무실을 떠나 있을 수가 없다"라며 사양해서 어쩔 수 없이 남편 대신 '햅' 헨리 아놀드 장군 부부와 함께 경기를 관람하러 갔다. 관중들은 육군 항공단장을 알아보고 열렬한 환호를 보냈다. 이때 갑자기 확성기를 통해 아나운서의 목소리가 장내에 울려 퍼졌다.

"경기를 중지하십시오. 중요한 사항입니다. 미합중국 대통령께서 미국 원정군이 아프리카 해안 상륙작전에 성공했다고 발표했습니다. 이제 여기는 우리의 제2전선입니다."[1]

3만 5,000명으로 구성된 패튼의 웨스턴 기동부대가 프랑스령 모로코의 카사블랑카와 중요한 포트리요디^{Port Lyautey}의 비행장을 확보하는 데 성공했다. 프랑스는 1940년 여름의 패배 이후, 독일 나치 협력자들의 국가 비시 프랑스^{Vichy France}는 북아프리카에 있는 프랑스 식민지까지 영향력을 확장했고, 독일과의 휴전 조건에 따라 연합군의 공격에 대항하는 독일군에 협조해야 할 의무가 있었다. 하지만 비시 식민지의 고위 공직자와 군사 지도자들의 극소수만이 열광적인 나치 협력자였다.

미 육군 소장 로이드 프레덴달^{Lloyd R. Fredendall}이 지휘하는 센트럴 기동부대^{Central Task Force}는 육군 1만 8,500명으로 구성되어 있었고, 임무는 알제리의 오랑을 점령하는 것이었다. 해안에 상륙한 부대 중에는 다비가 지휘하는 레인저 부대도 있었다. 레인저는 알제리 아르죄^{Arzew} 항구 상륙과 함께 선봉 부대의 임무를 수행했다. 그리고 해안의 거대한 포병

군사시설 두 개를 제압하여 테리 데 라 메사 앨런^{Terry de la Mesa Allen} 소장
이 지휘하는 부대의 해안 진격로를 확보했다. 한편, 기동부대의 부지휘
관 시어도어 테드 루스벨트 주니어 준장은 오랑에서 상륙을 지휘했다.

영국군 케네스 앤더슨^{Kenneth A. N. Anderson} 중장의 이스턴 기동부대^{Eastern}
^{Task Force}는 2만 명의 부대원으로 첫 공격을 실시했다. 부대원의 절반은
미군이었고 절반은 영국군이었다. 그들의 목표는 알제리의 수도였다.

북아프리카 상륙작전인 토치 작전은 마셜이 원하던 것이 아니었다.
마셜은 아이젠하워에게 영국해협을 건너 영국에서 프랑스로 제한된
상륙작전을 실시하는 슬레지해머 작전^{Operation Sledgehammer}을 계획하라고
지시했다. 처칠과 영국 최고사령부는 프랑스 해안 상륙은 시기상조라
며 반대했다. 반면에 루스벨트는 어떻게 해서든 미군을 성급하게 전투
에 투입해서는 안 된다고 주장하면서도 북아프리카에서 상륙작전을

로이드 프레덴달 Lloyd R. Fredendall(1983~1963)

프레덴달은 제2차 세계대전 때 그는 소장으
로 토치 작전에 참여해 센트럴 기동부대와
튀니지 전역 초기에 미 제2군단을 지휘한
것으로 잘 알려져 있다. 그러나 튀니지 전역
에서 그는 롬멜에게 패배함으로써 경질되었
다. 그럼에도 이후 프레덴달은 중장으로 진
급해 제2야전군 사령관을 지내고 미국에서
영웅 대접을 받았다. 그는 학업부진으로 웨
스트포인트에서 퇴교되어 장교시험을 통해
군에 입문한 재미있는 이력을 가지고 있다.

펼치겠다는 처칠의 제안을 지지했다. 마셜과 아이젠하워는 이 작전을
유럽 진역에 즉각직으로 영향을 줄 수 있는 공격과는 거리가 민 양동
작전이라고 판단했다. 그러나 마셜은 처칠과 미국 대통령의 공통된 의
견을 끝까지 반대할 수 없었다. 마셜은 당시 북아프리카에 집중하는
것은 슬레지해머 작전의 진행을 방해할 뿐만 아니라, 라운드업 작전
Operation Roundup으로 불렸던 1943년 실시할 영국해협을 통한 대규모 상륙
작전을 지연시킬 것이라고 경고했다. 초기 영국 전시내각은 직진 연기
를 거부했고, 마셜의 의견과는 동떨어진 북아프리카 공격작전을 시도
했다. 처칠과 그의 보좌관들은 북아프리카 작전이 연합국의 유럽 대륙
의 해방을 지연시킬 것이라는 마셜의 의견을 무시했다. 사면초가에 몰
린 소련의 스탈린과 서부전선을 뚫고 싶어 조바심을 내던 연합국이 특
히 더 심했다. 그러나 마셜은 자신의 뜻을 굽히지 않았다. 그는 만약 계
획안에 자신의 생각이 포함되지 않는다면 북아프리카 작전에 찬성하
지 않을 것이라고 영국에 경고했다. 북아프리카 공격의 옹호자였던 영
국의 육군 원수 앨런 부룩Alan Brooke 경의 권고에 따라 전시내각은 마셜
의 뜻을 반영해 계획안에 포함시켰다. 토치 작전은 이러한 마셜의 경
고와 함께 시작되었다.

마셜은 토치 작전을 최종 승인했다. 그리고 총 8부분으로 구성된 작전 명령은 1942년 10월 3일부터 20일 사이에 하달되었다. 작전 명령에는 상륙 선단을 위한 3단계 절차와 세부 일정이 포함되었고, 전략 계획의 전체적인 윤곽이 그려졌다. 상륙 지침과 은폐 공격을 위한 잠수함 차단에 관한 설명, 그리고 상륙 이후 상륙 선단의 배치가 상세히 설명되어 있었다. 기동부대는 마지막으로 11월 4일에 지브롤터에 도착했다. 상륙을 저지할 것으로 예상되는 부대는 비시 프랑스군으로 약 12만 명이었다. 그들 대부분은 프랑스 장교가 지휘하는 토착민 병사들이었고, 항공기 500대와 툴롱Toulon에 있는 꽤 규모가 큰 함대의 지원을 받을 것이 분명했다. 물론 이탈리아 함대도 위협적이었지만 이탈리아군

토치│작전 Operation Torch(1942. 11. 8)

횃불 작전이라고도 하는데, 영국이 이탈리아령 리비아를 점령하자, 미군도 유럽에 진출할 발판으로 북아프리카를 점령할 필요성이 생겼다. 영국은 튀니지를, 미군은 알제리와 모로코를 점령할 계획을 세우고, 당시 동부전선에서 밀리기 시작하자 북아프리카에서 독일의 영향력을 제거하기 위해 미영 연합군이 공격하기로 하고 미국이 알제리 해안에 상륙했다. 사진은 미군이 알제리 해안에 상륙하는 장면이다.

은 사기저하와 리더십의 부재, 연료의 부족으로 전반적으로 전투력이 약하다고 평가되었다. 이 작전에서 위협적인 것은 이탈리아와 북아프리카 기지에 있던 독일 공군이었다. 작전 계획 입안자들은 비시 프랑스군이 '프랑스의 명예'를 위한 형식적인 저항을 하기만 기대했다. 그러나 마셜은 프랑스가 연합국의 공격에 격렬하게 저항할 수도 있다는 최악의 경우까지 가정해서 작성되어야 한다고 주장했다. 마셜은 비시 프랑스군이 독일과 동맹관계이기 때문에, 강력한 저항을 할 수도 있다고 보았던 것이다.

마셜은 연합군의 북아프리카 작전에 협력하도록 모로코와 알제리에 있는 프랑스 당국을 설득하는 비밀 임무를 승인했다. 지시에 따라 미군 소장 마크 클라크Mark Clark 장군이 영국 잠수함 세라프Seraph 호를 타고 알제리로 잠입해 프랑스 당국과의 협상에 성공했다. 처칠은 매부리코에 키가 컸던 마크 클라크 장군을 '나의 미국 독수리'라고 불렀다. 아이젠하워는 비시 프랑스 정부를 달래는 데 노력을 다했다. 지브롤터에서 연합국의 공격에 협조하기로 동의했던 프랑스 장군 앙리 지로Henri Giraud를 만나는 한편, 주 모로코 미국대사 로버트 머피Robert Murphy에게 카사블랑카의 프랑스 공직자들이 연합국의 공격에 저항하지 않도록 조치를 취하라고 했다. 이어서 아이젠하워는 알퐁스 쥐앵Alphonse Juin 장군을 북아프리카의 프랑스 육군 사령관으로, 프랑수아 다를랑Francois Darlan 제독을 비시 식민지 행정부의 주요 인사로 선임했다.

:: 전쟁의 전환점을 찾다

미 육군의 제2차 세계대전 첫 침공작전을 위해, 패튼과 트러스콧의 병력은 다른 작전 부대보다 더 멀리 항해해야 했다. 10월 23일 시작된 여정은 대서양을 가로질러 모로코까지 거의 2주가 소요되었다. 1942년 10월 20일, 아이젠하워는 마셜에게 다음과 같은 글을 썼다.

"누군가 이러한 여정에 자원해 참여한다면, 그는 프랑스와 모로코, 그리고 기타 국가에 대한 기후·정치·사람들의 특성에 관계된 문제들로 완전히 정신이 나갈 것입니다. 어느 정도 지나면 그 사람은 다만 자신의 운과 자기 자신만을 믿어야 할 것입니다. 위기의 순간이 찾아왔을 때 약간의 행운이 그들을 축복할 것이라는 사실 말입니다."[2]

지브롤터에 지휘부를 구성한 아이젠하워는 상륙 전날, 마셜에게 보낼 서신에 대해 골똘히 생각했다.

"우리는 물론 벼랑 끝에 서 있습니다. 그리고 우리는 바닥이 안전한 깃털 침대이든 거친 돌멩이 더미이든 관계없이 상륙해야만 합니다."[3]

이번 침공이 아이젠하워에게는 전투부대를 지휘하는 첫 번째 도전이었다. 프랭클린 루스벨트에게 북아프리카 상륙작전의 목표는 군사적 측면만큼이나 정치적인 측면도 강했다. 전쟁의 주도권을 독일로부터 빼앗아오라는 미국인들의 바람에 부응해야 했고, 제2전선을 형성하라는 소련 수상 스탈린의 요구에 직면해 있었던 것이다. 마셜에게 토치 작전은 수년간의 기동전 교리 발전과 통합 지휘에 대한 자신의 지지를 확인할 수 있는 기회였다. 그는 통합 지휘에 대한 생각을 현실로 전환시키기 위해 자신의 노력을 집중했다. 그러한 노력의 일환으로

> 66 마셜에게 토치 작전은 수년간의 기동전 교리 발전과 통합 지휘에 대한 자신의 지지를 확인할 수 있는 기회였다. 99

1942년 11월 10일 뉴욕 애스터 호텔Astor Hotel에서 열린 정치학회 모임에서 연설을 하기도 했다.

"지난 이틀 동안 우리는 지휘의 통합에 관한 가장 인상적인 사례를 경험했습니다. 미국 원정군의 육군과 해군, 항공단은 영국 함대와 영국의 쾌속정과 육군의 지원을 받았습니다. 그리고 미군 사령관 아이젠하워 장군이 이 모두를 지휘했고, 같은 미군 장교인 부사령관 클라크 장군이 보좌했습니다. 그리고 육군과 해군, 항공단으로 구성된 영국과 미국 장교단의 연합참모본부가 그들을 도왔습니다. 아이젠하워 장군보다 더 선임자이자 아주 훌륭하고 오랜 경험을 가진 영국 육군과 해군 장교들도 가능한 한 최대한의 충성심으로 아이젠하워의 리더십에 자발적으로 복종했습니다." 4

북아프리카 전역이 개전부터 순조롭게 진행된 것은 아니었다. 그러나 최소한 연합군이 바다로 내몰리지 않았던 것은 분명했다. 그리고 루스벨트 대통령이 옳았다. 오래지 않아 토치 작전이 전쟁의 전환점이 되었던 것이다. 새로운 전쟁성 본부는 5각형의 빌딩으로 포토맥 강의 버지니아 쪽에 넓게 펼쳐져 있었다. 세계에서 가장 큰 사무실용 빌딩이었다. 그곳에서 마셜은 윈스턴 처칠에게 50인치 크기의 지구본 하나를 크리스마스 선물로 보냈다. 마셜은 동봉한 편지 속에서 '우리가 당신과 당신의 참모들을 처음 만났던 1년 전의 어두웠던 날들'에서 하늘

> **　 마설의 천재성이 부대 편성과 동원에 크게 기여했
> 다. 군수와 병력 훈련에 대한 핵심 내용은 그의 해박한 지식
> 과 경험에서 나왔다. "**

이 완전히 활짝 개었음과 '적은, 우리에게 희망을 가져다주고 승리를
확신하는 강력한 우리의 전우와 맞붙었음'에 대해 강조했다. 그리고
미국이 미드웨이^{Midway}와 산호해^{Coral Sea}, 비스마르크 해^{Bismarck Sea}에서
일본 함대와 싸워 눈부신 승리를 거둠으로써 일본의 태평양 진출을 저
지시켰다며 지구본의 의미를 써 보냈다.

　미 해병대는 솔로몬 제도^{Solomon Islands}의 과달카날^{Guadalcanal}에서 공세
를 취했다. 영국 공군과 미 제8공군에 의한 독일과 북서유럽에 대한 공
습은 계속해서 무게를 더해갔다. 소련에서 붉은 군대는 스탈린그라드
^{Stalingrad}의 포위망을 뚫고 독일 제6군을 포위했다. 이는 소련의 공세 활
로를 연 것이었다. 진주만 공습 이래로 미 육군의 군사력은 37개 사단
약 150만 명에서 73개 사단 약 530만 명으로 급성장했다. 급성장한 군
대의 5분의 1은 해외에 있었다. 이러한 군대 규모의 성장과 배치는 모
두 마설의 생각에 따라 이루어진 것이었다. 그의 천재성이 부대 편성
과 동원에 크게 기여했다. 군수와 병력 훈련에 대한 핵심 내용은 마설
의 해박한 지식과 경험에서 나왔다. 그는 동원할 때 병력이 입대해서
배치될 때까지 계속해서 군수와 훈련 지원이 가능케 했다. 이러한 형
태는 제1차 세계대전 때에는 찾아볼 수 없었던 것이다.

　1942년 12월 31일, 마설의 참모들이 그의 62번째 생일을 위해 깜짝

파티를 준비했다. 마셜에 대한 경의의 표시로 참석자 모두가 셰리 와인 잔을 들자, 전쟁성 장관 헨리 스팀슨은 자신이 아는 사람들 중 마셜이 가장 헌신적인 공직자라고 큰 소리로 칭찬했다. 연합군이 북아프리카 해안에 교두보를 확보하기 6주 전, 전쟁성 장관은 미국이 지금까지 직면했던 일들 중 가장 어렵고 복잡했던 원정 계획을 창조한 사람이 바로 마셜이라며 모든 공을 그에게 돌렸다. 마셜은 좀 더 기다리며 추이를 지켜봐야 한다고 대답했다. 북아프리카에서 독일을 몰아내려던 토지 작전의 목표가 싱공을 거뒀는지는 생일 파티를 연 당일에도 여전히 불확실했기 때문이다.

아이젠하워 장군은 독일이 연합군의 튀니지 진격을 돈좌시키자 크게 실망했다. 독일은 중요한 항구인 튀니스^{Tunis}를 연합군이 확보하기 전에 막아냈다. 12월 내내 영국군 장군 해롤드 알렉산더^{Harold R. I. G. Alexander}가 이끄는 연합군은 목표 달성을 위해 계속 공격을 시도했다. 하지만 반복되는 기상 악화로 실패했다. 아이젠하워는 12월 말 전선시찰 후 상당한 실망감을 내비쳤다. 하지만 결국 공격에 유리한 날씨가 될 때까지 튀니지 진격을 연기하기로 결정했다. 동시에 공격하기에 더 좋은 지형과 건조한 기후를 띤 남쪽으로 진격하는 것에 대한 가능성과 적절함에 관해 야전 지휘관들과 회의를 했다. 아이젠하워는 튀니스와 독일 병참선을 단절시키기 위해 미 제1기갑사단과 제1보병사단의 연대전투단을 제안했다. 그러나 이 작전은 튀니스를 손에 넣는 순간 실행될 수 있도록 잠시 미뤄두었다.

아이젠하워 참모들의 검토 결과 그 계획은 성공 가능성이 있었고 필요한 부대들은 알제리 테베사^{Tébessa}로 1월 22일까지 집결할 수 있다고 보았다. 영국 제1군은 튀니지에서의 모든 작전 지휘권을 받았다. 매우 넓은 전선을 점령하고 있던 프랑스군은 영국의 통제를 거부했다. 이제 아이젠하워에게 모든 연합군에 대한 작전통제권이 넘어왔다. 프랑스군은 미군의 통제를 거부하지 않았다. 아이젠하워의 의도는 부참모장 루시안 트러스콧 지휘 아래 콩스탕틴Constantine의 제1군 본부 인근에 소규모 지휘부를 세우는 것이었다.

마셜은 통합 지휘의 핵심 개념을 아이젠하워에게 완전히 이해시켰다. 그리고 초기부터 아이젠하워는 꾸준히 그 개념을 적용하기로 결정했다. 통합 지휘는 마셜의 생각이었지만, 이에 대한 충실한 수행은 아이젠하워의 몫이었다. 미군과 영국군 야전 지휘관들로부터 끊임없이 터져 나오는 불평 속에서 마셜과 아이젠하워는 통합 지휘가 성공적인 영미동맹의 근간임을 확신했다. 단일 최고사령관은 자국에 대한 충성에서 벗어나 작전을 지휘할 것을 맹세했다. 하지만 아이젠하워는 영국 야전 지휘관들에게 통합군사령부를 강요하는 것이 위험하다는 것을 잘 알고 있었다. 이는 상하급 영국군 장교들이 미군의 지휘권을 침해함으로써 지휘체계가 흔들릴 수 있기 때문이었다. 그러나 아이젠하워는 튀니스로 진출하는 데 실패하는 것을 지켜보느니, 차라리 그 위험을 감수하기로 결정했다.

아이젠하워의 당면 목표는 독일과 동맹국 이탈리아를 튀니지에서 몰아내고 튀니스 항구를 확보하는 것이었다. 부대는 북쪽으로 지중해와 남쪽으로 사하라Sahara 사막 사이의 산맥에 있는 방어진지를 점령했다. 독일이 서쪽으로 이동하자 튀니지를 향해 동으로 이동하던 부대는 북으로 메제즈-엘-바브Medjez-el-Bab에서부터 남으로 엘구에타르El Guettar

로 이어지는 만곡부 전선에 있던 적과 만났다. 이곳 만곡부 전선은 마레스 방어선Mareth Line이라 불렸다. 이탈리아 군대가 최전방 전선에서 작전을 펼치고 있었고, 한스-위르겐 폰 아르님Hans-Jürgen von Arnim 상급대장이 지휘하는 제5기갑군이 튀니스 인근에서 준비 태세를 갖추고 있었다. 그리고 이와 함께 에르빈 롬멜이 이끄는 아프리카 기갑군이 리비아Libya에서 돌격할 준비를 갖추고 대기하고 있었다.

로이드 프레덴달 소장 휘하의 미 제2군단 본부는 그랜드 도르살 산맥 서쪽의 스피디Speedy 계곡으로 불리는 테베시 지역에 있었다. 아이젠하워는 자신의 부대 대부분이 병참선 방어에 몰두하고 있는 가운데 튀니지에 집중하고자 오랑에 있었던 센터 기동부대의 제2군단을 파견하기로 결정했다. 이 기동부대의 핵심은 제1기갑사단이었다. 1943년 1월 1일, 프레덴달에게 제2군단의 지휘권을 부여했다. 이 부대는 콩스탕틴에 있던 프랑스 부대와 영국 낙하산 여단을 예하에 두고 있었다. 프레덴달은 적 병참선에 대한 공격작전을 실시하기 위해 부대를 테베사와 카세린Kasserine 지역으로 집결시켰다. 제2군단은 1월 중순경 병력 집결을 완료하고, 1월 23일에 공격을 개시하기 위한 준비를 했다. 성공 여부는 폰 아르님의 군대를 견제하고 있던 영국군과의 완벽한 협조에 달려 있었다.

제2군단이 남쪽에 도착하기 전인 1942년 12월 말, 아이젠하워는 롬멜이 전략적 상황을 정확하게 분석하고 있음을 알게 되었다. 롬멜은 자신의 군대가 영국 제8군에 밀려 완전히 철수한 상태였지만, 연합군이 지휘권의 통합 문제로 난항을 겪고 있어 독일군 입장에서는 오히려 유리하다는 낙관적인 생각을 하고 있었다. 따라서 영국 제8군을 최소한의 병력으로 고착시키고 나머지 병력을 공격작전에 투입시켜, 튀니지에 있는 연합군의 병참선을 차단시키자는 작전을 제안했다. 롬멜은 2개의 사단으로 제8군을 고착시키거나 독일군 추격을 지연시키는 것이 가능하다고 판단했다. 이에 따라 취약하다고 판단되는 남쪽 연합군의 병참선으로 대부분의 부대를 진격시킬 계획이었다. 아르님 장군의 임무는 자신의 기갑군과 연결하기 위해 게이브스Gabes 만의 해안을 따라 리비아에서 북쪽 방향으로 진격하는 롬멜 부대를 돕기 위해 회랑을 확보하는 것이었다. 이후 연합군이 튀니스와 비제르테Bizerte 항구를 탈취하지 못하게 서쪽으로 밀어낼 전선을 형성할 계획이었다.

1943년 1월 2일, 루시안 트러스콧은 궂은 날씨 속에 콩스탕틴에 도착했다. 그는 알제리보다 더 전선과 근접한 곳에 아이젠하워의 전방 지휘소를 설치할 장소를 찾았다. 이는 코드명 '새틴SATIN'이라고 불리는, 롬멜에 대항하기 위한 작전의 첫 임무였다. 트러스콧은 지휘소로서 적절한 장소로 콩스탕틴에 있던 빈 고아원을 선택했다. 고아원 옆쪽에는 아이젠하워가 숙소로 사용하기에 적당한 집 한 채가 있었다. 주 지휘소는 1월 14일에 개소되었다. 1월 둘째 주, 지휘소에서 전방 지휘소의 조직과 새틴 기획자에 대한 사항을 다루기 위해 여러 분야의 참모들 간에 회의가 열렸다.

전선에 자신의 지휘소를 설치하기 전, 아이젠하워는 1월 14일 카사블랑카의 호텔 앙파Anfa에서 열린, 루스벨트와 처칠 간의 중대한 카사블랑카 회담Casablanca Conference에서 자신이 곁길로 새었음을 깨달았다. 두 지도자는 마치 북아프리카의 정복이 목전에 와 있다는 자신감을 확인이라도 시키듯 전선 가까이에서 회동했다. 마셜은 영국 최고사령부

미국 대통령 루스벨트와 영국 수상 처칠 그리고 그들의 군사 보좌관 및
참모총장이 참여한 카사블랑카 회담.(1943. 1. 14~26)

의 구성원들과 함께 회담에 참석했다.

　회담에서 루스벨트와 처칠은 전쟁 목표들에 대해 전반적인 합의를
이루었다. 마셜과 아이젠하워는 영국 측 참석자들과 세계대전 승리를
위한 군사전략 분야 안건들에 관한 의견을 나누었다. 그들은 동부전선
에서 독일군을 몰아낼 목표로 군사력을 집중하고, 소련에 군사물자 지
원을 증가시킨다는 결정을 재확인했다. 영국의 의지와 루스벨트의 정
치적 결의에 굴복한 마셜은 프랑스 북부로 최종 상륙작전을 준비하기
위해 영국에 부대를 집중시키되, 우선적으로는 지중해에 집중하자는
데 동의했다.

　연합군은 추축국Axis Powers을 북아프리카에서 제거한 이후 시칠리아
Sicily로 침공해 들어가 차후에 이탈리아 본토로 공격해 들어가기 위해

지중해에 집중했던 것이다. 처칠은 지중해를 '유럽의 급소'라고 불렀 다. 이 작전으로 이탈리아가 전쟁에서 이탈했다. 마셜과 다른 이들은 추가적으로 독일 전역에 대해 전략 폭격을 강화하기로 합의했다. 지상 작전 위주로 계획을 수립하던 마셜과 다른 참모들은 전략 폭격의 효과 를 완전히 납득하지 못했기에 이 문제는 논쟁거리였다.

카사블랑카 회담 마지막 날, 루스벨트 대통령은 자신과 처칠이 전후 평화를 보장하기 위한 유일한 방법으로 '완전한 승리'를 향한 정책을 채택할 것이라고 발표했다. 완전한 승리라는 것은 추축국의 무조건적 인 항복을 뜻하는 것이었다. 회담에 참석하지 못한 스탈린도 이에 동 의했다. 제1차 세계대전 이후 나치당^{Nazi party}의 교묘한 선전활동으로 독 일 사회 대부분은 그들이 군사적으로 패하지 않았으며, 자유주의자와 평화주의자, 사회주의자, 공산주의자, 그리고 유대인들이 '뒤통수를 쳤던 것'이라는 입장을 지지했다. 이에 루스벨트는 제1차 세계대전 이

> **❝** 처칠은 몽고메리가 가는 곳마다 승리가 항상 따랐음을 상기시켰다. 그러나 미국의 언론은 '몽고메리'가 미군의 사기를 떨어뜨릴 뿐만 아니라 통합군사령부에도 피해를 끼칠 것이라고 보도했다. **❞**

후의 전철을 밟지 않겠다고 말했다. 루스벨트는 또한 미국과 영국 모두 추축국들과 단독강화separate peace를 맺지 않을 것임을 명확히 하길 원했다. 회담에 참석하지 못한 스탈린 역시 이 부분에 대해서도 동의했다.

처칠에 대해 대담하고 익살맞다고 묘사했던 「뉴욕 타임스New York Times」의 특파원 드류 미틀턴Drew Middleton은 다음과 같은 기사를 썼다.

> 저칠은 독일 육군 원수 에르빈 롬멜이 자칭 튀니스의 해방자라고 말하고 있지만 실제로는 리비아와 이집트에서 도주 중인 도망자일 뿐이라고 표현했다. 그리고 그는 특파원들에게 장군 버나드 몽고메리Bernard L. Montgomery 경이 롬멜 원수를 바짝 추격했으며 몽고메리가 가는 곳마다 승리가 항상 따랐는 점을 강조해서 말했다.[5]

마셜은 미국의 다른 고급 지휘관들처럼 언론의 주의를 끌려는 처칠의 태도에 관심을 가졌다. 언론은 '몽고메리'가 미군의 사기를 떨어뜨릴 뿐만 아니라 통합군사령부에도 피해를 끼칠 것이라고 보도했다. 마셜은 아이젠하워 중장이 3성 장군이었기에, 북아프리카 연합군 사령관

" 마셜은 항상 야전 지휘관들이 단독적으로 책임져야
한다고 믿는 영역에 대해서는 침범하지 않도록 조심했다. "

으로서 영국 4성 장군을 통제하는 데 어려움이 있다고 판단했다. 그래서 루스벨트에게 아이젠하워를 대장으로 진급시켜야 한다고 건의했지만 루스벨트는 이를 거부했다. 대통령은 아이젠하워가 작전을 잘 수행하고 있지만, "여전히 그는 독일을 튀니지에서 몰아내지 못했다"[6]라고 말했다. 그러나 마셜은 아이젠하워를 대동하고 알제리에 있는 사령부를 시찰하며 곧 4성 장군이 될 거라고 약속했다.

마셜은 항상 야전 지휘관들이 단독적으로 책임져야 한다고 믿는 영역에 대해서는 침범하지 않도록 조심했다. 그러나 자신이 북아프리카에서 본 상황을 중심으로 아이젠하워와 두 가지 걱정에 관해 의견을 나누었다. 하나는 미군 야전 지휘관들이 호전적이지 못하며 추진력 또한 부족하다는 점이었고, 다른 한 가지는 아이젠하워가 전장에서 너무 오랜 시간을 보낸다는 점이었다. 이는 야전 지휘관들이 해야 할 일을 아이젠하워가 하려고 한다는 뜻을 내포하고 있었다. 마셜은 자신의 두 가지 우려를 전달할 때 틀에 박히지 않은 방식으로 아이젠하워에게 조언을 했다. 그것은 아이젠하워가 '순회 부사령관Roving Deputy'을 임명해 예하 부대 본부로 보내서 믿을 만한 정보들을 수집하게 하는 것이었다. 이는 아주 세밀한 주의를 요하는 것이었다. 야전 지휘관들이 부사령관을 아이젠하워의 정보원이라는 걸 금세 알아차릴 것이며, 이러한 행위는 최고사령관이 자신들을 믿지 않고 있음을 암시하는 것이기 때문이었다. 그러나 전역이 광범위했고, 통합군사령부를 유지하기 위해 노력하는 과정에서 나타난 문제들은 너무 복잡했다. 따라서 마셜은 오직 높은 계급의 부사령관만이 그들이 확보한 정확한 상황을 아이젠하워에게 전달할 수 있다고 확신할 수밖에 없었다. 적재적소에 필요한 사람을 임명하는 데 이미 정평이 나있던 마셜은 아이젠하워에게 오마 브래들리 소장을 그 자리에 임명하라고 했다.

표면적으로는 이해하기 쉬운 결정이 아니었다. 당시 플로리다에 주둔 중이던 제28사단 지휘관 브래들리는 1915년 아이젠하워와 웨스트

오마 브래들리 | Omar N. Bradley (1893~1981)

제2차 세계대전 때 고도로 훈련된 제12집단군을 지휘해 독일에 대한 연합군의 승리를 확실히 하는 데 일조했다. 전후에는 미국 합동참모본부의 초대 의장을 지냈다. 제2차 세계대전 초에 조지아 주 포트 베닝 소재 보병학교 교장으로 재직하다가 제82사단과 제28사단을 지휘했다. 북아프리카 원정 제2군단장으로 임명된 후 튀니지의 비제르테를 점령, 시칠리아 침공작전에 참가했다. 1944년 노르망디의 해안공격과 본토에서의 초기 전투에 참가했다. 독일의 항복 후 그는 미국으로 돌아가 재향군인 원호국장과 육군 참모총장의 직책을 맡았다. 그는 장교들과 사병들로부터 호감을 얻었으며, 미군의 초대 합동참모본부 의장을 역임했다.

포인트 동급생이었다. 아이젠하워는 『유럽의 십자군Crusade in Europe』이라는 전후 자신의 자서전에 이렇게 썼다.

"브래들리는 특별한 천부적인 재능이 있어 그 일을 하는 데 적합했다. 오랜 친구였기 때문만이 아니라 성실하고 근면하며 다방면에 박식한 군인이으로서의 그의 능력과 명성 때문이었다."[7]

브래들리의 많은 지식은 바로 포트베닝에서 마셜에게 배운 것이었다. 당시 마셜은 진부한 군대의 관행을 뛰어넘었던 브래들리의 능력에 감명받았다. 또한 그가 허세를 부리지 않고, 자만하지 않는 팀플레이어가 될 것이라고 생각했다. 게다가 마셜은 다른 이들도 브래들리를 같은 관점으로 보고 있음을 알고 있었다. 야전 지휘관들은 브래들리가 아이젠하워의 정보원임을 눈치 챘을 것이다. 그러나 적어도 브래들리가 개인적인 욕심을 꾀하지 않는다는 걸 잘 알고 있었다.

:: 사막의 여우와의 대결, 튀니지

마셜이 오랜 시간 우회해 워싱턴으로 복귀하는 동안, 아이젠하워는 튀니지 전장에서 새로운 어려움에 직면해 있었다. 롬멜이 리비아의 서쪽인 튀니지로 철수하고 몽고메리의 영국 제8군이 이를 바짝 추격하는 가운데 로이드 프레덴달 휘하의 제2군단이 담당하던 미군의 우측방이 갑자기 위험에 빠졌다. 프레덴달의 계획은 제1기갑사단과 제1보병사단의 1개 연대전투단으로 페리아나-가프사Feriana-Gafsa 지역의 동쪽에서 타격하는 것이었다. 전투단은 튀니지 동쪽 해안가의 게이브스에 있

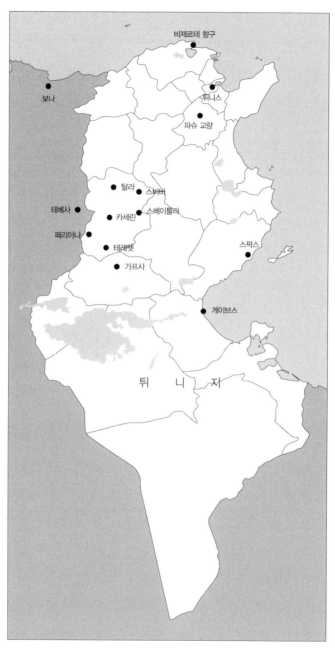

비제르테 항구

보나

튀니스

파슈 교랑

탈라
스비바
테베사
카세린
스베이틀라
페리아나
스팍스
테래펫
가프사

게이브스

튀　니　지

튀니지 전선　로이드 프레덴달의 튀니지 지역 공격작전은 1943년 1월 30일을 시작으로 열흘 안에 끝내는 것이 목표였으나, 공격이 개시되기 전 독일과 대치했던 프랑스군이 무너지면서 초기에 고전을 면치 못하고 철수를 시작했다. 그러나 영국의 기갑부대의 공격과 B-17 폭격기, 전차 등의 투입이 시작되면서 독일군은 추진력을 잃었다.

던 롬멜 병참선의 좁은 통로지점을 확보했다. 프레덴달은 롬멜의 반격 작전에 맞서 미군의 우측방 방어를 위해 지뢰지대를 설치했다. 그리고 북쪽으로 우회하여 스팍스Sfax 마을을 확보하려는 계획을 세웠다. 이러한 작전들은 테베사, 페리아나 등의 알제리와 튀니지에 있던 공군기지로부터 미군 전술항공의 지원을 받았다.

대략 열흘 안에 모든 작전을 성공적으로 완수하길 바라던 프레덴달은 1월 30일을 D-day로 택해 공격을 개시하고자 했다. 그러나 공격이 개시되기 전까지 독일과 대치해야 하는 주력 부대는 신뢰할 수 없는 프랑스군이었다. 1월 17일, 프랑스군 지휘관은 독일군이 영국군 책임 지역 바로 뒤편 자신들의 파슈 교량Pont du Fahs 진지를 공격하고 있다고 보고했다. 항상 현실주의자였던 트러스콧은 영국 중장 케네스 앤더슨과 긴급회의를 한 후, 프랑스군만으로는 이런 상황을 감당할 수 없다는 의견에 동의했다. 사실, 독일의 파슈 교량 기습공격은 예상치 못한 곳에서 뜻밖의 사태를 일으켰다. 이를 이용해 독일은 연합군에 밀리고 있던 전쟁에서 공격력을 회복하고 주도권을 잡으려 하고 있었다.

테베사에서 튀니지 평원에 있는 스팍스로 향하는 주요 도로들 중 하나가 파이드Faid 마을에 있는 가장 동쪽의 산맥을 통과하고 있었다. 이 도로는 스팍스에 있던 독일의 병참선으로 진출하려는 연합군에 필수적인 중요한 통로였다. 독일군의 수중에 있던 그 도로로 인해 페리아나와 테레펫Thelepte에 있는 전방 공군기지가 독일의 지상군 공격에 노출되었다. 그리고 독일군은 그 도로를 이용해 테베사와 북동쪽으로 진출할 수 있었다. 1월 28일 파이드 통로에 있던 프랑스군이 공격받자, 앤더슨 장군은 프레덴달에게 전세를 회복하라고 명령했다. 그러나 상호지원하기에는 거리가 멀었던 미군 2개 보병대대는 독일군에 차단되었다. 제1기갑사단의 소부대들을 포함한 미군 예비대의 역습에 독일 기갑부대가 재반격을 가했다. 이에 따라 미군은 튀니지 평원에 있던 공군기지와 보급창고들을 비우고 산맥의 서쪽 지맥 방향으로 철수했다. 스베이틀라Sbeitla의 마을에 진지를 구축한 보병부대와 기갑부대가 가까스로 독일군을 2월 16일까지 방어했다. 야간에 방어진지가 붕괴되기 시작하자, 부대원들은 마을을 버리고 스비바Sbiba와 카세린 협곡을 지나 철수했다. 이틀간 100대가 넘는 미군 전차가 파괴되었고, 2개 포병대대가 괴멸되었다. 그리고 2개 보병대대도 잃었다.

마셜의 추천을 받아 아이젠하워는 1943년 2월 11일에 마침내 네 번째 별을 달았다. 다음 날 마셜은 프레덴달로부터 부대가 카세린 협곡을 통해 철수했다는 보고를 받았다. 2월 21일에는 독일군이 양 협곡을 통해 밀고 들어왔고, 영국군 후방에 이르는 교차로를 금방이라도 확보할 태세였다. 연합군의 증원 부대가 돌진해 왔다. 제1기갑사단은 테베사로 향하는 독일 송유관 방향으로 되돌아왔다. 그러나 영국 기갑부대는 탈라Thala 방향에서 아주 강력한 공격에 부딪혔다. 전세가 기운 방어진지 보강을 위해 탈라 지역으로 미 제9보병사단의 야전포병 4개 대대가 도착했다. 모든 전선과 후방으로부터 적에게 압력을 가할 수 있는 온갖 포와 전차가 중요 지역을 향해 진격했다. B-17 폭격기를 포함한 북아프리카 내 연합군의 모든 항공 전투력이 궁지에 몰린 부대들을 지원하기 위해 집중되었다. 해질녘 어느 누구도 다음에 무슨 일이 일어날지 알지 못했다. 2월 22일 밤 독일군이 후퇴하기 시작했다.

그날 아이젠하워는 콩스탕틴에 있는 전방 지휘소에 도착했다. 오후

B-17 제2차 세계대전 중의 미국 육군 항공대의 주력 대형 B-17 폭격기로 미국 보잉사가 제작했다. 4발 대형 폭격기는 둔해서 야간 폭격밖에 사용할 수 없다는 당시의 상식을 뒤엎은 획기적인 고속 폭격기로, 애칭은 플라잉 포트리스(하늘을 나는 요새)Flying Fortress이다. 이 폭격기가 연안 방어용 요새의 연장으로서 하늘을 날아 적 함대를 요격한다는 점에서 이 애칭이 붙었다.

에 실시된 앤더슨과의 토론과 프레덴달과 전화통화로 독일의 의도가 무엇인지에 대해 논의했다. 아이젠하워는 독일이 추진력을 잃었다고 생각했고, 프레덴달은 즉시 반격작전을 실시하자고 했다. 프레덴달은 자신이 단 하루만 간신히 더 버틸 수 있다고 믿었다. 하지만 아이젠하워가 옳았다. 카세린 협곡의 전투는 끝이 났다. 독일을 상대로 한 첫 미군의 전투능력 평가에서 병사 2,546명, 전차 103대, 차량 280대, 야포 18문, 대전차화기 3문, 그리고 방공포대 전체를 잃었다. 2월 23일 아침, 미군의 전선은 여전히 유지되고 있었고 전투 결과는 좋아 보였다. 테베사에 그날 오후 아이젠하워와 프레덴달, 제1사단장 테리 앨런, 다른 장교들과 트러스콧이 회의를 위해 모였다. 전선의 상황은 매우 호전되었다. 그리고 회의장은 낙관적인 분위기였다.

> 프레덴달은 마셜이 직접 소장으로 추천했던 장군들 중 한 명이었다. 이것은 지휘관 선정에 있어 천재성을 보였던 마셜에게 몇 안 되는 실수 중 하나였다.

3월 4일, 아이젠하워와 참모들 간의 회의에서 트러스콧은 프레덴달 장군을 평가해 달라는 부탁을 받았다. 프레덴달 장군이 부하들의 자존심에 상처를 입혔다고 느낀다며, 그의 지휘 아래 제2군단은 더 이상 전투를 할 수 없다고 대답했다. 트러스콧은 또한 프레덴달이 영국군을 싫어하고 신뢰하지 못하기에 영국군의 지휘를 받는 이상 잘 지낼 수 없다고 주장했다. 그는 아이젠하워에게 프레덴달의 제2군단 지휘권을 박탈해야 한다고 조언했다.

프레덴달은 마셜이 직접 소장으로 추천했던 장군들 중 한 명이었다. 이것은 지휘관 선정에 있어 천재성을 보였던 마셜에게 몇 안 되는 실수 중 하나였다. 프레덴달은 영국군과의 협력을 내키지 않아 했고, 지휘관치고는 결단력이 없는 데다가 몸을 너무 사렸다. 프레덴달은 공병부대를 투입해 자신의 본부 밑에 지하 벙커를 구축하라는 명령을 내릴 정도로 겁이 많았다. 그리고 통합군사령부 형태에 대한 입장을 분명히 하지 않았다. 나중에 마셜은 자신의 공식 전기 작가에게, 이상하게도 신뢰할 수 없었던 제2군단장에 관한 말들 중에서 자신을 가장 '격노케 한 것'은 "입이 매우 걸다"라는 폭로였다고 말했다. 하지만 자신은 "프레덴달을 잘 알지 못했다"라고 털어놓으며 다음과 같은 말로 마무리 지었다.

> **66** 사기가 꺾인 집단을 누군가가 되돌릴 수 있다면 패튼이 바로 적임자라고 마셜도 동의했다. **99**

"연합작전을 위한 사람이 아니었다."[8]

비록 카세린에서 패배했지만 마셜은 여전히 아이젠하워를 옹호했다. 그는 아이젠하워에게 이번 작전의 성공은 북아프리카에서 보여줄 육군의 최종적인 성과에 달려 있다고 말했다. 아이젠하워의 부사령관이던 미 해군사령관 해리 부처Harry Butcher가 워싱턴으로 마셜을 방문했다. 참모총장은 부처에게 "아이젠하워의 성공과 실패는 튀니지 전투의 결과에 달려 있다"라고 경고했다. 다음으로 마셜은 자신이 전쟁에서 승리하기 위해 의지했던 통합군사령부의 전체적인 개념도 아이젠하워의 성패에 달려 있다고 분명히 말했다.

"만약 롬멜과 독일군이 바다로 내몰린다면, 정치적이든 아니든 현재의 모든 흠은 승리의 함성 속에 묻힐 것이다."[9]

이러한 경고는 아이젠하워로 하여금 조지 패튼에게 제2군단장의 직책을 넘기게 하는 촉매제가 되었다. 사기가 꺾인 집단을 누군가가 되돌릴 수 있다면 패튼이 바로 적임자라는 것에 마셜도 동의했다.

오마 브래들리는 패튼의 부사령관이 되었다. 1943년 5월 5일 마셜에게 보낸 편지에서 아이젠하워는 패튼이 지휘한 '잘된 일과 큰 개선'에 대하여 보고했다. 패튼은 곧 있을 시칠리아 침공작전에서 미 제7군이 될 부대의 지휘관으로 영전하게 되었다. 이에 브래들리는 제2군단의 지휘권을 넘겨받게 되었다. 마셜에게 보낸 같은 편지에서, 아이젠하워는 브래들리가 '솜씨 있게 전 부대를 양성했음'과 제2군단이 '곧 뛰어난 전술적 조직이 될 것임'을 장담했다.[10]

편지가 작성된 지 이틀 뒤 제2군단은 항구도시 비제르테를 함락했고, 영국군은 튀니스를 점령했다. 북아프리카의 모든 독일과 이탈리아 군대들이 5월 13일 항복했다. 이들 중에는 독일이 자랑스럽게 여기던 롬멜의 아프리카 군단도 있었다. 마셜은 이렇게 주장했다.

"연합군 전투력의 단일화가 가장 확실한 방식이었음을 전 세계에 증명해 보였다. 이는 유럽 대륙에서 통제권을 잃은 적을 완승할 힘의 집중도가 높아졌음을 나타내는 증거다."[11]

CHAPTER 10

전략적 협상,
시칠리아 군사작전

상대를 위해 때로는 한발 물러서서
협상할 줄 아는 배려와 소통의 리더십 ★★★★★★★★★★

마셜은 자신이 몸담고 있는 군 환경이나 연합국 장교들의 문화적 배경과 연합국 국가 간의 정치관계가 형성되는 맥락을 잘 살폈다. 따라서 어떤 상대에게는 바람직한 리더십이 또 다른 상대에게는 압박이나 손실을 초래할 수 있다는 점을 인식하고, 때로는 다른 환경과 문화에 있는 상대를 배려하고 양보할 줄 아는 협상으로 유대감을 형성해 훗날 특별한 목표를 성취할 수 있는 토대를 만들었다.

:: 루스벨트, 처칠 그리고 마셜

1942년 5월 5일 한 보고서가 도착했다.

"내가 이 보고서를 작성하고 있는 중에도 우리는 지독한 공중 폭격과 포병의 폭격을 받고 있다. 이 상황에서 우리에게 더 오랫동안 버티기를 기대하는 건 이치에 맞지 않다. 그동안 우리는 최선을 다했다. 그리고 비록 지금도 엄청나게 두들겨 맞고 있지만 우리는 전혀 부끄럽지 않다."

이 보고서는 맥아더의 후임 필리핀 미 육군 사령관 조나단 웨인라이트Jonathan M. Wainwright 장군이 마닐라 만의 작은 섬 코레히도르에서 작성한 것이었다. 진주만 공습 5개월 후, 웨인라이트는 끝내 버티지 못하고 항복하고 말았다. 하지만 소규모 필리핀 병력이 필사적으로 일본군에 저항한 효과가 있었다. 이 효과에 대해 마셜은 "상당한 수의 일본군을 붙잡아 둔 덕택에 남서태평양의 작전 준비를 위한 오스트레일리아 병력과 물자를 선적할 시간을 벌었다"라고 언급했다. 미 해군이 산호해와 미드웨이 섬에서 승리함으로써 일본의 공격력이 어느 정도인지 '확실히 확인'되었다. 그 결과, 미군 병력이 하와이에서 오스트레일리아에 이르는 섬들에 여러 기지를 유지할 수 있게 되었고 태평양 사령관들은 일본을 다시 되돌려 보낼 작전을 자유롭게 준비할 수 있었다.[1]

아이젠하워가 토치 작전을 계획하고 있던 1942년 8월 7일, 제1해병사단이 솔로몬 제도의 과달카날에 상륙했다. 태평양 전쟁에서 최초의 미 지상군 공격이 시작된 것이다. 일본군은 1942년 3월 솔로몬 제도로 진입했다. 이어서 오스트레일리아와 뉴질랜드를 정복하고, 남태평양의 지배권을 갖기 위한 계획의 전초기지로 과달카날을 점령했다. 일본군은 그 섬에 비행장과 견고한 기지를 건설하고자 했다. 그러한 일본의 전진을 중지시키기 위해 미 합동참모본부는 8월 1일부터 해병을 전개했다. 7일에는 제5연대 1대대와 3대대가 재빠르고 완벽하게 기습 상륙하여 저항 없이 교두보를 확보했다.

해병대의 목표는 솔로몬 제도에서 거의 완성된 툴라기Tulagi의 비행장과 정박지를 탈취하는 것이었다. 미군 활주로가 정기적으로 일본군의 폭격과 포격을 받았지만 미군 비행기는 꾸준히 비행할 수 있었다. 하지만 일본군의 끈질긴 저항으로 인해, 미군들은 과달카날에서 엄청나게 큰 희생을 치러야 한다는 사실을 알게 되었다. 울창한 정글에서 힘든 전투를 하는 4개월 내내 작전에 투입된 미군들은 군사작전의 결과에 대한 의심을 갖게 되었다.

제25사단은 3개의 호송단으로 구성되어, 11월 25일에 하와이를 출발해 오스트레일리아와 맥아더의 사령부로 향했다. 11월 30일, 미 합동참모본부로부터 오스트레일리아에서 북쪽으로 약 1,280킬로미터 정도 떨어진 뉴칼레도니아^{New Caledonia}의 누메아^{Noumea}로 가서, 과달카날의 제1해병사단을 지원할 준비를 하라는 수정된 명령을 받았다. 샌디^{Sandy}, 알렉산더 패치 주니어^{Alexander M. Patch Jr.} 소장에 의해 1942년 전쟁 후에 창설된 미 육군 아메리칼 사단은, 가을에 로턴 콜린스 소장의 제25사단으로

조셉 로턴 콜린스(1896~1987) 퍼싱의 전임 부관 제임스 로턴 콜린스James Lawton Collins(1882~1963)와는 형제 사이이고, 미첼 콜린스Michael Collins는 그의 조카이다. 제25사단장, 제7군단장을 지냈으며, 한국전쟁 때 참모총장이었다.

부터 2개 연대를 증원받았다. 콜린스는 마셜의 '리틀 블랙 북'에 적힌 유망한 장교 중 한 명으로 마셜 아래에서 포트베닝 보병학교 교관으로 근무했다. 그 뒤 콜린스는 마닐라의 제23여단의 선임참모직을 수행했다. 1933년과 1934년에는 필리핀 사단 참모장의 정보보좌관을 맡았다. 1940년 6월에 중령으로 진급했고, 1941년 1월 임시 대령 계급으로 제7군단 참모장이 되었다. 그러다가 일본의 진주만 공습으로 델로스 에먼스^{Delos C. Emmons} 장군의 참모장으로 임명되어 하와이 방어의 재조직을 지원했다. 그 후 1942년 5월, 제25보병사단의 사단장으로 임명되었다. 콜린스는 일본의 재침공 가능성을 항상 염두에 두었고 침공에 대항하기 위해서 자신의 사단이 하와이에 계속 주둔할 것이라고 예상했다.

> 66 전쟁 역사상 이렇게 전 세계적인 충돌을 마셜처럼 세심히 조직하는 임무를 맡은 장군은 없었다. 99

그러나 예상과는 다르게 남태평양 전역 사령관인 '황소Bull' 윌리엄 할지William F. Halsey 제독으로부터 과달카날의 '모든 일본군을 제거'하라는 명령을 받았다. 콜린스는 '모든 정면 공격을 피하고' 대신에 측면 공격을 실시해 산등성이를 개방하기로 결정했다. 그다음 계속 전지해 나가 계곡에서 일본군을 함정에 빠뜨려 '포병 및 박격포 화력으로 항복하거나 괴멸될 때까지 공격하는' 계획을 결정했다.[2]

콜린스가 이끄는 '열대 번개Tropical Lightning' 제25사단이 과달카날 정글에서 전투하는 동안, 펜타곤 사무실의 조지 마셜은 500만이 넘는 병력과 1,000명이 넘는 장군으로 구성된 미국 역사상 가장 큰 규모의 육군 지휘관이었다. 병참선도 약 9만 5,000킬로미터에 신장되어 있었다. 전쟁 역사상 이렇게 전 세계적인 충돌을 세심히 조직하는 임무를 맡은 장군은 없었다. 그는 워싱턴 D.C.에서 북아프리카 전투에서 승리한 지휘관들이 다음 목표를 어디로 정할 것인가를 두고 논쟁을 벌일 때에도 과달카날 전투를 생각하고 있었다. 이것이 이 전쟁의 특징이었다. 태평양 정글에서 격렬한 근접 전투가 벌어지는 것과 동시에 정확히 지구의 반대편 사막에서는 수 킬로미터가 넘는 광범위한 전투가 진행되고 있었다. 마셜의 임무는 멀리 떨어진 양 전구를 동시에 관리하는 것이었고, 다른 전장 환경에 따른 병력과 병참에 대한 양쪽의 요구는 근본적으로 차이가 있었다.

윈스턴 처칠은 퀸 메리Queen Mary호를 타고 대서양을 횡단해 워싱턴에 도착했다. 그 배는 원래는 초호화 대서양 쾌속선이었는데 당시엔 전투 병력 수송선으로 사용되고 있었다. 처칠은 자신이 개최를 요구한 회의에 참석했다. 이 회의의 암호명이 바로 '트라이던트Trident'였다. 그는 허스키 작전Operation Husky을 통해 시칠리아를 정복하고, 그곳을 발판으로 삼아 이탈리아 본토를 침공하고자 했다. 그렇게 함으로써 발칸을 통제권 안에 둘 뿐만 아니라, 동지중해에 추가적인 공세를 가할 수 있

허스키| 작전 Operation Husky(1943)

1943년 7월 9~10일에 공격을 시작해 8월 17일 끝난 미국군과 영국군이 시실리로 상륙한 작전명이다. 38일간의 작전을 통하여 시칠리아 섬을 장악하는 데 성공하지만, 독일군은 지형적 장애물을 이용하여 지연전을 펼쳐 주력 부대를 안전하게 철수시키는 데 성공하고 반대편 이탈리아 반도에 해안포 수백 대를 설치해 연합군의 상륙을 방해했다.

다고 믿었다. 그러한 일련의 성과를 얻기 위해 처칠은 미국인들의 최종 승인을 얻고자 했다.

마셜은 아프리카와 시칠리아에서의 군사작전에 대해 마지못해 동의했다. 하지만 두 전역은 근본적으로 필요사항들이 서로 달랐다. 이로 인해 마셜의 머릿속은 복잡했다. 마셜은 처칠의 계획에 따라 이탈리아 본토와 유럽에서 '방비가 취약한' 다른 곳에 병력을 투입하는 것은 병력의 낭비라고 주장했다. 또한 성공적으로 해협 횡단작전을 실행하기 위해 필요한 영국 내 병력 집결도 지연시킨다고 주장했다. 원래 마셜의 의도는 1942년에 서유럽 침공을 개시하는 것이었다. 그러나 1943년 북아프리카 전역으로 병력이 투입된 상황에서, 처칠의 계획은 마셜이 유럽 전구에서 가장 중요하다고 믿는 작전을 1944년 후반으로 연기하게 만드는 것이었다. 게다가 자원의 고갈로 태평양의 최종 공세도 연기되어 태평양 전쟁도 장기화되고 있는 상황이었다. 팽팽한 긴장이 흐르는 상황에서 회의는 결렬 직전까지 갔다. 전쟁성 장관 헨리 스팀슨은 이렇게 언급했다.

"마셜이 처칠과 영국에 굴복하거나 공개적인 충돌을 위해서가 아니라, 최선의 결과를 내는 회담으로 이끌어가기 위해서 자신의 모든 기지와 재치를 발휘했다."[3]

만약 통합군사령부가 전장에서 역할을 수행하는 것이 까다로웠다면 고위층에서는 훨씬 더 그랬다는 것이 증명되고 있었다. 그러나 여전히 마셜은 이 개념을 포기하지 않았고, 그의 확신은 이미 북아프리카 군사작전의 성공을 통해서 충분히 증명되었다.

피곤하고 불만스럽던 회의는 결국 양쪽이 반반씩 양보하는 것으로 타협되었다. 영국은 허스키 작전과 이탈리아 본토 침공에 대한 작전권을 확보했다. 미국은 1944년 5월 1일 영국해협을 건너서 프랑스를 침공하는 작전(지금은 오버로드 작전Operation Overlord라고 명명된)에 대한 영국의 지원 약속을 받아냈다. 그러나 처칠도 마셜처럼 통합군사령부의 문제점을 잘 알고 있었다. 그는 갑자기 아이젠하워가 그 작전을 행수행하는 데 난처한 위치로 몰리는 것을 원하지 않는다며 마셜에게 맥아더, 할지와 상의하기 위해 태평양으로 출장 가려던 계획을 취소하고 자신과 함께 알제로 가자고 제안했다. 마셜은 처칠의 제안이 전혀 반갑지 않았다. 또한 군내 최고 지휘관들이 태평양 전구에 소홀해질 우려가 있었다. 하지만 통합군사령부의 촉진과 유지를 위해 자신의 감정을 억누르고 처칠의 제안에 동의했다. 스팀슨은 자신의 일기에 마셜의 행동에 대한 우려를 기록했다.

"세계에서 가장 강한 국가를 생각했을 때, 당시 마셜은 그것이 미국이라고 확신하고 있었다. 그는 처칠의 제안을 이행하는 것이 아무런 의미 없다는 것을 잘 알고 있었다. 하지만 그는 오히려 어려우며 위험하기만 한 대서양 횡단을 단행하여 알제까지 보내달라고 상부에 요청했다. 내 생각에는 그가 너무 멀리까지 간 것 같다."[4]

오버로드 작전 Operation Overlord (1944)

프랑스의 노르망디 반도로 미국과 영국을 주축으로 한 연합군이 1944년 6월 6일 벌인 노르망디 상륙작전Normandy Invasion으로, 작전명이 오버로드 작전이다. 북아프리카와 시실리, 이탈리아 본토에서 경험을 쌓은 미군과 오랫동안 대륙 진공을 준비해 온 영국이 본격적으로 벌인 유럽 진공의 시작이었으며, 소련 입장에서는 그들이 요구한 이른바 '제2전선'의 시작이었다.

:: 처칠과 몽고메리 그리고 아이젠하워와 마셜

5월 26일, 처칠과 마셜은 워싱턴 D.C.에서 출발했다. 지브롤터에서 하룻밤 기착한 후, 마지막 여정을 위해 처칠의 새로운 비행기인 개조된 랭커스터 폭격기Lancaster Bomber에 올랐다. 비행기는 전투기의 호위를 받으면서 5월 28일 알제에 도착했다. 훗날 밝혀졌듯이 마셜이 이러한 일에 시간을 낭비한 것은 걱정할 필요가 없었다. 여정 중에 마셜에 대한 처칠의 견해는 '엄격한 군인이자 훌륭한 조직자, 그리고 군대의 건설자'라는 입장에서 '모든 면에서 예리한 통찰력과 지도력을 갖춘 정치가'로 바뀌었다.[5] 마셜은 처칠이 전쟁의 모든 부분에서 미국을 영국과 동등하게 보도록 설득하고 있었다.

그들은 알제에 도착했고 특별한 일 없이 시간을 보냈다. 훗날 아이젠하워는 알제에서 처칠은 시칠리아 섬의 점령과 함께, '자신이 예상한 장밋빛 미래에 대한 기회'들이 올 것이라고 화려한 언변으로 설명했다고 기술했다. 처칠은 1944년의 오버로드 작전 준비를 방해할 의도는 전혀 없다고 말했다. 그러나 '남부 이탈리아의 빠른 점령'을 위해서는 '시칠리아 섬의 함락이 필수적이고, 이에 따르는 기회'를 연합군이 신속하게 이용해야 한다고 아이젠하워와 마셜을 설득시키고자 했다.[6] 그러나 마셜과 아이젠하워는 대단히 신중했다. 그들은 처칠이 유럽 침공으로 인한 성공적인 결과에 대해서 의문을 품고 있다고 생각했다. 그리고 그가 오버로드 작전을 연기하기 위해 시칠리아 공격과 이탈리아 본토 침공을 주장하고 있다고 생각했다.

6월 3일, 몽고메리 장군은 시칠리아 섬을 탈취하기 위한 자신의 계획을 발표하기 위해서 회의에 참석했다. 몽고메리는 이기적이고 까다로웠고 매너와 재치가 부족했으며, 타인의 감정에 대한 배려가 없는 사람이었다. 금욕적인 비흡연자로서 자신의 본부에서도 흡연을 금지시켰던 그는 지휘계통상 자신의 상급자였던 아이젠하워에게 담배를 끄라고 명령한 적도 있었다.

모든 사람에게 관대하게 대하는 게 전문가에게 필수적이라고 생각했던 마셜은 몽고메리를 싫어하게 되었다. 몽고메리는 패튼의 훌륭한 제안과 허스키 작전을 위한 미 육군 고위 장교들의 모든 아이디어를, 보병을 잘 사용하지 못하는 '미숙한 생각'이라고 일축하며 거부해 버렸다. 몽고메리는 패튼의 미 제7군을 측면에서 지원하는 역할로 내쫓고, 독자적으로 자신의 영국 제8군을 허스키 작전에서 주도적인 역할

버나드 로 몽고메리 | Bernard Law Montgomery (1887~1976)

영국의 군인으로, 1914년에 제1차 세계대전에 종군, 전쟁이 끝난 후에는 아일랜드, 팔레스타인에서 근무했다. 제2차 세계대전 때 3사단장을 맡아 프랑스와 연합해 독일군을 저지하려 했으나 실패하고 1940년 6월 됭케르크 철수Withdrawal of Dunkerque 후에는 5사단장을 거쳐 1942년에 북아프리카 전선 제8군 사령관을 맡아 에르빈 롬멜 휘하 북아프리카 군단을 엘알라메인 전투에서 격파시킴으로써 전쟁의 승기를 마련했다. 1943년 시칠리아 상륙작전, 1944년 6월에는 노르망디 상륙작전 영국군 총사령관으로서 활약해 원수로 진급했다. 종전 후 1951년~1957년까지 나토NATO 군 최고 사령관 대리로 있었다.

> 음악 천재는 악보에서 소리만큼이나 침묵을 중요시
한다는 말이 있다. 그것처럼 군사 천재 마셜은 자기표현만
큼이나 자기절제도 중요시해야 한다는 것을 보여주었다. "

을 하는 작전 계획을 제시했다. 패튼은 몽고메리의 계획이 채택되었다
는 것을 알았을 때, 자신의 일기장에 이렇게 불만을 적었다.

"미국은 사기를 당했다. 이것은 최고사령관 아이젠하워가 미국인이
기를 포기하고 연합국의 일원이 되었을 때에나 가능한 것이다."[7]

마셜도 똑같이 실망했다. 그러나 허스키 작전의 상당 부분이 영국의
주장에 의해서 추진되었으므로, 마셜은 마지못해 미국의 계획도 그것
에 맞춰 변경했다. 게다가 연합군 최고사령관 아이젠하워도 몽고메리
에게 기회를 주고자 했다. 마셜은 공개적으로 아이젠하워에게 이의를
제기해 통합군사령부 체계를 위태롭게 만들고 싶지 않았다. 음악 천재
는 악보에서 소리만큼이나 침묵을 중요하게 여긴다는 말이 있다. 그것
처럼 군사 천재 마셜이 거대한 다국적 연합군을 관리하는 최고위계층
내에서 자기표현만큼이나 자기절제도 중요시해야 한다는 것을 보여주
었다.

마셜은 미 육군을 대신해서 자신이 양보했으며, 허스키 작전에서 미
군의 역할이 통합군사령부 체계를 유지하는 데 기여한다고 생각했다.
그는 미 육군 항공단 소속 C-54 수송기를 타고 워싱턴으로 돌아왔다.
펜타곤에 도착하자, 켄터키에 위치한 포트녹스Fort Knox 기갑센터의 장
교 훈련학교Officer Training School 교장으로부터 의붓아들 앨런 브라운의 졸

> 나는 단지 일개 보병에 불과하다. 나는 포병, 방공, 전차와 같이 위엄 있는 집단에 속하지 않는다. 그러나 보병이야말로 격렬한 전투에서 언제나 볼을 터치다운 할 수 있는 집단이라고 얘기해 줄 수는 있다.

업식에 참석해 달라는 초대를 받아 기분이 언짢았다. 마셜은 참석하지 않을 것이며, 앨런이 참모총장의 의붓아들이라는 것이 알려지지 않았어도 학교생활을 충분히 잘 했으리라고 생각된다고 편지로 답장했다. 그리고 별도로 앨런에게 아프리카의 기갑사단으로 즉시 임명을 희망한다면, "내가 그 임명을 승인할 수 있다"라는 편지를 썼다. 몇 주 후, 앨런을 위해 리즈버그 집에서 송별회가 열렸다. 전쟁 중에 마지막으로 마셜의 전 가족이 한자리에 모인 시간이었다.

앨런이 아프리카로 떠나기 전날 밤, 마셜 집안의 남자들은 전차·방공·포병 같은 육군의 병과들 중에서 무엇이 가장 중요한지에 대해 논쟁했다. 그 자리에서 마셜은 겸손한 척하면서 말했다.

"물론 나는 단지 일개 보병에 불과하다. 나는 포병, 방공, 전차와 같이 위엄 있는 집단에 속하지 않는다. 그러나 보병이야말로 격렬한 전투에서 언제나 볼을 터치다운 할 수 있는 집단이라고 얘기해 줄 수는 있다."[8]

:: 아직 끝나지 않았지만 승리는 확실하다

1943년 7월 10일, 소위 앨런 브라운이 북아프리카의 제1기갑사단의 장교로 있을 때, 그의 의붓아버지는 펜타곤의 사무실에서 알제의 세인트 조지St. George 호텔에 있는 아이젠하워의 지휘부에서 발송된 허스키 작전 개시 보고서가 오기를 기다리고 있었다. 전 세계적인 전쟁을 책임 져야 하는 참모총장에게 시칠리아 침공은 그저 한 부분에 지나지 않는 다는 것을 상기시키듯 그의 사무실엔 전 대륙의 육지·바다·공중에 미군이 투입된 영역을 표시한 지도들과 보고서들이 쌓여 있었다.

1943년 7월 1일까지 1,000대가 넘는 미 제8공군의 중폭격기가 영국을 기지로 두고 독일을 상대로 비행임무를 수행했다. 이는 히틀러가 폭격기를 소모해 가며 전투기 생산을 증가시키고 독일 본토를 방어하기 위해 러시아와 지중해 전선에서 경험 있는 단발 엔진 전투기 조종 사들을 철수하게 만들었다. 일본 해군에 큰 피해를 입혀 필리핀에 장기 주둔하도록 만든 것은 일본의 남서태평양 작전 계획을 엉망으로 만들었고 결과적으로 미군이 공세를 취할 수 있었다. 미국은 비행기 3,000대, 전차 2,400대, 지프 차량 1만 6,000대, 트럭 8만 대, 모터사이클 7,000대, 야전용 전화기 13만 대와 폭발물 7만 5,000톤을 러시아로 수송했다. 1만 명이 넘는 육군의 공병은 약 2,500킬로미터 거리의 알래스카 군사용 고속도로를 건설했다. 그리고 알래스카의 알류샨 열도Aleutian Islands에서 일본군을 몰아내는 데 미군 병사 512명이 희생되었고, 일본군 2,550여 명이 전사했다. 미 본토와 아메리카 대륙을 지키기 위해 미군은 캐러비안Caribbean과 남아메리카의 9개국에 배치되었다. 루스벨트 대통령이 서명한 법에 따라 여성 육군 보조부대(WAAC)^{Women's} Army Auxiliary Corps가 1942년 5월 14일 창설되었다. 이후 6만 5,000명 이상의 여성들이 미국과 국경에 있는 240여 개의 기지에서 복무했다. 해안에 있는 훈련 캠프에서는 수십만의 신병들이 기초 군사훈련과 기동성이 뛰어난 기계화 부대에서 요구하는 과학적인 기술훈련을 받았다. 이로써 마셜이 지지하던 고도의 기동화된 전투력은 북극권 부근의 지역에서부터 회귀선에까지 이르는 넓은 범위의 기후 및 지형 환경에서 본격적으로 운영되기 시작했다.

장엄한 에트나^{Etna} 화산으로 대표되는 역삼각형 모양을 한 시칠리아 섬을 정복하기 위해, 몽고메리는 자신의 제8군에 고대 도시 시라쿠사 ^{Syracuse} 부근의 남동 해안에 상륙하라고 명령했다. 패튼의 제7군과 브래들리의 제2군단은 젤라^{Gela} 남쪽과 서쪽의 해안으로 각각 진입해서 몽고메리의 측방을 보호하기 위해 북쪽으로 진격해 갔다. 몽고메리의 목표는 이탈리아 본토와 해협을 사이에 두고 겨우 5킬로미터 정도밖에 떨어져 있지 않은 대형 항구 메시나^{Messina}였다. 메시나의 신속한 함락은 시칠리아의 독일군과 이탈리아의 추축군을 압박하고, 이어서 그들의 이탈리아 본토 퇴각을 막을 수 있다고 판단한 것이다. 아이젠하워는 메시나 함락이 2주 안에 가능할 것이라고 예측했다. 그러나 아이젠하워와 워싱턴에 있는 마셜은 예상보다 강한 독일군의 저항과 패튼과 몽고메리 사이의 경쟁으로 인해, 이 시칠리아 전투가 미군 역사상 두고두고 회자될 피비린내 나는 사건이 되리라는 것을 깨닫게 되었다.

패튼 장군이 지휘하는 제7군의 임무는 몽고메리 휘하의 영국 제8군과 함께 시칠리아의 남동부 지역을 공격하여, 차후 작전을 위한 거점으로 그 지역을 확보하는 것이었다. 또한 미군은 젤라와 리카타^{Licata} 기지 부근의 비행장을 점령하여 영국의 작전을 지원하기로 했다. 제7군은 야음을 틈타 D-day에 삼피에리^{Sampieri}, 젤라, 리카타에서 동시에 작전을 실시했다. D+2일에는 리카타의 비행장과 기지를 함락하고 안전을 확보했다. 그리고 교두보를 확장하여 영국 제8군과 연결했고, 독일군의 반격을 막기 위해서 북서쪽의 고원지대로 이동했다.

브래들리 장군의 제2군단은 이 공격을 '센트−다임^{CENT-DIME}'이라고

시칠리아 섬 공격 작전인 센트 다임^{CENT-DIME}

불렀다. 공격은 D+1일까지 퐁트올리브^{Ponte Olivo}에 있는 비행장을, D+2일 까지는 코미소^{Comiso} 근처의 비행장을, 밤까지는 비스카리^{Biscari} 근처의 세 번째 비행장을 점령 확보한 뒤 좌측방에 있는 트러스콧의 제3보병사단에 연락을 취하도록 되어 있었다. 제3사단의 작전은 D-day의 밤까지 리카타의 항구와 비행장을 점령하고 교두보를 확장하여 제2군단과 접촉하는 것이었다. 장거리 항해를 하는 대형 수송선이 정박할 만한 큰 항구가 없었기 때문에 침공군은 최소 30여 일 동안 작은 항구들과 점령한 해안을 통해서 보급품을 공급받고 유지하도록 정해져 있었다.

나쁜 날씨 때문에 상륙이 조금 지연된 것을 제외하고 공격은 거의 정확히 계획했던 대로 흘러갔다. 대대들은 적들에게 발각되기 전에 상륙했고 신속하게 해변을 장악했다. 한 시간이 조금 지나서 10개 보병대대가 상륙했다. 또한 지원 전차들과 레인저들도 상륙했다. 7시간 내에 첫째 날의 목표를 확보했고 정찰대를 전선에서 먼 거리까지 파견했다. 비행장과 도심, 그리고 항구가 미군들의 수중에 들어왔다. 확보된 해변과 항구는 정비되었고 추가 병력과 물자가 해안으로 들어올 수 있게 되었다. 격렬하고 빠른 공격에 저항군은 제대로 대응 한 번 못하고 금방 잠잠해졌다. 1,000여 명이 넘는 포로들이 잡혔다. 미군 측 사상자는 100여 명이 조금 넘을 뿐이었다. 7월 10일 밤이 되자 약 80킬로미터 전선의 모든 부대 사의의 연락체계가 확립되었다. 모든 부대가 후퇴하는 적군과 접촉하고 이를 유지하기 위해 정찰대를 파견했다.

패튼은 7월 14일 정오경, 제3사단 지휘소를 방문했다. 그는 시칠리아 섬 동쪽에서 몽고메리의 제8군이 아우구스타^{Augusta}를 차지했으며, 생각보다 약한 적군의 저항에 맞서 진격하고 있다는 보고를 받았다. 7월 18

일 마설에게 보고된 패튼의 보고서에는 "우리가 예상했던 것보다 일이 훨씬 더 잘 풀리고 있다"라고 적혀 있었다. 작전이 성공적으로 진행되자 마설은 만족스러웠다. 그리고 자신이 선택한 지휘관들이 자랑스러웠다. 그래서 전쟁성의 홍보 담당 장교에게 그들을 높이 추켜세울 것을 재촉했다. 그러면서 마설은 제1차 세계대전 때 이미 영웅이 된 제45사단장 소장 트로이 미들턴Troy Middleton과 1942년에 영국으로 건너간 최초의 미군 장교 중 한 명이자 영국과 캐나다의 코만도들과 함께 1942년 여름 디페Dieppe의 프랑스 항구 공습에도 참전한 제3사단의 루시안 트러스콧 장군을 거론했다.9

그러나 마설 장군의 홍보 담당들은 패튼을 따로 칭송할 필요도 없었다. 패튼은 대중의 인기를 스스로 얻어냈다. 패튼은 에나멜 투구를 쓰고 기병부츠를 신은 채 상아 손잡이 권총을 들고 다녔다. 그 모습은 종군기자인 어니 파일Ernie Pyle이 'G.I. 제너럴G.I. General' 이라고 별명 붙인 제2군단의 브래들리와 제3사단의 똑같이 늠름한 루시안 트러스콧과는 극명한 대조를 보였다.

패튼은 미 제7군이 시칠리아 북쪽 해안에 상륙하여 팔레르모Palermo를 점령하는 자신의 계획이 거절당한 것에 여전히 화가 나 있었다. 그래서 그는 몽고메리 군이 독일의 저항에 부딪혀 꼼짝 못 하게 된 것이 은근 고소했다. 이 저항이 몽고메리의 원래 시간 계획을 어그러뜨렸기에 제7군은 아무것도 할 일이 없었다. 패튼은 자신의 주관대로 부대를 북쪽으로 이동시켜 팔레르모를 차지하기로 결정하고, 트러스콧에게 제3사단이 엠페도클Empedocle 항구를 차지할 필요가 있다고 말했다. 이에 트러스콧은 큰 문제를 일으키지 않고 목표를 확보할 수 있다고 자신 있게 말했다. 패튼이 할 일은 명령만 내리면 되는 것이었다. 그러나 패튼이 엠페도클을 공격하지 말 것을 재차 반복했다. 하지만 트러스콧은 패튼의 의도를 눈치 채고, 자신의 책임 아래 아그리젠토Agrigento까지 정찰대를 보내는 것에 대해서는 상급 지휘부에서도 확실히 반대가 없을 것이라고 말했다. 트러스콧은 훗날 이러한 대화에 대해서 다음과 같이 기록했다.

"패튼은 아주 희열에 찬 모습을 하고 상부도 반대하지 않을 것이라는 데 동의했다."10

패튼이 떠나자 트러스콧은 행동에 착수했다. 트러스콧의 계획에 따라, 정찰대는 '불확실한 상황을 제거'하기 위해서 아그리젠토로 이동했다. 7월 14일, 레인저 대대가 야간에 아그리젠토를 둘러싸고 항구를 포위하기로 정해졌다. 만약 모든 일이 잘만 된다면, 트러스콧은 다음 날 정오까지 패튼에게 아그리센토가 수중에 들어왔다고 보고할 수 있을 터였다. 이른 오후 마침내 공격자들이 항구를 고립시켰다. 일부 시가전 이후에 이탈리아군은 방어를 포기했다. 트러스콧은 임기응변적이고 공식적으로는 불법인 기동작전으로 대규모 적군 사상자를 냈다는 것에 상당한 충격을 받았다. 미군은 이탈리아군 포로 6,000여 명, 그리고 수백 대의 전차와 포, 수송수단을 포획했다.

이후 이 대담한 기동작전에 대해, 패튼은 만약 그 작전이 실패했다면 자신은 지휘관 자리에서 물러나야 했을 것이라고 말했다. 7월 18일, 영국 장군 해롤드 알렉산더가 엠페도클레 항구의 점령을 알게 되었다. 그리고 패튼에게 제3사단을 중심으로 한 임시군단을 편성해 팔레르모를 탈환할 수 있게 서쪽으로 이동하라는 야전명령 1호를 하달했다. 트러스콧은 항구의 점령이 패튼의 지침이었음을 설명했다. 그는 패튼이 시칠리아나 다른 어느 곳에서건 몽고메리의 조연을 맡는 것을 극도로 싫어한다는 점을 잘 알고 있었다. 팔레르모를 소탕하는 장관을 앞에 두고 있는 상황이었다. 트러스콧은 미군 기갑부대에 있어 최초의 커다란 수확은, 기갑전에 관한 최고 권위자인 패튼 그 자체라고 말했다. 마셜의 입장에서는 그 성공에 대해 불평하는 것을 자제해야 한다는 것을 충분히 알고 있었다. 하지만 전쟁이 계속 될수록 아이젠하워는 패튼을 고삐 풀린 망아지, 또는 가끔씩은 '문제아'라고 부르면서 마셜에게 불평을 털어놓는 경우가 많아졌다. 마셜은 얘기를 들어주긴 했지만, 한 번도 패튼과 관련해 아이젠하워에게 어떻게 하라는 지시를 내린 적은 없었다. 마셜의 지시는 언제나 똑같았다. 만약 패튼이 계속해서 자신의 가치를 입증해 보인다면, 언제라도 자신이 영국이나 미국 대중의 비난을 대신 받아들일 준비가 되어 있다고 말했다. 그러나 한편으로는 만약 아이젠하워가 패튼이 그의 가치보다 더 문제를 일으키고 있다고 느낀다면, 그를 해임하는 것은 아이젠하워에게 달려 있다고 말했다.

팔레르모를 향한 진격이 시작되었다. 3일간의 시가전 이후에 도시는 함락되었고, 5만 3,000명의 이탈리아 군인을 포로로 잡았다. 이러한 근사한 승리와 함께 연합군은 시칠리아의 절반을 수중에 넣었다. 그러나 패튼은 시칠리아의 가장 큰 도시를 점령하는 것만으로 만족하지 않았다. 그는 자신이 독일군을 쳐부수고 싶은 만큼 몽고메리에게 모욕을 주기를 원했다. 그리고 이제 몽고메리보다 먼저 메시나에 입성하는 것에 몰두했다.

메시나로의 진격을 계획하던 중인 8월 3일, 패튼은 니코시아[Nicosia] 근

> ❝ 너는 전선으로 돌아가 그곳에서 총을 맞건 말건 간에 전선에서 싸워야 한다. 네가 그렇게 하지 않겠다면 나는 너를 벽에 세워두고 총살시킬 것이다. ❞

처의 제15후송병원을 방문했다. 부상자들 중에서 제1사단 제26보병연대 L중대의 찰스 쿨 Charles H. Kuhl 이병을 만났다. 쿨 이병은 겉으로는 부상당한 것처럼 보이지 않았다. 그래서 패튼은 그에게 무엇이 문제냐고 물었다. 쿨은 "저는 더 이상 버틸 수가 없습니다"라고 대답했다. 그러자 패튼은 욕을 하며 장갑 낀 손으로 쿨의 따귀를 후려치고 멱살을 잡고 병원 밖으로 걷어차 버렸다. 이를 목격한 사람들을 제외하곤 사건은 크게 부각되지 않았다. 그러나 8월 10일, 패튼은 제93후송병원을 순찰하던 중, 제2군단 17포병내내 C포내의 폴 베넷 Paul G. Bennett 이병을 만났다. 쿨 이병과 같이 그도 부상당한 곳이 없어 보였다. 패튼은 문제가 무엇이냐고 물어보았고, 베넷은 자신의 '용기'라고 대답했다. 다시 한 번 패튼은 폭발했다. 그는 베넷의 헬멧이 머리에서 벗겨질 만큼 세게 내려쳤다. 그리고 베넷에게 고함쳤다.

"너는 전선으로 돌아가 그곳에서 총을 맞건 말건 간에 전선에서 싸워야 한다. 네가 그렇게 하지 않겠다면 나는 너를 벽에 세워두고 총살시킬 것이다."

패튼은 자신의 권총에 손을 뻗어서 베넷을 그 자리에서 쏘겠다고 위협했다.[11]

마치 나치 폭군을 연상시키는 두 사건은, 얼마 후 민주주의와 정의 수호에 헌신하겠다는 육군의 최고 수장인 마셜과 대중의 관계에 중대한 위기를 몰고 왔다. 그러나 더 큰 문제는 제29기갑척탄병사단이었다. 그들은 제3사단이 메시나 정복을 위해 지나가야 하는 길목을 가로막고 있었다. 몇 번의 공격에도 성공하지 못하자, 트러스콧의 제13연대 2대대는 포대와 전차소대를 증강했다. 그리곤 몇몇 독일군들의 후퇴를 차단하고 8월 8일 산타가타Sant' Agata에 상륙할 수 있었다. 그러나 상당수의 독일군들은 이미 그 전날 밤에 후퇴를 마친 상태였다.

8월 16일, 제7보병연대는 최후 독일군의 저항을 제압하고 저녁때쯤 메시나를 내려다보고 있었다. 이탈리아로 후퇴하는 독일군들을 향해 100여 발의 포를 발사한 후 레인저들이 도시로 진입했다. 고지 위에서 트러스콧은 민간 공무원에 의한 메시나의 항복을 받아들였다. 최고위 이탈리아 군사장교가 자신의 브레타 권총을 트러스콧에게 항복의 표시로 건넸지만 트러스콧은 도시로 돌아가 패튼 장군이 공식적인 항복을 받을 때까지 기다리라고 말했다. 트러스콧은 패튼 장군이 도착할 때까지 메시나 입성을 대기하라는 키스Keyes의 지시를 받았다. 트러스콧은 수송수단으로 모터사이클과 정찰차를 준비했다. 패튼이 다음 날 아주 요란한 소리와 함께 등장했다.

"자네들은 지금 거기서 뭐하는 건가!" 하고 고함쳤다.

트러스콧은 "장군! 우리는 당신을 기다리고 있었습니다"라고 답했다.

패튼은 트러스콧 덕분에 몽고메리보다 먼저 메시나에 입성할 수 있었다.[12]

패튼의 제7군이 몽고메리보다 먼저 메시나에 입성하는 동안, 마셜은 자신의 판단을 보류하고 침묵을 지키고 있었다. 마셜은 캐나다의

패튼이 시칠리아의 브롤로Brolo 근처에서 제
30연대 2대대장 중령 릴리 버나드Lt. Col. Lyle
Bernard와 대화를 나누고 있는 장면.(뒤로 메시
나 이정표가 보인다. 1943)

퀘벡에서 열린 루스벨트 대통령과 윈스턴 처칠 사이의 회의에 참석했
다. 그는 이탈리아 작전에 대해서 이야기하고, 오버로드 작전에 대한
의문을 제거하고자 노력했다. 유럽 침공군의 최고사령관은 지도자들
사이에서 정점에 달한 조지 마셜이 되어야 하며, 아이젠하워가 워싱턴
에서 뒤를 이어 육군 참모총장이 되어야 한다는 것에 대해 동의가 이
루어졌다.

마셜은 자신의 두 번째 「2년 보고서Biennial Report」를 작성하기 위해 펜
타곤으로 돌아오면서, 이 전쟁에서 가장 큰 새로운 임무에 대한 기대에
부풀었다. 1941년 7월 1일부터 1943년 6월 30일까지의 기간을 다룬 이
보고서는 대략 3만 단어에 달했고, 다음과 같은 문장을 담고 있었다.

"전쟁의 끝은 아직 명확히 보이지 않지만, 승리는 확실하다." 13

CHAPTER 11

강인한 노력,
노르망디 상륙작전

국가와 조직에 강력한 영향을 끼치는 전략을
기획·실행하는 **추진형 리더십** ★★★★★★★★★★★★★

마셜은 주변에서 지지해 주지 않는 일이나 가능성이 없어 보이는 일일지라도 국가에 거
대한 영향과 성공을 낙관하고 확신하면서 전략을 기획하고 추진해 나가는 힘이 있었다.
반대자들에게 더 강력하게 신념을 확인시키고 완벽한 전략을 수립하는 그의 능력은, 선
택의 매순간 차선의 것이 아닌 최선의 것을 선택할 수 있는 용기와 강력한 성공의지에서
비롯되었다.

∷ 마셜 참모총장의 유임

아이젠하워는 1943년 8월 24일 그의 오랜 친구이자 전우인 패튼에 관한 실적 평가서를 마셜에게 제출했다. 이 평가서는 시칠리아에서 패튼의 제7군이 실시한 작전에 대한 극찬으로 시작했다. 아이젠하워는 '놀랄 만한 행군 능력과 끈질긴 공세, 그리고 적에 의해 절대로 멈추지 않음'으로써 '그들이 신속한 점령작전의 모델로서 분류될 것'이라고 예상했다. 그러나 아이젠하워는 이렇게 덧붙였다.

"조지 패튼이 우리가 알고 있는 그의 좋지 않은 성격을 계속해서 드러냈고 있습니다. 이번 전역에서의 작전 중 저는 그 때문에 몇 번씩이나 매우 불편한 일을 겪어야 했습니다."

마셜은 아이젠하워가 언급한 사건에 대해 이미 알고 있었다. 아이젠하워는 두 건의 불미스러운 사건을 통제하기 위해 시칠리아에 있던 종군기자들에게 협조를 부탁했었다. 그러나 기자들 사이에서 완전히 없는 일로 만들 수는 없었다. 아이젠하워는 개인적으로 패튼을 매섭게 질책했다. 패튼은 자신이 질책한 두 병사와 제7군 전 장병들에게 사과를 표했다. 아이젠하워는 마셜에게 이렇게 말했다.

"개인적으로 저는 패튼이 자신의 문제점을 고칠 것으로 믿습니다. 총장님과 저에 대한 높은 충성심 때문만이 아니라, 그는 스스로 훌륭한 군 지휘관으로 인정받기를 열렬히 원하고 있기 때문입니다. 그는 분명히 자신을 위태롭게 할 수도 있는 다혈질을 억누를 것입니다. 이러한 성격에 관련된 문제를 제외하면, 패튼은 스스로 파멸하지 않는 한 우리에게 필요한 군사적 자질이 많은 군인입니다."[1]

그러나 패튼, 아이젠하워, 마셜 그 누구도 이 문제에서 벗어날 수 없었다. 기자들의 자발적인 보도 금지에도 불구하고 패튼에 관련된 굵직한 사건 내용은 시칠리아에까지 퍼져 나갔다. 결국 아이젠하워가 '가십 루트Gossip Route'라고 불렀던 곳을 따라 '빛의 속도로' 대서양을 건너갔다. 추문을 들추고 다니던 워싱턴의 칼럼니스트 겸 라디오 논평자 드류 피어슨이 이러한 이야기들을 듣게 되었다. 그는 11월에 이 내용을 방송을 통해 전국에 알렸다. 대중은 이 사실을 듣자마자 분노했다. 여론의 압박으로 인해 아이젠하워는 마셜에게 패튼을 해임해야 하는지 물었다. 마셜은 높은 자제력과 군대예절을 갖추고 있었다. 패튼은 자신의 성격과 품행에 관해 마셜로부터 고통스러울 만큼 혹독한 지적을 받았다. 또한 자신이 이상적으로 생각하던 존 퍼싱과 같은 용감한 군인상에 대해서도 의구심을 가지게 되었다. 그러나 마셜은 과정보다는 결과에 중점을 둔 전문가였다. 마셜은 언제나처럼 패튼이 작전에서

> 마설은 결과에 중점을 둔 전문가였다. 언제나처럼 패튼이 작전에서 성과가 있다면 계속 기용하겠지만, 잘못된 행동을 계속 한다면 해임할 것이다.

성과가 있다면 계속 기용할 것이지만, 잘못된 행동을 계속 한다면 해임할 것이라고 아이젠하워에게 답했다. 마설은 훌륭한 관리자로서 성과에 중점을 두었고 개인적인 일과는 구별했다.

한편, 패튼은 시칠리아 전역에서 승리를 거두었다. 새로 제5군이 창설됨에 따라 제7군은 해체되고 부대는 재편되었다. 마크 클라크의 제5군은 살레르노Salerno에 상륙해 이탈리아 본토로 침공해 들어갔다. 패튼은 자신이 오버로드 작전에서 지상군 사령관이 될 것으로 생각했다. 독일 최고사령부 역시 그렇게 예상했다. 그러나 예상과는 다르게 아이젠하워는 마설에게 다른 이를 추천했다.

"제 생각에 브래들리가 미 육군 강습사령관이 되어야 합니다."[2]

마설은 이의를 제기하지 않았다. 마설과 아이젠하워는 오마 브래들리를 신뢰하고 있었다. 그리고 브래들리가 패튼보다 영국과의 협력 관계를 더 잘 유지할 수 있을 거라 믿었다. 게다가 마설과 아이젠하워는 패튼이 전략가이기보다는 전술가라고 평가하고 있었다. 전술 수준의 전투 경험을 가진 패튼은 후방에서 전체적인 상륙작전을 통제하기보다는 전방에서 야전군을 지휘하는 것이 더 적합했다. 이 결과에 패튼은 대단히 실망했다. 더욱 기분 나쁜 상황은 아이젠하워가 노르망디 상륙작전이 진행되던 11개월간 자신을 작전에서 제외시킨 것이었다.

> 66 루스벨트 대통령은 그동안 국가에 헌신한 바가 커 마셜을 참모총장에 유임한다고 발표했다. 참모총장 임기가 연장된 사람은 그보다 12년 전의 더글러스 맥아더가 유일했다. 99

아이젠하워는 패튼을 미끼로 사용하는 과감한 전략을 선택했다. 아이젠하워는 독일군의 믿음을 역으로 이용했다. 독일군은 연합군 최고 야전 사령관인 패튼이 상륙작전을 지휘할 것이고, 남쪽에 위치한 노르망디 해안이 아닌 파드칼레Pas de Calais로 상륙할 것이라고 예상하고 있었다. 이러한 결정에 마셜이 지상군 사령관으로 브래들리를 승인한 것 외에, 다른 사항에 개입했다는 기록은 어디에도 없다. 패튼은 언제나 자신이 일으킨 불미스러운 사건들로 인해 오버로드 작전의 지휘권을 잃었다고 믿고 있었다.

　그 사이 마셜은 오버로드 작전에서 자신이 연합군 최고사령관이 되리라고 내심 기대하고 있었다. 1943년 9월 1일 4년간의 참모총장 임기는 종료되었다. 참모총장 임기가 연장된 사람은 그보다 12년 전의 더글러스 맥아더가 유일했다. 따라서 마셜은 퀘벡 회담Quebec Conference에서 언급했던 것처럼 아이젠하워와 서로의 직책을 바꾸게 될 것이라고 믿었다. 그러나 루스벨트 대통령은 그동안 국가에 헌신한 바가 커 마셜을 참모총장에 유임한다고 발표했다.

:: 진정한 미국 군사 지휘관으로 서다

참모총장으로 유임된 마셜은 루스벨트와 동행해 카이로에서 열린 처칠, 장제스 총통과의 회담에 참석했다. 오랫동안 주목받지 못했던 중국-버마-인도 전역에 대해 의논하는 회담이었다. 두 번으로 나눠서 진행된 카이로 회담은, 이란의 테헤란에서 개최된 '빅 3^{Big Three}' 회담 사이에 열렸다. 테헤란 회담^{Teheran Conference}은 루스벨트와 마셜이 처음으로 소련의 수상인 이오시프 스탈린을 만난 자리였다. 1943년 11월 23일부터 26일, 그리고 12월 3일부터 7일까지 열린 카이로 회담의 암호명은 '섹스턴트^{Sextant}'였고 11월 28일부터 12월 1일까지 진행된 테헤란 회담의 암호명은 '유레카^{Eureka}'였다. 한편, 당시 소련은 일본과 전쟁을 수행하고 있지 않았기 때문에 스탈린은 카이로 회담에 참석하지 않았다. 루스벨트와 '엉클 조^{Uncle Joe}'로 불리던 스탈린은 자신이 오랫동

카이로 회담에 참석한 장제스, 루스벨트, 처칠(1943. 9. 25)

테헤란 회담 기간 중 소련 대사관 베란다에서 찍은 사진. 왼쪽부터 스탈린, 루스벨트, 처칠.

안 기다려온 제2전선으로 오버로드 작전을 논의했다. 반면, 처칠은 자신이 주장한 이탈리아와 발칸에서의 전략을 계속해서 요구했다. 처칠의 요구는 전후 소련의 영향권으로 들어갈 동유럽에서 붉은 군대를 제거하기 위한 하나의 방법이었다. 한때 스탈린은 오버로드 작전에 처칠이 참여한다는 것에 이의를 제기했다. 처칠은 쿠바산 시가를 씹으며 이렇게 말했다.

"만약 1944년 5월 프랑스 침공을 하게 된다면, 영국해협을 건너갈 모든 부대들 통제하고 지원하는 것이 영국 정부의 임무가 될 것이다."[3]

마셜도 스탈린과 같은 말을 들었다.

테헤란 회담은 '빅 3'의 비밀 '선언'으로 끝나버렸다. 이 선언에 명시된 세 가지 목표는 첫째로 1944년 5월 노르망디로 상륙하는 오버로드 작전, 둘째로 동시에 남부 프랑스로 침공하는 앤빌 작전Operation Anvil, 마지막으로 1943년 9월 9일 시작된 이탈리아 전역에 지속적인 압력을 가하는 것이었다. 마셜은 마지막 내용에 대해 걱정했다. 그는 이탈리아 전역이 오버로드 작전과 앤빌 작전에 사용될 자원을 고갈시킬 것이라 판단했다. 마크 클라크 장군의 제5군은 살레르노 상륙작전을 성공하고 나폴리Naples 항구를 탈취했다. 이후 작전 계획에 따라 영국군과 연결작전을 실시해야 했다. 영국군은 이탈리아를 가로지르는 전선을 형성하기 위해 더 동쪽으로 상륙했다. 상륙 이후, 미군과 영국군은 독일군의 강력한 저항에 부딪혔다. 독일군의 저항으로 겨울이 다가올 때까지 연합군은 북으로 진격할 수 없었다. 언제나 현실주의자였던 마셜은 이탈리아 전역이 처칠과 다른 사람들이 생각했던 것보다 더 많은 시간과 자원을 필요로 할 것으로 믿었다. 그는 자신의 입장을 분명히 했고, 가능한 한 많은 연합국의 자원을 오버로드 작전과 앤빌 작전을 위해 투입해야 한다고 생각했다.

스탈린은 자신의 국가에 침입한 독일 침략자들을 몰아내기 위해 붉은 군대를 다시 직접 지휘하기로 하고 테헤란에서 모스크바로 돌아갔다. 반면에, 루스벨트와 처칠은 카이로로 돌아와 잠시 중단된 회담을 재개했다. 여전히 마셜이 아이젠하워와 직책을 바꿔 오버로드 작전을 지휘할지에 대해서는 확정하지 못하고 있었다.

> 「타임」은 '미국의 민주주의는 마셜이 만들어낸 것'
> 이라는 표현과 함께, 1943년 '올해의 인물'로 마셜을 선정
> 했다. "

루스벨트는 마셜이 오버로드 작전을 지휘하고 싶어 한다는 것을 알고 있었다. 그러나 퀘벡에서의 결정에도 불구하고 마셜은 그 문제를 다시 제기하지는 않았다. 1943년 12월 4일, 마셜은 해리 홉킨스와 만난 자리에서 대통령이 내린 결정이 무엇이든 따르겠다고 했다. 그리고 루스벨트에 대한 자신의 신뢰에 대해서도 이야기했다. 루스벨트는 마셜이 먼저 문제를 제기하고 사령관 직책을 요구하기를 바라면서, 카이로에서 점심을 같이 했다. 마셜이 '계속해서 돌려 말하기'를 마쳤다.

대통령은 마침내 "자네가 원하는 것이 무엇인가?"라고 물었다. 마셜은 루스벨트에게 "원하는 것이 무엇이든 기꺼이 따르겠다"라고 대답했다.

그동안 루스벨트 대통령이 왜 결정하지 못하고 어려워했는지 분명해졌다. 루스벨트는 자신의 생각을 말하기 전에 잠시 생각에 잠겼다. 그리고는 "만약 자네가 미국 내에 없다면 나는 편히 잘 수 없을 것 같네"라고 말했다. 긴 침묵 후, 그는 말을 더했다.

"아이젠하워에게 사령관 직책을 맡기겠네."[4]

마셜이 어떤 실망감을 느꼈는지 모르지만 아무런 대꾸도 하지 않았다. 참모총장으로서 마셜은 육군 지휘체계의 정점에 있었던 것은 사실이었다. 그러나 그는 유럽에서의 상륙작전을 이끄는 것이 전쟁에서 가

장 중요한 임무임을 잘 알고 있었지만 결정 난 사항에 대해 더 이상 미련을 두지 않았다. 그는 대신 대중의 찬사로 위안을 삼았다.

「타임Time」은 '미국의 민주주의는 마셜이 만들어낸 것'이라는 표현과 함께, 1943년 '올해의 인물'로 마셜을 선정했다. 그러나 더 중요한 사실은 마셜에 대한 루스벨트 대통령의 의존도가 점점 더 커져가고 있었다는 것이다. 왜냐하면 마셜이 군사 지도자들뿐만 아니라 정치 지도자와 국가 지도자들과 함께 일하는 데 달인이자 최고 권위자였기 때문이었다. 이런 사실을 깨달은 마셜은 대통령의 결정에 따르기로 결정했다.

마셜은 새로운 유형의 미국 군사 지휘관으로 아이젠하워보다 더 적합한 인물이었다. 제2차 세계대전의 복잡한 연합군의 작전에서 외교와 군사과학 두 영역을 모두 잘 아는 최고의 군인이 필요했다. 외교와 군사과학을 혼합시킬 필요성은 제2차 세계전쟁 이후에 더욱 증대되었고, 오늘날에는 당연하게 여겨지고 있다. 전 세계를 대상으로 작전을 펼쳐야 하는 최고사령부에 단순한 전장에서의 훈련과 경험은 충분한 것이 되지 못했다. 이런 다재다능함을 요구하는 경향은 제2차 세계대전부터 시작되었고 마셜이 이러한 방식을 선도했다.

:: 외교술과 심리전을 통한 인재 선발

마셜과 대통령의 점심식사가 끝나기 무섭게 아이젠하워를 유럽 전구 사령관으로 지명했다는 공식 발표가 있었다. 마셜은 카이로에서 바로 워싱턴으로 돌아오지 않고, 더글러스 맥아더를 만나기 위해 스리랑카

^{Sri Lanka} 실론^{Ceylon}을 경유해 오스트레일리아로 향했다. 그는 뉴기니^{New} ^{Guinea} 전선에 있던 맥아더의 근황에 대해 알아보고자 간 것이다. 또한 마셜의 방문에도 맥아더가 전선으로 나오지 않는다면 그것은 자신에 대한 의도적인 모욕으로 해석될 수 있었고, 마셜은 이런 사항도 확인 하고 싶었다. 결국 그는 뉴기니를 향해 출발했다.

1935년 이후 마셜과 맥아더의 첫 번째 만남이었다. 당시는 마셜이 대령으로서 시카고에서 일리노이 주 방위군을 훈련시키고 있었고, 맥 아더는 참모총장 직책이 끝났을 때였다. 1943년 참모총장인 마셜은 자 기중심주의자로 유명한 맥아더가 해군 참모총장이자 미 함대사령관인 어니스트 킹을 무시하고 말다툼하는 상황에 관심이 있었다. 마셜은 각 군 간에 옥신각신 하는 일을 없애고 싶었다. 특히 고위층에서 일어나 고 있는 다툼을 끝내고자 했다. 게다가 마셜은 개인적으로 카이로 회 담과 테헤란 회담에 대해, 그리고 중국이 디 이상 연합국의 대평양 지 역 전략에 중심적으로 고려해야 될 대상이 아님을 맥아더에게 짧게나 마 설명해 주고 싶었다. 중국을 통한 북쪽이 아닌 서쪽 방향에서 일본 본토에 상륙할 것이라는 결정이 내려진 것이다.

마셜은 뉴기니에서 맥아더를 만났다. 이것은 자신이 아주 중요한 인 물이라는 것을 인식시키려는 의도적인 행동이었다. 그리고 육군과 해 군의 최고사령관 사이의 관계를 회복시키려고 했으며, 조심스럽게 태 평양에서 펼쳐질 전체적인 전략에 대해 자신의 의견을 피력했다. 마셜 의 의도는 성공적이었다. 목적을 달성한 마셜은 크리스마스 사흘 전에 미국으로 돌아왔다.

복귀 이후, 마셜은 상당히 많은 회의와 공식행사에 참석했다. 그는

'라이트닝 조Ligthning Joe'로 불리던 제25사단장 로턴 콜린스 소장을 남태평양에서 워싱턴으로 불러들였다. 그리고 1944년 1월 2일, 자신의 사무실에서 솔로몬 제도의 과달카날에서 어렵게 거둔 승리에 관한 중요한 사항을 모두 보고받았다. 전투는 1942년 8월부터 1943년 2월까지 실시되었다. 콜린스는 과달카날 전투의 모든 보고를 마치자, 마셜에게 과감히 자신의 바람을 이야기했다. 그는 사단장에서 군단장으로 진급을 원한다고 말했다. 마셜은 지난번 맥아더와의 만남에서 많은 문제를 논의했고, 콜린스의 진급 문제도 포함되어 있었다고 대답했다. 마셜은 콜린스의 눈가에 주름이 거의 없다고 하며 맥아더가 48세의 콜린스는 "너무 어리다"라고 했다는 이야기를 더했다. 맥아더는 콜린스보다 16살이나 많았다.

마셜은 콜린스에게 내일 워싱턴의 특권층이 이용하는 알리바이 클럽Alibi Club에서 있을 아이젠하워를 위한 리셉션에 참석했으면 좋겠다고 했다. 리셉션에 참석한 인사들은 화려했다. 미 행정부에서는 헨리 스팀슨 전쟁성 장관, 로버트 패터슨Robert R. Patterson 국장, 존 매클로이John J. McCloy 차관, 제임스 번스James F. Byrnes 전쟁동원국장이 참석했다. 그리고 의회를 대표해서 하원의원으로는 앤드루 메이Andrew J. May, 월터 앤드루스Walter G. Andrews, 유잉 토머슨R. Ewing Thomason, 상원의원으로는 워런 오스틴Warren Austin과 월리스 화이트Wallace H. White가 참석했다. 그리고 우드로 윌슨과 루스벨트의 큰 신뢰를 받았던 재정 전문가 버나드 바루크 역시 그 모임에 있었다. 버나드는 마셜 부부의 친구이기도 했다. 모임 중에 해롤드 스타크 전 해군 참모총장이 북대서양에서 나치의 U-보트와 벌이고 있는 전투 상황에 대해 보고했다. 아놀드 육군 항공 단장이 독일과의 공중전 상황에 대해 이야기했다. 이어서 조지 케니^{George C. Kenny} 중장이 남태평양의 공중전에 대해 요약 보고했다. '라이트닝 조' 콜린스가 마셜의 요청에 따라 과달카날과 뉴조지아^{New Georgia} 전역에 대한 최종 결과를 발표했다. 마지막으로 아이젠하워가 토치 작전, 허스키 작전의 성공, 그리고 진행 중인 이탈리아 침공에 관해 보고했다. 그러나 오버로드 작전에 관해서는 말을 흐렸다. 마셜은 아이젠하워의 말이 끝나자 대통령과 오버로드 작전의 최고 사령관인 아이젠하워를 위한 축배를 제의하며 참석한 귀빈들에게 잔을 들어달라고 했다.

다음 날 아침, 콜린스 장군과 부인 글래디스^{Gladys}는 워싱턴을 떠나 웨스트버지니아^{West Virginia}의 화이트 설퍼 스프링스^{White Sulphur Springs}로 향했다. 1778년부터 사람들이 '온천욕을 즐기던' 한적한 리조트인 그곳에는 그린브리어 병원과 작은 별장들이 있었다. 표면상 국군병원으로 육군이 인수했던 그린브리어 병원은 언론의 눈을 피해 공무 출장 중인 군의 고위직 방문객을 위한 장소로 이용되고 있었다. 마셜에게는 눈에 띄지 않게 조용히 자신을 방문하고자 하는 장군들을 위한 이상적인 장소였다.

콜린스와 글래디스는 이틀 동안 머물며, 병원장인 클라이드 벡^{Clyde Beck}의 저녁식사에 초대받았다. 벡의 부인은 비공식적인 작은 파티라고 하며 손님들에게 꼭 정시에 와달라고 부탁했다. 시간을 꼭 지켜달라고 강조한 이유는 마지막 손님이 도착하자 분명해졌다. 콜린스는 아이젠하워 장군 내외가 파티에 입장하는 것을 보고 놀랐다. 아이젠하워도 콜린스가 그 자리에 있다는 것에 대해 놀랐다. 아이젠하워는 큰 소리로 말했다.

"조 당신이 어떻게……, 난 자네가 벌써 돌아와 있는 줄 몰랐네. 난 자네가 우리와 합류하기 위해 오고 있는 중으로 알았지 뭔가!"

콜린스는 그 자리에서 자신이 아이젠하워가 담당하는 유럽 전구로 전출가게 되었다는 사실을 알고 놀랐다. 그리고 군단장을 하기에는 콜린스가 너무 어리다고 판단했던 맥아더의 견해를 무시하고, 마셜이 대신 아이젠하워에게 이야기했음을 분명히 알게 되었다. 콜린스는 1944년 1월 19일, 아이젠하워 사령부로 전출 명령을 받았다.[5]

이 에피소드는 마셜의 전형적인 모습이기도 했지만, 그의 일반적인 모습과는 다른 면이기도 했다. 마셜은 다른 어느 누구의 반대를 무시하지 않으면서도, 자신이 원하는 사람들을 필요한 자리에 앉히는 데 천부적인 능력을 가진 참모총장이었다. 물론 콜린스는 유능한 인재였다. 마셜은 콜린스를 군단장으로 진급시키길 원했지만 맥아더가 원치 않았다. 마셜은 태평양 전구에 있던 매우 자기중심적인 인물과의 다툼을 원하지 않았기 때문에, 콜린스를 유럽 전구로 전출시키는 방법을 택했다. 보통은 직접적으로 일을 처리하던 마셜이 이번에는 묘하게도 우회하는 길을 선택한 것이다. 우리는 여기서 마셜의 능숙한 솜씨를 일부 엿볼 수 있다. 그는 논쟁이나 명령이 아닌 콜린스의 전출을 통해 맥아더 주변에서 빠져나오게 만들었고 자신과 콜린스가 원하던 것을 얻어냈다. 이것은 고도의 군사 외교술이자 군사 심리였다.

:: 오버로드 작전, 노르망디를 접수하다

1944년 1월 22일, 미군 5만여 명이 나폴리 북쪽 안치오^{Anzio}에 상륙했다. 적의 저항은 경미했지만 제6군단 지휘관인 존 루카스^{John P. Lucas} 소장은 신속히 내륙으로 진격하기보다 교두보를 확고히 하는 쪽을 선택했다. 이러한 지연은 독일 지휘관 알베르트 케셀링^{Albert Kesselring} 원수가 자신의 보병사단들과 전차, 포병부대를 이동시킬 수 있는 시간을 벌어주는 결과를 초래했다. 지휘관의 잘못된 결정이 작전의 결과를 바꿔버렸다. 안치오에 상륙한 미군이 로마로 빠르게 북진했다면 이탈리아 반도를 가로질러 팽팽하게 배치된 독일군의 방어선을 우회할 수 있었고, 결국 남부 이탈리아에 있던 독일군 전체를 궁지에 몰아넣을 수도 있었다. 그러나 그렇게 하지 못한 결과, 안치오는 마셜이 우려했던 것처럼 피바다로 변했다. 그곳에서 병력을 수송하던 함선들과 상륙용 주정들은 오버로드 작전을 위해 영국으로 전환되었다.

안치오 상륙작전인 싱글 작전^{Operation Shingle} 안치오에 도착한 미군 병력.(1944. 1)

1944년 5월에도 영국군과 미군은 진출을 하지 못하고 남부 산악 지역에 묶여 있었다. 그리고 미군 부대들은 안치오에서 움직일 수 없었다. 마크 클라크는 전 전선에서 협조된 기동을 실시하여 교두보를 벗어나고자 했다. 그 방안으로 지휘관을 루카스에서 루시안 트러스콧으로 교체했다. 지휘관 교체로 새로워진 연합군은 5월 11일, 몬테 카시노 Monte Cassino 정상에 위치한 신성한 수도원에 폭격과 지상군 강습을 시작했다. 수도원은 독일군의 강력한 저항거점이었다. 미군과 이탈리아군은 서쪽으로 기동하여 라피도 Rapido 강을 도하했고, 안치오에 있는 트러스콧의 군대와 연결을 시도했다. 5월 23일, 마침내 트러스콧의 병력들은 독일군의 방어선을 돌파했다. 이어서 그들은 힘겨운 전투를 벌이며 로마 남쪽에 있는 알반 Alban 언덕으로 진격해 갔다.

　　일주일 후, 클라크 장군은 펜타콘에 있는 마셜에게 ‘개인적’으로 서신을 보냈다. 클라크는 마셜에게 의붓아들 앨런 브라운 소위가 로마로 향하던 중, 전차에서 나오다 저격병의 총에 맞아 전사했다는 소식을 전했다. 마셜은 캐서린에게 슬픈 소식을 전하기 위해 포트마이어에 있는 공관으로 갔다. 캐서린은 침실 창문 앞에 서 있었다. 그녀는 자신의 회고록에 그날의 일을 이렇게 썼다.

　　“신이 내려준 무감각이 이런 때 나에게 나타났다. 나는 조지의 말들을 도저히 이해할 수 없었다.”

　　그녀는 오직 뉴욕에 있는 앨런의 아내에게 무슨 말을 할 것인지만 생각했다. 그리고 마셜은 자신과 캐서린이 뉴욕으로 갈 수 있도록 비행기를 준비시켰다. 마셜이 개인적인 목적으로 자신의 공권력을 사용했던 드문 예였다.[6]

이틀 뒤 마셜은 다시 업무로 복귀했다. 1944년 6월 4일, 연합군은 독일이 버리고 떠난 로마에 입성했다. 그리니치 표준시로 아침 4시, 폭풍우가 몰아치던 영국 남동지방에서 드와이트 아이젠하워는 프랑스 상륙작전을 수행하는 모든 지휘관을 불러 회의를 진행했다. 회의의 목적은 다음 날인 6월 5일에 시작될 작전 계획을 수립하기 위해서였다. 그들은 완고하지만 신중한 스코틀랜드 출신의 기상위원회 국장 제임스 마틴 스태그James Martin Stagg 공군 대령이 설명하는 영국해협과 노르망디의 상륙 해안에 대한 좋지 않은 최근 기상예보를 들었다. 거의 일주일간 엄청난 폭우가 계속되고 있는 영국 남부 지역은 대규모 군사 주둔지였다. 그곳은 섬의 다른 쪽으로부터 단절된 채 보급품과 장비, 상륙작전 참가 명령을 받은 용맹한 군인들로 가득 차 있었다. 최고사령관 아이젠하워가 '강력한 군대Mighty Host'라고 불렀던 그들은, 사상 최대 규모의 상륙작전을 실시하기 위해 영국해협을 건너려는 이이젠히워의 명령만을 기다리고 있었다.7

그러나 아이젠하워는 명령을 내릴 수 없었다. 기상 악화로 인해 작전 개시를 하루 늦췄다. 6월 5일, 스태그의 기상 예보팀은 6월 6일까지 36시간 동안의 대략적인 기상 상황을 예측했다. 예보팀은 그 시기에 폭풍우가 진정되어 상륙작전이 가능할 것으로 내다봤다. 아이젠하워는 생각보다 짧은 시간만 상륙이 가능하다는 것이 마음에 들지 않았지만 또다시 작전을 연기한다면, 기습적인 요소만이 아니라 유리한 월광과 적당한 조수간만 차이의 이점을 활용할 수 없을 것으로 판단했다. 따라서 아이젠하워는 드디어 작전 개시 명령을 내렸다.

아이젠하워는 암호화된 전문을 마셜에게 보냈다.

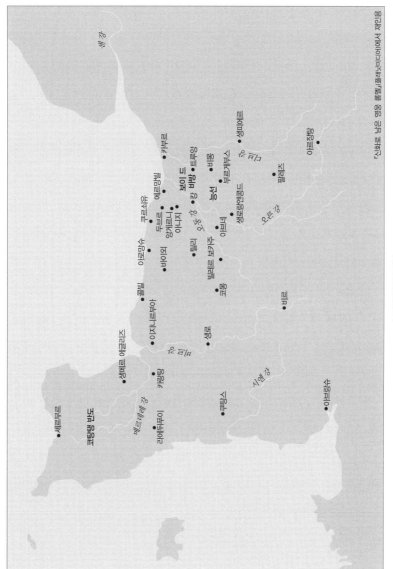

노르망디 전투 지역

"평온한 날에서 5일 더한 날로 최종적으로 확실히 정해졌다."⁸

이 내용은 6월 1일로 예정되어 있던 작전이 6월 6일 여명에 시작된다는 뜻이었다. 그리고 작전 개시 5시간 전에, 적의 전선 후방으로 공수부대가 투입될 예정이었다. 워싱턴 D.C. 시간으로 6월 5일 저녁 7시 30분이었다.

다양한 수송함들과 전함들로 구성된 4,000여 척의 상륙함대는 기동부대별로 나뉘어서 항구를 출발해 재집결지를 향해 항해를 시작했다. 드디어 해협을 건넌 함대는 동트기 전에 노르망디 해안가에 도착했다. 집중적인 해군과 공군의 폭격 이후, 상륙 주정들이 6시 30분에 해안으로 향했다.

제82공수사단과 제101공정사단을 실은 비행기가 영국을 이륙했을 때, 마셜은 예복을 입고 소련 대사관에서 열린 리셉션에 참석해 있었다. 리셉션에서 안드레이 그로미코Andrei Gromyko 소련 대사가 마셜에게 외국인에게 주는 최고 무훈훈장을 수여했다. 그 행사와 훈장은 실제 상황이었지만, 마셜의 참석을 홍보한 것은 전 세계에 평상시와 다를 바 없는 인상을 주기 위한 계획이었다. 특히 다른 날 패튼이 지휘하는 부대가 파드칼레에 상륙작전을 실시할 것으로 예상하고 있던 독일을 겨냥한 행동이었다. 마셜은 예의상 있어야 할 시간이 지나자마자 곧바로 대사관을 나왔다. 사실 그 시점에서 오버로드 작전을 위해 마셜이 할 수 있는 일은 아무것도 없었다.

"내일 아침에 일어날 일이 무엇이든지 간에 밤에 잘 자고, 내일 일에 잘 대비하는 것이 훨씬 유익하다."

그는 일단 포트마이어로 돌아왔다.

미국 아이젠하워 대장의 총지휘 아래 6월 6일 자정 영국의 프랑스 북부 공격이 시작되었다. 미국 제1군, 영국 제2군, 캐나다 제1군을 주축으로 삼은 연합군 병사 15만 명이 북프랑스의 노르망디에 상륙했다. 미군은 상륙작전 초기에 오마하 해안에 도착한 자국 함선들을 고의적으로 침몰시켜 해안에 방어벽을 급조했다.

제502 공수 보병연대 E 중대의 월리스 C. 스트로벨 중위와 중대원들에게 이야기하고 있는 아이젠하워 장군. 23이란 숫자가 쓰인 스트로벨 중위의 목에 걸린 카드로 그가 낙하산 부대의 강하 지휘관임을 알 수 있다.(1944. 6. 5)

:: 위대한 공격작전의 성공

몇 시간 후, 흥분한 전쟁성의 당직 사령이 마셜의 공관 현관문을 쾅쾅 두드렸다. 잠에서 깬 캐서린 마셜이 남편을 깨울 수 없다고 했다. 그러자 장교는 해독된 암호전신을 그녀에게 전달하고 기다렸다.

그녀가 물었다.

"장교님은 이 전신에 대해 마셜 장군이 어떻게 하길 바라세요?"[9]

전신은 상륙작전이 D-day에 맞춰 시작되었음을 알리는 내용이었다.

다음 날, 마셜은 평소와 같은 시간에 출근했다. 그리고 앨런의 죽음을 위로하는 편지에 답신을 보내는 데 대부분의 시간을 할애했다. 작전 개시일에 관해 그가 어떤 생각을 했었는지에 대한 기록은 남아 있지 않다.

그날 밤 루스벨트 대통령은 기도하는 마음으로 국민에게 라디오 연설을 했다.

"전능하신 하나님. 우리 조국의 자랑인 아들들이 오늘 우리의 공화국, 우리의 종교, 우리의 문명을 지키기 위해, 그리고 고통 받고 있는 사람들을 자유롭게 하기 위해 위대한 공격작전을 시작했습니다!"[10]

CHAPTER 12

마셜의 블랙 북,
세계대전 승전의 예감

휘하 인재의 수행능력을 믿고 권한을
위임하고 보상하는 **임파워먼트 리더십** ★★★★★★★★★

마셜은 다양한 성격의 군 장교들을 군 조직의 성공과 발전에 기여하고 있다고 인식시켜
야 할 필요가 있었다. 이때 권한을 위임해 작전 지휘관들이 능동적인 자세로 과업을 수행
하며 자신들의 내재된 역량을 발견하고 더욱 생산적이고 효율적으로 활용해 평소보다 더
강한 책임감과 사명감으로 최고의 효과를 창출하게 부하를 이끌었다.

:: 마셜의 선견지명, 현대화 계획과 통합군사령부

조지 마셜이 참모총장이 된 것은 1939년 9월 1일이었다. 그 당시 대부분의 미국인들에게 '장군' 하면 생각나는 사람은 단지 '블랙 잭' 퍼싱과 더글러스 맥아더뿐이었다. 1억 4,000만의 미국인 중 어느 누구도 이둘을 제외하고는 이름조차 알지 못했다. 그러나 1944년 6월 6일, 당시의 미국인들은 '아이크' 아이젠하워, '올드 블러드 앤 거츠Old Blood and Guts' 패튼, 'G.I 제너럴' 브래들리, 마크 클라크 등을 군에서 복무하고 있는 오랜 친구나 이웃인 것처럼 자연스럽게 얘기하고 있었다. 또한 미국인들이 전쟁 전에는 거의 들어보지 못했던 태평양·북아프리카·시칠리아·이탈리아 같은 낯선 지명들이 매일 회자되고 있었다. 1941년 12월 7일의 충격과 분노 이후, 미국은 이 세계적인 전쟁에 빠져들었다. 미군은 일본을 다시 태평양 건너편으로 내쫓았으며, 독일을 북아프리카와 시칠리아에서 패퇴시키고 이탈리아로 진입했다. 1944년 6월 6일 D-day, 연합군은 노르망디 해안을 공격하고 있었다. 그 규모는 마셜이 지휘하던 1939년의 미 육군 전체 병력보다 많았다. 루스벨트는 노르망디를 '절대 정복할 수 없는 목표Unconquerable Purpose'라며 부정적인 견해를 보였다. 그곳은 독일 정예병들이 확실한 우세를 차지하고 있던 곳이기 때문이었다. 몽고메리의 지휘 아래 영국, 캐나다, 프랑스군으로 구성된 상륙 병력은 전략적 도시인 캉Caen을 함락하고 내륙으로 진격하기로 되어 있었다. 미군은 생메르에글리즈Sainte-Mère Église를 확보한 뒤, 제7군단은 셰르부르Cherbourg 항구를 향하여 우로 선회할 예정이었다. 그 후 교두보가 지속적으로 확보되면, 전체 병력은 독일군을 프랑스와 벨기에Belgium 밖으로 몰아내기 위해서 센Seine 강을 향해 북쪽으로 선회하고 그런 다음에는 독일군을 유럽 전구의 서쪽에서 완전히 쓸어

셰르부르에서 브래들리와 조셉 콜린스(1944. 6)

버릴 계획이었다. 유럽 동쪽에서는 붉은 군대가 독일군을 쓸어버리고 있었다. 일단 독일이 완전히 패배하고 나면, 다음은 '떠오르는 태양' 일본제국의 마지막 흔적을 제거하기 위해 총력을 기울일 수 있을 것이라고 판단했다.

마셜은 자신의 '리틀 블랙 북'에 있는 명단에서 D-day의 운명을 어깨에 짊어질 핵심 지휘관 그룹을 구성했다. 아이젠하워는 총사령관, 오마 브래들리는 미 제1군을 지휘했고, 마셜의 오랜 친구인자 동료인 '지이Gee' 레오나드 게로우는 오마하Omaha 해변을 담당하는 제5군단을 지휘했다. 서쪽 유타Utah 해변에 상

루스벨트 주니어(1887~1944) 심장병과 관절염 때문에 지팡이를 사용해야만 했음에도 불구하고, 그는 유타 해변의 공격을 이끌었다. 심장 마비로 프랑스에서 사망했다.

륙한 제7군단의 부대들은 '라이트닝 조' 콜린스의 지휘를 받고 있었다. 콜린스와 친한 '터비Tubby' 레이몬드 발튼Raymond Barton 소장이 제4사단을 맡았다. 발튼의 사단에는 육군에서 무척 흥미로운 장교 한 명이 있었다. 바로 전 대통령 테디 루스벨트의 장남인 시어도어 루스벨트 주니어Theodore Roosevelt Jr. 준장이었다. 테드 루스벨트Ted Roosevelt라는 애칭으로 불린 그는 제1차 세계대전 때 영웅적으로 복무했다. 이후 정부 관리로 근무했고, 뉴욕 주지사 선거에서 알 스미스Al Smith에게 패했다. 푸에르토리코Puerto Rico와 필리핀에서 총독으로 근무한 후, 더블데이Doubleday 출판사의 경영진으로 활동했다. 그러던 중 일본이 진주만을 공

습하자, 당시 대통령이었던 프랭클린 루스벨트에게 육군으로 돌아가 전투에 참여할 수 있게 해달라고 청했다. 결국 쉰 네 살이라는 나이와 심각한 관절염에도 불구하고 북아프리카에서 제1사단장 테리 메사 앨런의 부사단장이 되었다. 당시 마셜은 농담 삼아 사단장 앨런에게 "루스벨트의 열정은 당신의 열정과 똑같다. 그래서 나는 약간 무섭다"라는 편지를 썼다. 마셜은 루스벨트를 '넘버 원'의 높은 용기와 무한한 불굴의 의지를 가진 전투원이라고 보았다. 마셜은 루스벨트를 패튼과 함께 '마음에 드는 모험가Swashbuckler'라고 블랙 북에 기록했다.[1]

루스벨트 준장과 함께 제임스 밴 플리트James A. Van Fleet 대령이 해안에 상륙했다. 콜린스는 아이젠하워와 브래들리의 웨스트포인트 동기인 밴 플리트를 '괜찮은 육군 풋볼 팀의 강하고 다재다능한 백가드'라고 평가하고 있었다. 콜린스는 포트베닝의 보병학교 때부터 이미 그를 알고 있었다.

"문제는 마셜 장군이 오래 전에 무능력하다고 평가했던 비슷한 이름의 사람과 밴 플리트를 혼동한 것이다. 밴 플리트는 지난 수년간 매우 잘했다. 하지만 그 오해 때문에 준장 진급 추천을 받아도 전쟁 기간 내내 마셜에 의해 탈락당해야 했다."

마셜의 블랙 북도 틀릴 수 있다는 것을 보여준 몇 안 되는 예 중에 하나였다. 콜린스는 영국의 캠프에서 제8연대를 철저하게 사열했다. 사열 후, 브래들리 장군에게 밴 플리트가 연대장을 하고 있는 것은 엄청난 인력 낭비라고 말했다. 그의 견해로 볼 때 밴 플리트는 사단장이 되어야 했다.

브래들리는 "글쎄. 조! 밴 플리트는 자네 군단 소속이네. 그것에 관

웨스트포인트 출신으로 졸업 후 제1차 세계대전에 참전했다. 한국전쟁 당시에는 미국 제8군 사령관을 지냈고, 한국에 있는 동안 미국 공군 장교로 참전한 외아들이 전사하는 일을 겪기도 했다. 한미재단을 설립하고 대한민국 육군 사관학교의 건물을 신축했다. 밴 플리트 사망 후 그를 기념하는 밴 플리트상이 제정되었다. 한미 관계에 기여한 인물에게 시상된다.

해서는 자네가 직접 무언가를 하면 되네"라고 대답했다.

콜린스는 이렇게 대답했다.

"당연히 밴은 스스로 알아서 잘 처리하리라고 생각합니다. 만약 밴이 작전 개시일에 자신의 능력을 입증한다면 바로 준장으로 추천하겠습니다."[2]

그는 자신의 말대로 했다. 콜린스의 추천 덕에 밴 플리트를 오해했던 마셜의 착오가 고쳐질 수 있었다. 밴 플리트는 곧 진급하여 사단과 군단의 지휘관이 되었다.

미군의 유타 해변 상륙은 독일군의 저항이 미약해서 쉽게 상륙할 수 있었다. 하지만 오마하 해변의 상륙은 쉽게 이루어지지 않았다. 적의 격렬한 저항에 대항해 6시간 동안 맹렬한 전투를 했다. 하지만 제1사단과 제29사단은 꼼짝 못한 채로 해안에 붙잡혀 있었다. 브래들리는 그 이유를 회고록에서 이렇게 설명했다.

"우리는 그곳에 '헝겊 꼬리표를 단' 급조된 허약한 독일군이 방어하

> 마설은 상륙작전의 전술적인 계획과 실행에 직접적인 역할을 하지 않았지만 이 작전을 실행한 이들을 직접 선택했다. 또한 징집된 시민군 대부분이 그가 세운 훈련 계획에 따라 훈련되었다.

리라고 예상했다. 그러나 실제로는 '롬멜의 강한 야전 사단들 중 하나'가 방어하고 있었다."3

오마하 해변에서 사상자가 증가하자, 브래들리는 공격 포기를 심각하게 고려했다. 결국 위태로운 상황을 타파하고자 미 함대의 구축함들이 해안으로 접근했다. 구축함들은 해안포의 직접사격 위협과 좌초될 위험을 무릅썼다. 위험을 극복하고 접근한 함선들이 일제 포격을 퍼부었다. 그 덕분에, 오마하 해변의 미군 병사들을 위협하던 독일군의 저항은 결국 제압되었다. 이제 미군들은 절벽을 자유롭게 오를 수 있게 되었다. 오마하 해변은 1,465명의 전사자와 5,000명 이상의 부상자와 실종자의 희생으로 함락되었다.

해질녘이 되자, 노르망디에 상륙한 연합군 병력은 총 16만 5,000여 명에 이르렀다. 8개 사단으로 구성된 연합군 규모는 1939년 미 육군 전체의 군사력을 초월했다. 마설은 상륙작전의 전술적인 계획과 실행에 직접적인 역할을 하지 않았지만 이 작전을 실행한 이들을 직접 선택했다. 또한 그가 세운 훈련 계획에 의해 징집된 시민군 대부분이 훈련되었다. 그가 세운 현대화 계획 덕분에 지상뿐만 아니라 해상과 공중을 아우르는 신속한 전장 기동성을 갖춘 육군이 탄생할 수 있었다. 또한 효율적인 참모제도를 만들고, 한 명의 총사령관 아래 연합군을 하나의 통합군사령부로 조직했다. 이러한 그의 선견지명과 업적 덕분에 미 육군은 역사상 가장 큰 대규모 상륙작전을 실시했음에도, 히틀러가 과시한 '대서양 방벽Atlantic Wall'을 하루 만에 깨부수고 유럽에서 승리를 향해 독일을 쓸어버릴 태세를 갖출 수 있었다.

:: 열정과 희생, 계속되는 전투

마셜은 상륙작전에서 동떨어진 채 워싱턴에 남아 있는 것이 내키지 않았다. 결국 6월 8일, '햅' 아놀드, 어니스트 킹 제독과 육군 C-54 수송기를 타고 영국으로 향했다. 영국 남부의 전방 사령부에 있는 아이젠하워와 상의하기 위해서였다. 6월 9일, 영국 참모총장의 브리핑을 받고 그다음 날, 그들은 처칠과의 회담 후 포츠머스Portsmouth에 있는 아이젠하워를 만났다. 그리고 같이 구축함을 타고 해협을 횡단하여, 상륙용 주정으로 오마하 해변에 도착했다. 그곳에서 영국으로 후송되기를 기다리는 부상병들을 방문하고, 브래들리의 지휘소를 둘러보았다. 그 후 게로우 장군, 커트니 하지스Courtney Hodges, 콜린스에게서 상륙 결과에 관한 브리핑을 들었다.

침공의 초기 단계에 전선을 직접 방문한 것에 만족한 마셜은 런던으로 돌아왔다. 아이젠하워와 브래들리는 믿을 수 없을 만큼 효율적으로 엄청난 규모와 복잡한 문제를 지닌 작전을 성공으로 이끌었다. 마셜은 루스벨트에게 그들이 작전을 지휘하는 동안 침착하고 자신감이 넘쳤다는 내용의 전보를 보냈다.

마셜은 자신이 매우 긴박한 전투 속에 있다고 자신을 속이지 않았다. 사실, 마셜이 둘러본 오마하 해변은 펜타곤의 사무실보다 전쟁의 실상에 더 가까운 곳이었지만 이제 오마하 해변 역시도 최전선이 아닌 것은 마찬가지였다.

런던에 머물렀던 시간은 좀 더 흥미로웠다. 그곳엔 연합군이 싸워야 하는 히틀러의 V-1 로켓이 있었고, 자유 프랑스Françaises Libres의 지도자로 자칭한 샤를 드골Charles de Gaulle이 있었기 때문이었다. 아이젠하워와 브래들리는 샤를 드골이 협조적이지 않다고 격렬히 불평했다. 이것은 드골 자신이 프랑스 침공에서 핵심적인 역할을 해야 한다고 우기고 있었기 때문이었다. 그런 사실을 안 마셜도 격분했다. 그는 드골이 사실상 프랑스 정부수반이 된 것에 대해서는 반대하지 않았지만, 드골이 아이젠하워 총사령관의 지휘를 받는 것을 거부했다는 것이 침공의 성공 기반을 약화시킬 수 있다고 걱정했다. 루스벨트 대통령은 마셜에게 영국에 있는 동안에는 정치적 발언을 피하라고 지시했다. 그러나 영국 외무장관 앤터니 이든Anthony Eden이 드골을 옹호하자, 마셜은 재빨리 이든에게 다음과 같이 통고했다.

"아이오와 농부의 아들은 프랑스에 드골의 조각상을 놓기 위해 싸우지는 않을 것이다." 4

자신이 보낸 우회적인 메시지가 이든에게 '드골의 나쁜 행실이 미국인들 사이에 분개를 일으킬 것'이라는 경고가 되길 원했다.

드골과 같은 프랑스 동포인 나폴레옹 보나파르트는 "적에게 나쁜 놈이 되어야 한다. 그러나 동맹국에게는 더한 악질이 되어야 한다"라는

1940년 5월, 독일군이 네덜란드와 벨기에를 침공하면서 시작된 서부 전역에서 1개월 만에 영국과 프랑스는 패배하여 영국군은 됭케르크에서 철수해 대륙에서 완전히 쫓겨났고, 프랑스는 제3공화정이 붕괴하면서 필리프 페탱Philippe Pétain 원수가 새로 내각을 맡아 프랑스 남쪽의 비시Vichy에 정부를 세우고 독일에 항복했다. 이것이 비시 프랑스Vichy France다. 비시 프랑스를 독일의 괴뢰 정권으로 규정한 자유 프랑스는 됭케르크 철수 후 프랑스를 탈출하여 런던으로 망명한 샤를 드골이 BBC에서 계속 저항할 것을 주장한 라디오 연설에서 시작되었다. 그러나 그 연설을 듣고 모인 사람은 극소수였다.

자유 프랑스와 영국, 캐나다는 비시 프랑스를 괴뢰 정부로 보았고, 윈스턴 처칠은 자유 프랑스를 프랑스의 합법 정부로 지지했지만, 미국은 자유 프랑스를 나라를 잃고 망명한 사람들이 세운 저항 단체로 보았다. 이 때문에 미국과 자유 프랑스 사이에 갈등이 조장되었다. 미국과 자유 프랑스 사이 갈등은 루스벨트가 사망하고, 해리 S. 트루먼이 대통령직을 계승한 이후에 해소되었다.

1942년 샤를 드골 드골이 독일과의 전투(아라스 전투)에서 선전한 기갑부대 지휘관이기는 했으나, 프랑스를 탈출해 영국 런던으로 망명할 때까지만 해도 대중적인 인물은 아니었다.

- 『신화로 남은 영웅 롬멜』(플래닛미디어)에서 재인용

마셜은 앤빌 작전을 비틀거리는 이탈리아를 정복하고 나서, 발칸과 오스트리아를 집중 공략하기 위한 교두보로 판단했다.

유명한 말을 남겼다. 마셜은 이에 공감하게 되었다. 그는 드골의 비협조적인 태도에 대립했을 뿐만 아니라 남프랑스 침공 작전인 '앤빌 작전' 포기를 주장하는 영국 참모총장과 논쟁을 했다. 마셜은 앤빌 작전을 비틀거리는 이탈리아를 정복하고 나서, 발칸과 오스트리아를 집중 공략하기 위한 교두보로 판단했다. 마셜은 이탈리아에 대한 위험한 행동이 이렇게 끝날지도 모른다고 걱정했다. 그래서 마르세유^{Marseilles}와 툴롱의 지중해 항구를 점령하는 것은 침공에 반드시 필요한 조치라는 것을 입증하기 위해 세 가지 반론을 내세워 주장했다.

"첫째, 침공하는 동안 유지되어야 하는 연락수단, 병력증강, 보급 등이 보증된다. 둘째, 만약 필요한 경우 후퇴선이 유지된다. 셋째, 후방에서의 독일군 역습을 예방할 수 있다."

또한 마셜은 앤빌 작전 지지를 위한 하나의 시위 행동으로 소형 비행기를 타고 런던에서 알제를 경유하여 살레르노를 거쳐 결국 안치오에까지 이르렀다. 그는 자신이 직접 이탈리아 전선을 시찰하기를 원했다. 그리고 제5군 사령관인 마크 클라크로부터 보고를 받고 싶었다. 개인적으로는 안치오에 있는 의붓아들 앨런의 무덤을 방문하고 싶은 간절한 마음도 있었다. 그곳에서 전사한 7,000여 명과 함께 앨런 브라운이 묻혀 있는 안치오 공동묘지를 방문한 뒤, 마셜은 로마로 날아가서

클라크를 만났다.

　제5군 사령관은 북이탈리아에 즉각적인 행동을 진지하게 요구했고, 영국의 발칸 전략을 옹호했다. 그러나 마셜은 클라크에게 아펜니노Apennine 산맥 너머로 더 이상 진격하지 말 것을 명령했다. 동시에 영국군이 무엇이라고 설득하든지 간에 전쟁은 이탈리아가 아닌 프랑스에서 승리해야 하므로, 연합군의 두 번째 침공 지역은 남부 프랑스이어야 한다고 설명했다. 그가 원했던 유혈전투에서 현장 지휘관의 생각을 부정하는 일은 대단히 어려운 것이었다. 하지만 큰 그림을 보고 두 가지 목적 간의 균형을 유지하는 것이 필요하다고 판단했기 때문에 자신의 명령을 관철시켰다.

　하지만 앤빌 작전은 지연되었고, 작전명이 드라군 작전Operation Dragoon으로 바뀌었다. 작전명이 바뀐 이유는 두 가지였다. 원래의 암호명이 절충안에서 나왔다는 것과, 마지못해 작전에 동의했던 윈스턴 처칠이 동의를 '강요Dragooned'당했다고 불평했기 때문이었다. 남부 프랑스에 대한 공습은 알렉산더 패치 중장이 지휘를 맡았고, 루시안 트러스콧 소장의 지상군이 공격했다. 1944년 8월 15일, 자유 프랑스군의 파견대와 동행한 트러스콧의 군대는 캉-툴롱Cannes-Toulon 지역에 상륙했고, 첫날 약 80킬로미터의 교두보를 확보했다. 마키Maquis라고 불린 프랑스 레지스탕스 전투원들은 2주 후에 마르세이유와 툴롱 항구를 점령했다. 트러스콧의 부대는 패튼이 이끄는 새롭게 창설된 제3군과 연결하기 위해 북쪽으로 진격했다. 그러나 이것은 전적으로 패튼과, 노르망디의 점령 지역에서부터 침공을 시작한 브래들리의 제12집단군의 능력에 달려 있었다. 연결을 달성하기 위해서 브래들리는 독일 지역에 대규모

폭탄투하를 실시한 뒤, 콜린스의 제7군단이 공격하는 코브라 작전 Operation Cobra을 계획했다. 폭탄이 투하될 지역은 페리에-생로Perrièrs-St. Lo 도로의 남쪽으로 너비 약 6.4킬로미터, 길이가 약 4.5킬로미터인 직사 각형 모양이었다. 코브라 작전은 콜린스의 부대가 폭탄 투하 직전에 약 1.6킬로미터 정도 뒤로 후퇴하도록 계획되었다. 그것은 전략적으로 복잡하고 위험했다.

대규모 폭격 비행단이 7월 24일에 출격했다. 하지만 목표 지역 기상 이 너무 열악해서, 영국 공군 지휘관 레이 맬러니Leigh Mallory는 공격을 연기하고 폭격기를 회귀시켰다. 그러나 300대가 넘는 중폭격기들은 돌 아오라는 명령을 받지 못한 채, 그대로 공습을 진행했다. 계획에 따르 면 도로에 수직으로 비행하는 것이 아니라 수평으로 비행해야 했다. 그러나 폭격기들의 수직비행으로 폭탄의 일부가 미군 쪽에 투하되는 바람에, 그 결과 제30사단이 사망 25명과 부상 131명이라는 피해를 입 었다. 게다가 폭탄 투하 지역을 피하려고 일부 확보 지역을 포기하고 후퇴해야만 했다. 이후 그 지역을 회복하기 위해서 힘겹게 싸워야 했 다. 이 불필요한 전투 과정에서 제9보병연대는 사망자 77명이 발생했 고, 존경받는 지휘관이었던 '패디 플린트Paddy Flint' 대령도 사망했다. 그 러나 7월 25일의 두 번째 공중 폭격은 더 나쁜 결과를 가져왔다. 폭탄 들이 또다시 짧게 투하되었고 제30사단은 61명이 사망하고 374명이 부상당하는 피해를 입었다. 거기다 제9사단 예하 제49보병연대도 14명 의 사망자와 33명의 부상자가 발생했다. 제7군단의 아군 폭격에 의한 총 사상자는 111명의 사망자를 포함해 601명에 달했다. 7월 25일 폭격 사망자 중에는 마셜이 지지했던 훈련정책을 적극 실행에 옮겼던 레슬리 맥네어 중장도 포함되어 있었다. 그는 정책부서의 군인이었으나 현장에서 직접 전투를 살펴볼 필요성이 있다며 공격 부대에 참여했다가 참변을 당했다.[5]

오폭에 의한 아군 피해가 계속 발생하자 브래들리는 상심했다. 코브라 작전의 성공 여부에도 의구심을 갖게 되었지만, 폭격에 적 역시 큰 피해를 입었다는 사실이 그나마 위안이 되었다. 콜린스는 독일군의 산악 방어진지가 공습으로 요동쳤고 수백 명의 독일군이 산 채로 묻혔다는 정보 보고서를 받았다. 포로들은 폭격으로 주요 도로와 지휘 초소들이 지옥으로 변했다고 정신 없이 떠들어댔다. 미군의 공중 폭격은 성과가 있었지만, 제4·9·30사단에 의한 지상공격은 전차교도사단과 독일 제5공수사단의 강력한 저항에 직면했다. 특히 이미 오폭에 많은 피해를 입은 제30사단은 영국의 마크 5$^{Mark\ V}$ 전차가 지원을 하고 있었고, 독일군이 영국군 전폭기의 맹폭을 받은 상태였는데도 전진을 제대로 하지 못하고 있었다.

마리니^{Marigny} 시내 주변에서 제2기갑사단과 제30사단이 이틀 동안 전투를 하는 동안, 모리스 로즈$^{Maurice\ Rose}$ 장군의 A 전투팀은 그곳을 우회해 오후쯤 생지르$^{St.\ Gilles}$에 도달했다. 이로써 코브라 작전의 초기 단계가 종료되었고, 다음 단계를 진행할 수 있었다. 콜린스가 '전쟁 중 가장 치열했던 교전'이라고 명명했던 전투가 끝난 뒤, 제7군단은 브래들리의 야전 명령 2호에 따라 적군을 고립시키기 위한 작전을 진행하기 위해 남쪽으로 빠르게 진격해 갔다.

:: 죽음의 전장 팔레즈, 철수하는 독일군

코브라 작전 초기에, 아이젠하워는 마셜에게 맥네어의 전사 사실을 보고했다. 보고서가 마셜에게 도착하기 정확히 2주 전인 7월 11일, 테드 루스벨트 준장이 갑작스런 심장마비로 사망했다는 보고서가 들어왔다. 테드 루스벨트가 죽던 바로 그날, 아이젠하워는 마셜에게 루스벨트를 소장으로 진급시켜 사단의 지휘를 맡겼으면 한다는 추천서를 작성하고 있었다. 테드 루스벨트는 7월 14일 노르망디에 묻혔다. 제4사단의 지휘관이었던 바튼과 콜린스, 패튼, 브래들리 장군 등이 운구했다. 아이젠하워는 유타 해변에서의 루스벨트의 리더십에 대해 명예훈장 추서를 건의했고, 마셜은 승인했다. 의회도 만장일치로 승인했다. 명예훈장은 9월 22일에 백악관에서 루스벨트 대통령에 의해 테드 루스벨트의 아내 엘리너^{Eleanor}에게 수여되었다.

코브라 작전 개시 일주일 후 마셜은 아이젠하워에게 전보를 보내, 영국 참모총장이 워싱턴에 파견한 대표단이 '아이젠하워의 작전과 상황 예측에 대한' 인식 부족에 대해 불평했다는 내용을 알려주었다. 또한 마셜은 자신도 아이젠하워의 '상황에 대한 생각'과 작전의 진행 방향에 대해 아무것도 모르고 있음을 덧붙였다.

"예를 들어 우리는 현재 브래들리가 수행하고 있는 공격과 코브라 작전에 대해서 전쟁성 장관 스팀슨이 전하는 라디오 메시지 외에는 어떠한 정보도 받지 못했다."

아이젠하워의 8월 2일자 답신은, 그동안 보낸 답신 중에서 가장 구체적인 내용을 담고 있었다. 이 답신에 아이젠하워는 자신이 그 계획에 대해 보고하지 않은 것을 사과했다. 그는 코브라 작전을 통해 프랑스 내에서 시도되고 있는 적들의 병력 보충을 분쇄하기 위해 노력 중이라고 설명했다.

"… 적들이 새로운 강력한 전선을 구축하기 전에 우리의 작전 목표를 달성하기 위해 맹렬하게 공격하고 있습니다. … 저는 즉각적인 성과물이 나오리라는 희망을 가지고 있습니다. 앞으로 2일이나 3일 안에 적군의 서쪽 측면을 공격하여 상당 부분 붕괴시킬 것이고, 이를 통해서 우리 작전을 자유롭게 펼칠 수 있도록 안전을 확보할 것입니다."[6]

마셜이 이 예측을 받은 지 5일이 지나 아이젠하워는 프랑스에 있는 브래들리의 지휘본부에 와 있었다. 독일군이 모르탱Mortain 지역에서 반격을 가하는 상황이었다. 그러나 반격에 나선 독일군 사령관 귄터 폰 클루게Günther von Kluge와 베를린의 독일군 최고사령부, 그리고 히틀러가 모르고 있었던 사실이 하나 있었다. 그것은 아이젠하워와 브래들리가 독일군의 반격 준비 사실을 알고 있었다는 것이다. 연합군은 독일군의 '에니그마Enigma' 암호해독기 중 하나를 전쟁 초기에 손에 넣어 작동원리를 분석했다. 그 결과 종종 베를린에서 야전 지휘관들에게 보내는 명령을 독일군 장군이 받아보기도 전에 먼저 읽곤 했다. 브래들리는 모르탱 지역의 독일군 방어 병력이 소수라는 것을 알고 있었다. 패튼의 제3군은 북쪽을 제압하고 있는 상황에서 몽고메리의 제2군과 캐나다군은 캉 지역 남쪽에서 팔레즈Falaise 방향으로 진격했다. 이후 아르장탕Argentan에 있는 미군들과 연결하여 최전선 독일군 포위망을 완성했다.

그 기동을 두고 아이젠하워는 훗날 이렇게 회고했다.

"엄청난 규모의 연합군이 공통된 중심을 두고 포위 지역을 형성하는 긴박한 상황이었다. 그 상황에서 서로 반대방향에서 오는 아군과의 충돌을 막기 위해서 어떤 지점에서 군대를 정지시킬지 정확한 지점을 결정하는 것은 상당히 어려운 문제였다."[7]

오폭에 의해서 수백 명의 미군이 죽은 것은 본 사람들에게, 그것은 새로운 충격이었다. 브래들리는 아군 오폭 재발을 방지하는 유일한 방법은 집결하고 있는 연합군이 실수로 충돌하기 전에 멈추는 것이라고 믿었고, 실제로 그렇게 했다. 하지만 패튼은 가능한 한 많은 적군을 생포하고 적의 후퇴로를 차단하기 위해서라면 더 큰 위험도 감수했다. 그런 패튼의 경향을 브래들리는 훗날 이렇게 설명했다.

"패튼은 팔레즈에서 부러진 적의 목을 획득하기보다는 아르장탕의 살아 있는 독일군을 공격하기를 선호했다."[8]

연합군이 아이젠하워가 아군 간의 재앙적인 진투가 될 수 있다고 느낀 문제로 고생하고 있을 때, 독일군들은 '팔레즈Falaise 협곡'으로 알려진 고립된 지역을 탈출하기 위해 필사적으로 싸웠다. 그 결과 독일군은 2개 기갑사단과 8개 보병사단의 거의 전체가 연합군 수중에 들어갔음에도, 아이젠하워가 독일군 팬저Panzer 전차들의 '실망스러운 부분'이라고 평가했던 철수를 간신히 해냈다. 팔레즈 전투가 끝나고 이틀 후, 전투의 성과를 확인하던 아이젠하워는 이 전투에서 최악의 사상자가 발생했다는 것에 경악했다. 수백 킬로미터를 썩은 시체들을 밟고 지나가야 했을 정도였다.

> 66 마셜은 미국의 최고 동맹국인 영국과 복잡하게 얽혀
> 싸우고 있었다. 동맹을 저해하지 않는 선에서 균형을 잡는
> 것은 엄청난 용기와 고도의 섬세함이 필요했다. 99

:: 순수한 군인이 될 수 없는 군사 지휘관

패튼의 부대는 상당 부분 프랑스를 횡단해 강력하게 진격했다. 덕분에 동쪽으로 난입해 전진하면서 코브라 작전을 확장시킬 수 있었다. 프랑스 내의 잔여 독일 부대들은 센 강을 건너서 후퇴했다. 이는 미 제1군에 배속된 프랑스 제2기갑사단에 도시에 선두로 입성하는 영예를 주었다. 결국 1944년 8월 25일 파리는 해방되었다.

마셜은 코브라 작전의 확장과 파리 해방으로 자신이 고집했던 드라군 작전 실행이 타당했음이 입증되었다고 생각했다. 프랑스 남부에 진격해 두 번째 전선을 형성하는 것은 침공의 성공을 위해서 필수적인 것이었다. 처칠은 이탈리아에서 부대를 철수하는 일에 계속 반대했다. 그러나 마셜은 확고부동했고 루스벨트 대통령도 마셜을 전적으로 지지했다. 아이젠하워, 브래들리, 패튼, 그리고 그들의 부하들이 지상의 적과 전투 중이었다. 대신 마셜은 여전히 동맹에 많이 의존해야 하는 상황에서 미국의 최고 동맹국인 영국과 동맹을 저해하지 않는 선에서 복잡하게 얽혀 싸우고 있었다. 이런 균형 잡힌 행동은 엄청난 용기와 고도의 섬세함이 요구되었다. 역사가들은 영미동맹의 난제들의 해결은 아이젠하워의 공로라고 했다. 그러나 아이젠하워는 연합군의 간판

> **66** 보급은 침공의 난제로 떠오르고 있었고, 이는 종전 때까지 줄곧 마셜의 근심거리가 되었다. **99**

일 뿐이었다. 실질적으로는 마셜이 배후에서 많은 작전을 구상하고 계획했다. 또한 일관되게 자신의 지휘관들을 후원하는 동안에도, 연합국 국가에 최상의 이익을 주기 위한 업무로 골치가 아팠다. 그것은 그의 결정이 영국에 굴복한 것이 아님을 자신의 부하들에게 설득해야 함과 동시에, 미국인들을 무조건적으로 편애한 것이 아니라고 영국인들을 설득하는 일을 말하는 것이었다.

9월 5일, 200만 명이 넘는 연합군과 344만 6,000톤의 군수품들이 프랑스 해안가에 하역되었다. 이미 제1차 세계대전에서 대규모 병력 이동과 물자 수송의 대가로 큰 명성을 쌓았던 그에게조차 대단히 놀라운 병참학적 업적이었지만, 자신의 성공에 안주하지 않았다. 1944년 6월 작성된 그의 「2년 보고서」에 다음과 같은 경고가 포함되어 있었다.

"독일군이 '지그프리트 선Siegfried Line의 요새로 향하는' 바로 그 순간 '프랑스를 횡단해 급속히 공격을 전개하는 연합군'에 더 많은 보급품 지원이 필요했다." 9

보급은 침공의 난제로 떠오르고 있었고, 이는 종전 때까지 줄곧 마셜의 근심거리가 될 것이었다. 그럼에도 1944년 9월 셋째 주에 퀘벡에서 재개된 회의에 참가했고, 전쟁에 대해 득의만면한 얼굴로 참가한 루스벨트, 처칠과 함께 했다. 모두가 연합국 간의 완벽한 동의를 얻기 위해 고심했다. 처칠이 계속해서 드라군 작전에 공급할 자원을 이탈리

> 66 마셜은 전쟁의 폐허와 빈곤에서 벗어나기 위한 유럽 사람들의 분투를 강조했다. 그러기 위해선 군인보다는 좀 더 정치가 같은 생각이 필요하다는 결론에 도달했다. 자신이 우려한 병참 문제는 유보해야만 했다. 99

아에서 이동시키는 것에 대해 억울해했는지는 모른다. 하지만 처칠은 그러한 사실을 털어놓지 않았다. 오히려 기자들에게 회의가 '타오르는 우정' 속에 진행되었다고 말했다.[10]

회의에서는 "독일군의 패배 이후 태평양 전쟁에서 영국의 역할은 무엇인가?" "맥아더와 체스터 니미츠Chester Nimitz 제독 사이에 태평양 지휘권을 어떻게 나눌 것인가?" "돌아오겠다는 맥아더의 약속을 지키기 위해 필리핀 탈환을 목표로 삼는다면 이후 대규모 태평양 군사작전은 어느 곳으로 할 것인가?" "아니면 니미츠가 선호하는 일본으로 가기 위한 디딤돌인 대만을 공격할 것인가?" 그리고 "독일 점령 지역을 연합국들이 어떻게 분할할 것인가?" 등이 안건으로 다루어졌다. 마셜의 생각 속에선 오직 지속적인 유럽 침공에 필요한 '보급품, 더 많은 보급품, 지원해야 할 보급품'이 최고로 중요한 사안이었지만, 이 중대한 회의는 군사적이기보다는 정치적인 성격을 띠고 있었다. 그곳에서 연합국 지도자들은 오랜 경쟁자들을 곱씹고 자국의 이익과 식민지 점령에 대한 야망을 부활시키고자 했다. 그동안 마셜은 전쟁의 폐허와 빈곤에서 벗어나기 위한 유럽 사람들의 분투를 강조했다. 그러면서 군인보다는 좀 더 정치가 같은 생각이 필요하다는 결론에 도달했다. 자신이 우려한 병참 문제는 유보해야만 했다. 병참적인 문제만큼이나 어려운 것은 외교적·인도주의적 위기의 문제였다. 이 회의에서 그는 방대할 뿐만 아니라 거의 다루기 어려운 문제가 나타난 것을 볼 수 있었다. 그러나 이 문제들이 일개 군인이 다룰 수 있는 분야가 아니라고 회피하기에는 너무 멀리 와버렸다. 결국, 퀘벡에서 열린 두 번째 회의에서 마셜은 자신의 미래와 다시는 순수한 군인이 될 수 없는 '군사 지휘관'의 미래를 보았다.

전쟁의 위기,
서부전선의 돌출부

공감과 지지, 설득을 통해 합의를
이끌어내는 민주형 리더십 ★★★★★★★★★★★★★★

마셜은 커뮤니케이션의 중요성을 잘 알고 반대 의견이나 직언도 경청하며 토론과 설득을 통해 합의를 이끌어내는 능력이 있었다. 이 과정에서 분산된 견해나 행동을 하나로 결집시키는 강한 주관과 노련함, 특히 연합군 내 이해도와 참여도를 높일 수 있는 공감대를 형성하는 것이 주요했다. 이러한 리더십은 초기에는 성과가 더디기도 하지만 장기적으로는 엄청난 효과를 낼 수 있다.

:: 보급전에 전쟁의 승리가 달리다

프랭클린 루스벨트는 4선을 위한 선거활동을 시작했다. 경쟁자는 공화
당 출신 뉴욕 주지사 토머스 듀이^{Thomas E. Dewey}였다. 이즈음 마셜은 파리
에 있던 아이젠하워와 전선에 있는 장군들을 방문하기로 결정했다. 작
전을 담당하던 참모차장 토머스 핸디^{Thomas Handy}와 전쟁동원국장 제임
스 번스가 마셜의 출장에 동행했다. 전 상원의원이자 미국의 대법관이
었던 번스는 훗날 국무장관이 되었다. 그들은 육군 수송기를 타고 논
스톱으로 뉴욕에서 파리까지 날아갔다. 1944년 8월 6일, 아이젠하워와
브래들리, 아이젠하워의 참모장 월터 비들 스미스가 르부르제 공군기
지^{Le Bourget Field}에서 마셜 일행을 맞이했다. 그들이 도착한 후 1시간이
지난 시간, 전쟁성의 한 전령이 혁신적인 장치를 들고 포트마이어 공
관의 캐서린 마셜을 찾아왔다. 그 장치는 처음으로 소개된 것으로 무

> ❝ 병참과 병력 문제 해결이 시급했다. 사실상 모든 군
> 인들을 소총병으로 투입하는 것을 고려해야만 했다. ❞

선으로 사진을 유럽에서 미국으로 전송할 수 있는 기능을 갖추고 있었
다. 그녀는 이 장치를 통해 비행장 활주로 위에서 웃으며 손을 흔들고
있는 남편과 아이젠하워를 볼 수 있었다.

아이젠하워 집무실은 위엄 있는 트리아농 팰리스Trianon Palace 호텔 뒤
편의 작은 백색 벽돌로 지은 별관 내에 있었다. 마셜은 자신이 관심 갖
고 있는 보급과 병력에 관한 문제의 중요성을 강조했다. 상륙부대는
동쪽으로 진격하는 지상군 부대의 진격과 보조를 맞춰줄 수 있는 적당
한 항구 시설물들을 확보하는 데 실패했다. 셰르부르와 다른 대서양
언안 항구에 탄약과 연료 하역량이 증가했다. 그러나 내륙으로 진격헤
가는 지상군은 항구에서 점점 더 멀어질 수밖에 없었고, 이런 부대에
보급품을 수송하는 것은 쉬운 일이 아니었다. 패튼의 제3군은 연료 부
족으로 몇 번이고 진격을 멈추어야만 했다. 아이젠하워와 군인들은 전
쟁 승리에 대한 집착을 '승리의 열병Victory Fever'이라고 불렀다. 미국 대
중은 승리가 눈앞에 있다고 믿었기 때문에 추가 징집에 대해 반발하기
시작했다. 마셜은 아이젠하워에게 후방에 있는 P.X.병이나 취사병처
럼 지원 임무를 수행하는 병력을 활용해 전선에 부대를 보충하라고 명
령했다. 사실상 모든 군인을 소총병으로 투입하는 것을 고려해야만 하
는 상황이었다.

병참과 병력 문제를 시급히 해결해야 했다. 그러나 이미 제1차 세계

대전에서 유사한 상황을 다뤄봤던 마셜에게 이러한 문제들은 낯선 것이 아니었다. 오히려 아이젠하워를 최고 사령관으로 임명함으로써 몽고메리의 지위가 떨어졌다고 생각하던 영국 대중과 언론의 엄청난 논란을 처리하는 것이 더 어렵다는 것을 알았다. 영국 대중은 웰링턴 Wellington 경 이래로 몽고메리를 가장 훌륭한 전쟁 영웅이라며 존경했으나, 미국인들은 몽고메리를 이기적인 사람으로 여겼다. 여하튼 영국인들은 몽고메리가 굴욕적이게도 휘하 임무를 하고 있으므로 아이젠하워가 자진해서 몽고메리의 지휘 아래로 들어와야 한다고 했다. 이런 주장에 패튼과 브래들리, 미군 상급부대 지상군 지휘관들 모두 격분했다. 언제나 현실주의자였던 브래들리가 마셜에게 1944년 크리스마스 이전에 전쟁을 끝낼 것이라던 초기의 예상은 지나치게 낙관적이었다고 말했다. 당시 마셜은 사람들이 생각하는 것보다 훨씬 더 부담이 큰 전쟁에 병력을 보충하고 보급품을 조달하는 문제에 직면해 있었다. 전쟁 초기엔 적 때문에 위태로웠으나 승리의 희망이 밝아오는 시기에는 오히려 연합국 스스로 위협을 일으켰다. 너무 빨리 승리를 예견한 결과였다.

:: 전쟁 리더십의 차이, 몽고메리와 아이젠하워

10월 8일, 마셜과 브래들리는 비행기를 타고 짙은 안개를 뚫고 브뤼셀 Brussels의 몽고메리 장군 지휘본부로 이동했다. 몽고메리는 마켓-가든 작전Operation Market-Garden을 3주 전에 개시했다. 영국 제2군의 지상공격과 함께, 영국과 미국의 공중 강습부대가 적의 후방 깊숙이 침투할 계획이었다. 영국 제2군은 일반적인 예상보다 더 신속하게 라인^{Rhine} 강을 도하하는 목표를 세웠다. 그들은 특히 독일군의 예상을 뛰어넘으려 했다. 몽고메리의 개념은 정확히 에인트호벤^{Eindboven}에서부터 북쪽 아른헴^{Arnhem}까지 약 13킬로미터밖에 안 되는 네덜란드의 좁은 회랑지대로 공수부대를 투입시키는 것이었다. 공수부대는 하류로 흐르는 라인 강의 지류를 포함한 세 개의 주요 하천 장애물을 도하하고, 운하를 가로지르고 있던 여러 개의 다리를 확보하고자 했다. 주요 목표는 라인 강을 도하하는 부대와의 연결, 네덜란드 서쪽에 주둔하고 있는 독일군 부대 차단, 적의 전방 방위선 측면 포위, 그리고 독일과 전면전을 실시할 영국 지상군 부대의 배치였다. 여기서 적의 전방 방위선이라는 것은 서부방벽$^{West Wall}$ 혹은 지그프리트 선으로 불리던, 서쪽에서의 독일 침공을 저지하기 위한 히틀러의 최후 저항선을 말한다.

전사에 가장 대규모의 공수작전이었던 마켓-가든 작전에는 3개 사단이 투입되었다. 미 제101공정사단은 에인트호벤으로 공중 강습하여 베젤^{Veghel}을 가로지르는 운하를 탈취했다. 미 제82공수사단은 독일 방어선 후방 약 97킬로미터 지점에 있는 마스^{Maas} 강과 월^{Waal} 강의 다리들 위로 낙하했다. 이어서 영국 제1공정사단과 폴란드 공정여단은 연결 작전을 시도했다. 나중에 밝혀진 것처럼 제82공수사단을 제외한 모든 부대는 목표 달성에 실패했다. 부대들은 잘못된 장소로 낙하해 적에게 차단당했다. 그들 중에는 실제로 적의 기갑사단 내로 낙하한 부대도 있었다. 아른헴 주위로 성공적 낙하를 실시한 1만여 명을 제외하고, 1,400여 명의 병력이 전사했고 6,000명 이상이 포로로 잡혔다.

마켓가든 작전 당시 네덜란드로 떨어지는 낙하산 물결.(1944. 9)

아이젠하워는 마켓-가든 작전을 가치 있는 모험으로 여겼다. 하지만 브래들리는 매우 좁은 전선에서 라인 강을 도하하려는 이 작전을 격렬히 반대했다. 연합군은 많은 전과를 지속시키기 위한 방안으로 광정면의 전선에서 동시에 독일 지역으로 진격하기로 합의되어 있었다. 브래들리는 몽고메리가 합의와 달리 아주 좁은 전선으로 공격한다며 이 작전을 받아들이지 않았다. 마켓-가든 작전의 실패에도 몽고메리는 당당했다. 오히려 그는 마셜을 만난 브뤼셀에서 아이젠하워가 지상군 사령관을 맡은 이후, 야전군들이 지역적으로 나눠진 것이 아니라 국가별로 나눠졌다며 불만을 토로했다. 몽고메리는 자신의 의견에 반대하는 연합군 장군을 용인하지 않았던 인물이다. 몽고메리는 오히려 이렇게 주장했다.

"그곳에 대한 연합군의 지배력이 부족했다. 그리고 방침과 통제도 결여되어 있었다. 사실 우리의 작전은 제멋대로였고 일관성이 떨어졌

> 66 많은 사람이 연합군을 계획한 사람이자 통합군사령
> 부의 옹호자인 마셜을 비난했다. 그러나 마셜은 경솔히 행
> 동하지 않기 위해 노력했고, 몽고메리의 위상을 떨어뜨리는
> 자극적인 행동을 하지 않으려고 애썼다. 99

다. 그리고 우리 스스로가 우리를 엉망으로 만들었다."

마셜과 아이젠하워의 통합군사령부는 많이 진척되었다. 하지만 유럽에 있는 영국의 최상급 지휘관들로부터 통합군사령부는 실패했다는 말을 들었다. 심지어 그 개념에 대해 불평하던 자신의 몇몇 예하 지휘관들과 싸웠다. 전쟁 전에 알려지지 않았던 아이젠하워를 지중해와 유럽 전구를 지휘하는 권력의 정점으로 올린 사람이 바로 마셜이었다. 이에 많은 사람이 연합군을 계획한 사람이자 통합군사령부의 옹호자인 마셜을 비난했다. 그러나 마셜은 '경솔히 행동하지' 않기 위해 노력했고, 몽고메리의 위상을 떨어뜨리는 자극적인 행동을 하지 않으려고 애썼다. 마셜은 다음과 같이 회상했다.

"나는 지금 이건 내 일이 아니라 아이젠하워의 일이라고 생각했다. 그리고 나는 스스로를 억제하는 것이 어려웠기에 그 일에 끼지 않는 편이 좋을 것이라고 판단했다. 나는 몽고메리가 한 말이 전혀 논리적이지 않다고 생각했다. 단지 그가 극도의 자기중심적인 인물이기 때문에 그렇게 했던 것이다."[1]

따라서 마셜은 아이젠하워가 하기에는 매우 곤란한 일들을 대신 처리하기로 결정했다. 그는 자신이 직접 어려운 상황을 세세한 부분까지

　　　직위에 합당한 사람을 선택하고, 그에게 직무를 완전히 맡기는 원칙은 마셜의 리더십이 미군에 남긴 교훈들 중 하나이다.

통제하지 않았다. 대신 자신의 부하를 믿었다. 그들 스스로 자신의 작전 명령들을 실행할 수 있는 방법을 찾을 수 있게 했다. 마셜은 전쟁 리더십의 중요한 요소로 자기 절제력을 체득했다. 이는 그가 완숙해졌다는 것을 나타내는 한 예였다. 군사 행정가로서 마셜은 언제나 적재적소에 인재를 배치하는 데에 뛰어난 자질을 보여주었다. 따라서 자신이 선택한 사람의 판단을 신뢰하는 것은 당연했다. 직위에 합당한 사람을 선택하고, 그에게 직무를 완전히 맡기는 원칙은 마셜이 미군에 남긴 리더십과 관련된 교훈들 중 하나였다. 그럼에도 불구하고, 전쟁 이후 미군은 이 교훈을 준수하지 못하고 자주 위반했다. 베트남 전쟁부터 리스토어 호프 작전Operation Restore Hope, 그 이후의 1992년부터 1994년의 소말리아 작전, 그리고 2001년 이후의 아프가니스탄 전쟁과 2003년 이후의 이라크 전쟁까지 일련의 긴 충돌이 있었다. 이 충돌에서 분명한 정책과 명확한 목표 정립에 실패했다. 또한 상급자들의 집행 권한을 지상군 사령관들에게 위임하는 데 어려움을 겪었다. 상급 부대의 세세한 부분까지의 간섭, 상급자들의 무능함, 그리고 하급 부대의 반항적인 것들이 결합하면서 어려움이 생겨났다.

:: 독일군의 기습, 연합군에 닥친 위기

마셜은 일주일 동안 야전군 5곳, 군단 8곳, 사단 지휘본부 16곳을 방문했다. 그리고 또 다른 8개 사단 참모들과 인사를 나눴고, 많은 수의 미군 장병과 환담 시간을 가졌다. 일정을 마친 마셜은 10월 6일 워싱턴으로 돌아왔다. 워싱턴에서는 유럽의 원수 계급에 상응하는 미군의 5성 계급을 부여하기 위한 법안 통과의 진행 상황을 확인했다. 루스벨트가 법안 통과를 위해 애쓰고 있었다. 원수 계급 부여 대상자는 육군의 맥아더, 아이젠하워, 아놀드 장군, 그리고 해군의 윌리엄 리히William Daniel Leahy, 킹, 니미츠, 할지 제독이었다. 그리고 마셜도 포함되어 있었다. 그러나 마셜은 '의회에 신세를 진다'고 느꼈기에 법안의 국회 통과를 반대했다. 마셜은 또한 5성 계급장을 다는 것이 제1차 세계대전 이후 존 퍼싱이 받은 영예를 떨어뜨릴 것이라 믿었다. 그는 결국 의회에 퍼싱만이 유일하게 '대원수General of the Armies'의 칭호를 유지하게 하는 데 성공했다. 반면에 나머지는 단수로 '육군 원수General of the Army'로서 5성 장군이 되는 것으로 결정했다. 1944년 12월 15일 펜타곤에서 열린 기념행사에서, 마셜은 새로운 계급장을 달았다. 실제로 같은 날, 의회는 마셜이 육군 규정에 의해 64세가 되는 12월 31일의 전역을 우선 보류시키기 위한 투표를 실시했다.

12월 16일, 아이젠하워는 5성 장군으로 진급한다는 전문을 받았다. 마셜이 방문한 후 2달간, 프랑스와 벨기에에 주둔 중인 연합군은 네덜란드에서 스위스 국경의 겨울 진지로 이동했다. 12월 중순이 되자 브래들리는 부족한 병력 때문에 매우 불안했다. 그래서 아이젠하워에게

> **⟨⟨** 마셜 입장에서 가장 어려운 점은 두 개의 전역에서
> 전쟁을 동시에 수행해야 한다는 것이었다. **⟩⟩**

하원의원을 펜타곤으로 보내 이 문제를 해결해 달라고 요청했다. 브래들리는 당시의 절박했던 상황을 이렇게 기록했다.

"워싱턴은 할당량을 속여 우리에게 보병을 덜 보내줬다. 그뿐만 아니라 11월에 우리의 요구가 많아지자 전쟁성은 대체 병력의 매월 할당량을 8만 명에서 6만 7,000명으로 축소시켜 버렸다. 그 당시 우리는 태평양 전구로 전환되고 있던 수많은 병력이 필요했다."

브래들리는 아이젠하워에게 불평했다.

"그들은 우리가 여전히 유럽의 전쟁에서 패배할 수 있다는 것을 깨닫지 못하고 있다."[2]

브래들리가 말하는 '그들'은 조지 마셜을 포함하는 것이었다. 그러나 마셜 입장에서 가장 어려운 점은 두 개의 전역에서 전쟁을 동시에 수행한다는 것이었다. 따라서 하나의 전역에 국한되지 않고 모든 것을 총괄하며 앞을 내다봐야 했다. 일본은 잇따른 패배에도 항복할 의사를 보이지 않았다. 그들의 저항은 자살 공격으로 변했다. 패배에 직면한 일본의 육군·해군은 자신들이 승리하고 있었던 전쟁 초기보다 더 많이 미군에게 타격을 입혔다. 실제로 완벽한 패배를 피하려는 일본의 유일한 희망은 계속 전투하고자 하는 미군의 의지보다 더 오래 버티는 것이었다. 따라서 마셜은 가능한 한 많은 수의 병력을 태평양으로 투입해야만 했다.

유럽에 있는 지휘관들의 마셜에 대한 부정적인 여론은 대단히 큰 오해였다. 태평양에 있는 지휘관들의 시각에서 보면 그것은 한참 전에 시행되었어야 할 행동이었다. 전쟁 초기, 일본에 대한 공격작전이 시작되기 전에 독일이 패배할 것이라고 예상했던 것은 정책상의 문제였다. 마셜이 이러한 입장을 보인다는 것은 어려운 문제였다. 게다가 거의 끝나가는 유럽 전쟁 쪽 편을 든다는 것은 더 어려운 문제였다. 당시의 정책은 뚜렷하지 않았다. 참모총장은 병력에 관한 매우 어려운 결심을 해야만 했다. 미국인들은 자신들의 '아들'이 살아서 돌아오길 학수고대했고 전쟁 비용은 계속해서 삭감되고 있었다. 사실상 정부 내 어느 누구도 군 확장을 지지하지 않았던 시기였다.

마셜은 두 전구에 대한 균형을 맞춰야 했다. 그러나 유럽 전쟁에서 여전히 패배할 수 있다는 브래들리의 우려에는 충분한 근거가 있었다. 서부선선에 내한 전면전에 앞서, 아이젠하워가 핑정면에 걸쳐 부대들을 배치했기에 공격이 여러 지점에서 동시에 이루어질 수 있었다. 이러한 부대 배치 결과, 벨기에 아르덴^{Ardennes} 삼림지대에는 매우 취약한 방어 병력만 남게 되었다. 1940년 프랑스 전투가 시작될 때의 운명적인 공격 이후로 그 지역은 조용했다. 신병과 전쟁에 지친 노병들로 구성된 브래들리의 제12집단군 예하 4개 사단만이 약 120킬로미터에 걸친 전선을 지켰다. 독일군 게르트 폰 룬트슈테트^{Gerd von Rundstedt} 장군은 이곳을 아돌프 히틀러가 직접 지시한 명령을 실행할 수 있는 특별한 기회의 장소라고 판단했다. 히틀러는 1944년 7월 육군 장교들의 암살 시도를 겨우 피했다. 그는 9월 16일, 자신의 일일 상황 보고에서 다음과 같이 말했다.

"나는 지금 막 중대한 결심을 했다. 안트베르펜Antwerpen으로의 진격을 목표로 아르덴을 돌파하는 반격 작전을 실시할 것이다."

폰 룬트슈테트는 작전명 '라인을 수호하라Wacht am Rehin(Watch on the Rhine)'에 대해, "나는 깜짝 놀랐다. 하지만 그와 같은 아주 야망적인 계획을 위해 내게 가용한 부대는 확실히 부족했다"라고 기록했다. 그러나 당시 아이젠하워와 브래들리는 룬트슈테트에게 예상치 못한 허점을 노출했다. 독일군은 12월 2주 동안 1,500대의 열차를 통해 병력과 전차, 그리고

게르트 폰 룬트슈테트(1875~1953) 제2차 세계대전 당시 독일 육군의 원수로 야전 사령관 중에서 가장 높은 위치를 차지하고 있었다. 서부전선에서 발터 모델Otto Moritz Walter Model의 B집단군 병력을 재빨리 이동시켜 마켓가든 작전에 대비해 전투를 승리로 이끌었다.

포를 비밀리에 아르덴 동쪽에 위치한 수개의 역 구내로 수송했다. 공격작전 시작 3일 전 병력 25만, 전차와 돌격포 717대, 중포 2,623문이 조직력이 부족한 미군 사단과 불과 약 6.5킬로미터도 되지 않는 거리 내에 배치했다.

히틀러 총통은 집결 부대의 장군들에게 "이 전투가 우리의 삶과 죽음을 결정할 것이다"라고 말했다. 그리고 룬트슈테트는 "서부전선의 용사들이여! 여러분들의 시간이 왔다!"라는 강력한 훈시로 자신의 부대를 결집시켰다. 그는 부대원 모두에게 다음과 같이 말했다.

"우리의 조국과 우리의 총통을 위해, 인간의 가능성을 뛰어넘는 것을 달성할 수 있도록 모든 것을 헌신할 신성한 의무를 지니고 있다."[3]

1944년 12월 16일, 브래들리는 병력 문제를 철저히 의논하기 위해, 막 펜타곤으로 향하려던 조셉 제임스 오헤어^Joseph James O'Hare 준장의 차에 합승했다. 오헤어는 파리로 가는 중이었고 브래들리는 베르사유에 있는 아이젠하워 사령부로 향했다. 이튿날 오후, 대령 한 명이 회의실로 들어와 아이젠하워의 정보참모에게 메모를 전했다. 영국군 소장 케네스 스트롱^Kenneth Strong은 그 내용을 읽고는 회의를 중지시켰다. 그리고 소리쳤다.

"독일군이 아침 5시를 기해 벨기에의 5개 지점을 공격하기 시작했다!"

월터 비들 스미스는 브래들리의 어깨에 손을 올리며 말했다.

"자! 브래드, 당신이 원하던 독일군의 반격이오. 지금 상황은 당신이 예상했던 것과 같아 보이오."

브래들리는 그의 말에 이렇게 대꾸했다.

"예상했던 한 번의 반격은 맞소. 그러나 이렇게 큰 것을 원했다면 나는 사람도 아니오."[4]

아르덴 공세^Ardennes Offensive는 대이변이 될 징후처럼 보였다. 사실 이 공세는 유럽에서 미군이 가장 크고 값비싼 대가를 치룬 벌지 전투^Battle of the Bulge로 발전되었다. 브래들리와 아이젠하워 모두 독일군의 기습에 걸려들었다. 그러나 이들은 위기상황에서 더 큰 능력을 발휘했고, 패튼의 제3군의 도움으로 절박한 패배의 순간을 역습으로 전환시켰다. 이 역습으로 독일군은 패퇴했고, 다시는 공격을 시도하지 않았다.

마셜은 이 모든 진행과정에 개입하고 싶었다. 그러나 그 모든 유혹

을 참아냈다. 작전처의 조지 링컨George Lincoln 대령이 아르덴에서 포위된 사단들을 증원할 수 있는 부대들에 관한 보고서를 가지고 왔다. 이때 마셜은 다음과 같이 링컨의 계획을 막았다.

"우리는 아이젠하워를 방해하지 않는 것 외에는 도와줄 방법이 없네. 내 승인 없이는 어떤 지침도 보내지 말게."[5]

참모총장 마셜은 또다시 놀라운 자제력을 증명해 보였다. 오직 전선에 있는 아이젠하워, 브래들리, 패튼을 비롯한 모든 지휘관, 그리고 장교들과 병사들만이 전투의 결과를 결정할 수 있었다. 참모총장은 이런

> 그러나 몽고메리는 명령을 거부했다. 오히려 아이젠하워와 브래들리가 독일군의 기습공격을 유발시켰다며, 공개적으로 그들을 거세게 비난하기 시작했다.

전황을 인정하고 침묵을 유지할 수 있었다. 그러나 침묵을 유지하는 데는 제한이 있었다.

크리스마스 날 벨기에 바스토뉴^{Bastogne}의 맑은 하늘에 연합군의 공중 폭격이 실시되었다. 그리고 12월 26일, 패튼의 제3군 예하 부대들이 바스토뉴의 경계선에 도달했다. 포위되었던 제101공정사단과 제10기갑사단은 돌파작전을 개시했다. 아이젠하워와 패튼, 브래들리는 돌파 이상의 것을 원했다. 그래서 브래들리는 전면적인 역습 계획을 지시했다. 아이젠하워는 열성적으로 이 계획을 지지했고, 몽고메리에게 휘하의 모든 부대를 투입시키라고 명령했다. 그러나 몽고메리는 명령을 거부했다. 오히려 아이젠하워에게 브래들리의 부대를 자신에게 배속시키라고 요구하며 아이젠하워와 브래들리가 독일군의 기습공격을 유발시켰다며, 공개적으로 그들을 거세게 비난하기 시작했다. 영국 언론은 벌지 전투를 승리로 이끌고 있는 것이 영국이라며, 그 전투에 관한 이야기를 떠벌렸다. 그리고 몽고메리에게 모든 지상군 지휘권을 양도하라고 요구했다.

통합군사령부 옹호자였던 아이젠하워는 영국인들의 이러한 행동을 이해할 수 없었다. 그는 연합참모본부에 자신과 몽고메리 중 누구를 선택할 건지 묻는 전보를 작성했다. 마침내 마셜이 침묵을 깼다. 마셜은 아이젠하워에게 전문을 보냈다.

"몽고메리든 어느 누구든 간에 무슨 일이 있어도 어떤 종류의 양보
도 하지 마라."

그리고 마셜은 다음과 같은 말을 덧붙였다.

"자네는 우리의 자존심이다. 미국인들은 영국인들의 그런 행동에 대
해 엄청나게 분개할 것이다."[6]

아이젠하워는 몽고메리의 참모장에게 자신이 연합참모본부에 보내
려고 작성한 문서를 보여줬다. 동시에 마셜에게 받은 전문도 보여주었
다. 몽고메리의 참모장은 아이젠하워에게 전문을 연합참모본부로 보
내는 것을 하루 동안만 연기해 달라고 요청하고 런던으로 가서 몽고메
리에게 "직접 가보시는 편이 좋을 것 같다"라고 전했다. 몽고메리는 아
이젠하워의 행동에 큰 충격을 받았다. 결국 몽고메리는 패배를 인정하
고 아이젠하워에게 사과했다. 마셜은 자신이 엄청난 영향력을 행사할
수 있다는 것을 잘 알고 있었기에 늘 최대한 행동을 자제했다. 따라서
마침내 그가 자신의 영향력을 행사했을 때 그의 말은 지독한 자기중심
주의자 몽고메리에게 강력한 위력을 발휘했다.

마셜이 아이젠하워를 구했다. 아이젠하워가 몽고메리에게 지휘권을
넘겼다면, 미 육군의 상급 지휘관들은 모두 반발했을 것이다. 브래들
리와 패튼을 포함한 일부 지휘관들은 자신들의 직책에서 물러났을 것
이고, 지휘의 통합과 영미동맹도 심각하게 훼손되었을 것이다. 아이젠

하위를 돕는 과정에서 마셜은 전쟁에서 필요한 위대한 동맹을 유지시켰다. 그리고 벌지 전투에서 연합군이 승리하자, 독일의 심장부가 몽고메리가 아닌 아이젠하워가 이끄는 부대들에 의해 개방되었다. 이러한 큰 위기를 해결한 마셜은 이제 또 다른 중대한 회담에 참석하게 되었다. 제2차 세계대전 중 처음으로 러시아 영토에서 열리는 회담이었다.

정치가 마셜,
군사력과 정치적 전략

제2차 세계대전 이후 외교 정책을 결정하는
정치전략, 협상의 리더십 ★★★★★★★★★★★★★

제2차 세계대전의 종전과 함께 세계는 또 다른 구도로 바뀌고 있었다. 마셜은 더 이상 군
사력만이 외교 정책의 방향을 결정하는 시대는 지났다고 판단했다. 협상을 할 때 상호 이
해관계를 유지하며, 최대한 목표한 바를 확보할 수 있는 이상적인 결과를 위해 전략을 짜
고, 어떻게 먼저 기선을 제압할 것인지, 공동의 이익은 어떻게 성취될 수 있는지를 이해시
키고 설득시키는 군사력과 정치전략의 조화로운 협상능력을 발휘했다.

∷ 자신의 정신을 지배하는 자

1944년의 마지막 날, '햅' 아놀드 장군은 조지 마셜의 예순네 번째 생일을 축하하기 위해 깜짝 파티를 준비했다. 전쟁성 장관 스팀슨은 "자신의 정신을 지배하는 자가, 도시를 지배하는 자보다 낫다"라 유대인 잠언의 한 구절을 인용하며 축배를 제의했다. 덧붙여 다음과 같이 말했다.

"당신과 함께한 것은 큰 영광이었습니다. 나는 당신이 자신의 리더십을 완성할 때까지 계속 이어나갈 수 있기를 바랍니다."[1]

스팀슨은 일본 본토 침공 계획을 위해 1945년 가을까지 10개 사단을 창설할 계획을 추진해 마셜과 충돌한 적이 있었다. 전문적인 교육훈련 분야에 자신의 군 생활 전부를 헌신한 마셜은 사단을 훈련시키기 위해서는 사실상 최소 2년이 소요된다고 주장했다. 게다가 스팀슨의 계획은 중요 민간산업을 위해 가정에 있어야 하는 남자들에게 '끔찍한 군복을 입히는 것'을 뜻한다고 지적했다. 이것은 마셜이 유럽 전구와 태평양 전구가 균형을 이룰 수 있도록 한 것처럼, 전시 생산에 필수 중심지인 국내 전선과 국외 전선이 균형을 이룰 수 있도록 하기 위해서였다. 마셜은 스팀슨의 계획을 격렬하게 반대했다. 또한 자신의 의견을 밝히기 위해 스팀슨에게 "참모총장직에서 사임하겠다!"라는 말을 루스벨트 대통령에게 전해달라고까지 말했다.[2] 결국 스팀슨은 자신의 주장을 철회했다.

벌지 전투 동안, 아이젠하워의 73개 사단의 병력은 7만 7,000여 명으로 대폭 감소되었다. 그들의 대부분은 보병이었다. 작전 개시일부터 총사상자는 50만여 명이었고 전사자는 9만여 명이었다. 육군 정보처는 아르덴 작전에서만 독일군은 3만 6,000여 명의 포로를 포함한 25만여 명의 병력을 손실했다고 추산했다. 하지만 독일은 연합군의 진격을 막고 본국을 방어하기 위해, 넓고 웅장한 라인 강을 따라 여전히 70개 사단을 남겨두고 있었다.

태평양에서는 맥아더의 병력들이 필리핀으로 진격해 갔다. 1944년 12월 1일까지 7개 사단이 레이테Leyte 섬의 해안을 확보했다. 그 결과 총 5곳의 비행장을 운영할 수 있게 되었고, 미 해군은 섬 일대의 해상을 지배했다.

1945년 1월 20일, 조지와 캐서린 마셜은 포트마이어 제1호 공관에서 일찍 일어나 펜타곤에 있는 사무실로 갔다. 그들은 백악관의 10시 예배에 참석하고, 정오에 프랭클린 루스벨트의 네 번째 취임선서에 참석했다. 매우 추운 날씨와 루스벨트의 건강 악화로 취임식 장소는 국회의사당 동쪽에서 참석자들이 악천후를 피할 수 있는 백악관 남쪽 현관으로 변경되었다. 캐서린은 그때의 루스벨트에 대해 '해쓱하게 야위어' 손은 떨리고, 목소리는 힘을 잃었다고 묘사했다.

"지난 4년이 초래한 파괴를 보는 것은 너무나도 비참했다. 그의 측근들의 부인에도 불구하고 벽에 있는 그의 필적을 보면 오해의 여지가 없었다." 3

먼저 미주리Missouri 상원의원인 해리 트루먼이 루스벨트의 새로운 부통령으로 선서를 했다. 루스벨트의 세 번째 임기 때 부통령이었던 헨리 월리스Henry Wallace는 지나친 좌익적 관점으로 많은 논쟁을 일으켰기 때문에 교체되었다. 트루먼은 제77대 및 제78대 의회의 국가안보 프로그램 조사를 위한 특별위원회를 창설하고 의장이 되었다. 이른바 트루먼 위원회는 부패하고 무능한 군대의 계약담당자들을 축출했다. 트루먼은 훗날 전기 작가 메를 밀러Merle Miller에게 이렇게 말했다.

"이 위원회에서 일하는 동안 처음으로 마셜 장군에 대해 정말로 잘 알게 되었다. 그가 당신에게 말한 모든 이야기는 믿을 만하다. 그는 절대로 당신에게 거짓말을 할 사람이 아니다. 그리고 그는 항상 자신이 무엇에 대해 말하는지 알고 있었다." 4

> 66 독일의 패배가 가시화되고 있는 상황에서 원자폭탄
의 사용처는 독일이 아니라 일본으로 점쳐지고 있었다. 99

:: 군사력과 정치적 전략

트루먼이 부통령이 되자, 루스벨트의 첫 번째 부통령 존 낸스 가너John
Nance Garner는 트루먼을 "따뜻한 요강단지만큼의 가치도 없다"라고 폄
하했다. 마셜은 가너의 말을 인정하지 않았다. 또한 트루먼을 포함한
정부의 모든 사람들에게 내색하지도 않았다.

1939년 이후 트루먼은 우라늄 혹은 플루토늄 원자 분열에 기초한 새
로운 폭탄제조가 실현 가능한지 연구케 했다. 1942년 이른바 '맨해튼
기술국Manhattan Engineer District' 또는 '맨해튼 프로젝트Manhattan Project'라고
불린 이 기관은, 펜타곤 건설을 막 마친 레슬리 그로브스Leslie Groves 준
장의 지휘 아래 세워졌다. 그로브스는 1944년 12월 루스벨트, 스팀슨,
마셜에게 "첫 번째 원자폭탄은 1945년 8월 1일에, 두 번째는 1945년 말
에 준비된다"라고 보고했다.

폭탄은 실험을 거치지 않은 상태였지만, 미국 역사상 최고의 파괴력
을 가진 무기로 예상되었다. 히틀러의 과학자들이 원자폭탄 개발에 거
의 근접했다는 것을 알게 된 미국은 원자폭탄을 먼저 개발하기 위해
전력을 다했다. 그러나 독일의 패배가 가시화되고 있는 상황에서 원자
폭탄의 사용처는 독일이 아니라 일본으로 점쳐지고 있었다. 폭탄의 위
력은 굉장했다. 그렇기 때문에 일본 본토를 침공하지 않고도, 일본의

항복을 받아낼 수 있을 것으로 생각되었다. 이는 수만의 미군 병사의
목숨을 살리게 됨과 동시에, 소련군의 참전을 불필요하게 만들 수 있
는 것이었다. 일본이 공산세력의 영향 하에 들어가지 않게 하기 위해
서는 소련군의 참전을 막아야만 했다.

　1945년 2월에도 여전히 원자폭탄이 실제로 개발 가능한지 아무도
확신하지 못했다. 대통령 비서실장 윌리엄 리히 제독 같은 일부 인원
들은 원자폭탄에 대한 과학적 이론 자체를 의심했다. 그래서 루스벨트
와 처칠은 폭탄이 개발되지 않을 수도 있다는 가정을 하고 부득이하게
스탈린과 태평양 전쟁의 소련 참전 일자를 상의하기 위해 크림 반도의
휴양 도시 얄타Yalta로 갔다. 덧붙여 마지막 단계에 접근한 독일과의 전
쟁에 대해서도 논의하고자 했다. 루스벨트와 처칠은 얄타로 가기 전
몰타Malta에서 먼저 회합하기로 계획했다. 그것은 스탈린과 두 가지 안
건을 논의하기 전에 군사력과 정치적 전략을 조정하기 위해서였다. 마
셜은 몰타 회합 전에, 프랑스 마르세이유로 가서 아이젠하워와 만났
다. 마셜은 되도록 많은 독일 육군을 라인 강 서쪽에서 괴멸시킨 다음
연합군이 강을 도하하는 계획에 대해 상의했다.

　또한 마셜은 지휘권을 분할하자는 영국의 새로운 요구를 제압할 계
획도 세웠다. 그도 루스벨트처럼 미국이 군사적 최종 단계에서 명령하
는 권리뿐만 아니라 전후 유럽의 정치·경제·군사적 미래에 대해 우세

한 역할을 주장할 수 있다고 믿었다. 그것은 유럽인들의 해방을 위해 투입한 병력과 사상자의 고통, 그리고 총기와 탄약 등 모든 전쟁 물자를 생산한 미국인들의 희생 때문이었다. 마설은 미국이 제1차 세계대전 이후 유럽에서 철수해 버린 실수를 반복해서는 안 된다고 생각했다. 우드로 윌슨 대통령은 미국을 민주주의의 수호자 위치로 올려놓았다. 그러나 그의 두 번째 임기 동안 의회를 장악한 것은 고립주의적인 공화당이었다. 더군다나 윌슨의 뒤를 이은 공화당 대통령 역시 고립주의사였기 때문에 미국을 세계무내에서 철수시켰다. 마설은 세1차 세계대전 이후 미국과 같은 강력한 존재가 없었기 때문에 독일과 이탈리아, 일본이 세계전쟁을 다시 일으킬 수 있었다고 판단했다. 그래서 전후 질서 정리에 있어 미국의 윌슨이 정했던 원칙 조항들을 이번에는 확실히 이행하길 원했다. 트루먼 아래서 국무장관을 하던 당시의 마설은, 자기 자신이 그 실행의 주관자가 되리라고는 예상하지 못했다. 그러나 1945년 초, 육군 참모총장인 그는 자신의 뚜렷한 세계적 관심사들에 관여하게 되었다. 그리고 지금의 미국이 있게 하는 데 큰 도움을 주었다고 미 국민은 그를 기억한다.

마설이 창출한 중요한 글로벌 리더십에 대한 선례는 냉전^{Cold War}과 그 후의 기간 동안 미국 대통령과 다른 국가 지도자들이 외교 정책을 결정하는 데 영향을 끼쳤다. 제2차 세계대전 후 반세기 동안, 대부분의 국제적 관심사에서 미국의 지도적 역할은 국내외에 널리 적용되었다. 하지만 베트남, 이라크, 아프가니스탄의 쓰라린 경험은 이런 유형의 외교 정책에 점점 의문을 갖게 했다. 이제 마셜의 시대와 그의 유형은 색이 바라거나, 이미 전부 사라졌다는 추측을 하게 된다.

:: 제2차 세계대전 승리의 조직자

마셜은 아이젠하워와의 상의 끝에 라인 강을 건넌 후의 연합군의 작전, 이탈리아에서의 미군 이동, 태평양 전쟁의 마지막 단계를 어떻게 할 것인지에 대한 계획을 완성했다. 이 계획에 대해 마셜은 몰타에서 영국 참모총장과 격렬하게 토론했다. 루스벨트, 처칠, 스탈린의 얄타

얄타 회담(1945. 2. 4~11) '빅 3'인 처칠, 루스벨트, 스탈린이 소련 흑해 연안에 있는 얄타에서 만나 나치 독일의 제2차 세계대전의 패전과 그 관리에 대해 의견을 나누었다.

> 나는 아이젠하워 장군 지휘 아래 펼쳐진 훌륭한 전
투와 미군과 연합군이 이룬 성공에 대해 마셜 장군에게 진
심으로 축하를 보냅니다. 자신의 천재성으로 조직된 부대가
어떻게 불멸의 명성을 얻는지 보는 것은 당신에게도 틀림없
이 기쁜 일일 것입니다. 당신은 진정한 '승리의 조직자' 입
니다.

회담 결과에 따라서 유럽과 세계의 정치적 모습이 바뀔 것 같았다. 마
셜은 제2차 세계대전이 미국의 의도대로 끝나야 한다는 미국의 입장을
완강하게 주장했다.

얄타 회담에서 루스벨트가 의장이 되었다. 회담에 참석한 마셜은 연
합국의 상황을 즉석에서 요약해 전달했다. 마셜의 요약에 대해 처칠은
매우 훌륭하고 간결하다고 평했다. 루스벨트의 새로운 국무장관 에드
워드 스테티니어스Edward R. Stettinius Jr.도 자신이 들어본 가장 훌륭한 프레
젠테이션 중의 하나라고 말했다. 마셜은 자신이 회담의 참가자라기보
다는 행사에 대한 관찰자라고 생각했다. '빅 3'는 아이젠하워에게 전적
으로 독일에 대한 연합군의 군사적인 전략전술을 허가하는 협정을 체
결했다. 또한 점령 지역 독일을 서로 분할하는 데 동의했다. 특히 베를
린도 소비에트 구역을 포함해 분할하기로 했다. 스탈린은 태평양 전쟁
에 참전하는 대가로 일본의 영토를 확보했다. 이제 지구상에는 영국과
소련의 영향력이 서로의 영역을 확보하게 된 것이다. 얄타에서 미국은
독일 침공 계획에 대한 '빅 3'의 지지를 이끌어냈다. 다음으로 마셜은

끝없이 계속되고 있는 이탈리아 군사작전에 대해 마크 클라크 장군과 상의하기 위해 얄타에서 이탈리아로 이동했다. 이 시기 이탈리아 전선은 여성 연방의원 클레어 부스 루스Clare Booth Luce에 의해 '잊힌 전선Forgotten Front'이라고 묘사되었다. 「라이프Life」와 「타임Time」의 발행인 헨리 루스Henry Luce의 아내인 그녀는 루시안 트러스콧 장군의 도움으로 한 해 전 크리스마스 때 이탈리아 전선을 둘러보았다. 그 경험을 바탕으로 그녀는 「라이프」에 몹시 지치고 진흙투성이인 군인들의 사진과 풍부한 삽화가 삽입된 장문의 기사를 실었다. 기사의 부제는 '이탈리아에서 지루한 전쟁과 싸우고 있는 미 제5군'이었다. 마셜이 이탈리아 전선을 둘러보는 동안, 많은 기자 무리가 뒤따랐다. 루스의 비판에 의해 이탈리아에 관심을 갖기 시작한 기자들은, 육군 참모총장이 전선에 나타나자 더 큰 흥미를 보였다.

물론 마셜도 이탈리아 군사작전에 지나치게 많은 자원을 투입하는 것을 반대했다. 심지어 만약 그가 더 낮은 계급의 야전 지휘관이었다면 그곳과는 거리를 두려고까지 했을지도 모른다. 그는 자신이 생각하는 전략적 종결을 위해 최선을 다하는 것이 옳다고 생각했다. 하지만 만약 그에게 이탈리아의 주요한 군사작전에 전념하라는 상부의 결정이 내려진다면 그는 자신의 역할에 최선을 다해 작전을 관리하고 지원해야 한다고 생각했다. 마셜이 의도적으로 가슴 아픈 군사작전과 자신 사이에 일정한 거리를 둔 것은 결코 아니었다. 오히려 클라크와 병력들에게 그들이 '잊혀지지Forgotten' 않았음을 보여주려고 단단히 결심했다. 그래서 자신이 반대했던 이탈리아 군사작전이었지만, 그 작전이 독일을 패배시키는 데 중대한 요소가 되리라고 믿었다. 마셜은 자신을 뒤쫓는 기자들에게 침착한 어투로 강조했다.

"연합국은 전 세계적인 전쟁에서 싸우고 있다. 특히 이탈리아에 독일군 세력의 일부인 27개의 사단을 묶어두는 것은, 그것이 헤드라인에 실리든 실리지 않았든 간에 우리에게는 놀라운 성과다."

마셜은 제5군과 자신의 결속을 입증하기 위해 이탈리아에서 3일을 보냈다. 이 3일은 마셜이 1918년 퍼싱 장군의 작전참모로서 프랑스에서 있었던 때만큼 활발하게 작전 중인 최전선에 가까이 있었던 시기였다.

펜타곤으로 돌아온 마셜은 처음부터 이탈리아 전선을 개시하기 위해 자신을 압박했던 인물의 메시지를 받았다. 윈스턴 처칠은 워싱턴에 있는 영국 군사수석을 통해 다음과 같은 전신을 보냈다.

"나는 아이젠하워 장군 지휘 아래 훌륭한 전투와 미군 및 연합군의 성공에 대해 마셜 장군에게 진심 어린 축하를 보냅니다. 그리고 자신의 천재성으로 조직된 부대가 어떻게 불멸의 명성을 얻는지 보는 것은, 당신에게 틀림없는 기쁨이라고 말하고 싶습니다. 당신은 진정한 승리의 조직자organizer of victory입니다." 5

:: 미군 부대와 몽고메리의 군대

1945년 2월 말, 53개의 보병사단과 20개의 기갑사단으로 구성된 약 400만 병력의 7개 야전군이 라인 강의 서쪽 둑에서 전투태세를 갖추었다. 3월 7일, 제9기갑사단의 선봉 부대는 레마겐Remagen에 있는 파괴되지 않은 온전한 철교를 발견했다. '루덴도르프 다리Ludendorff Bridge' 라고 불린 이 철교를 이용해, 그날 저녁까지 3개 사단의 병력이 건널 수 있었다. 3월 23일, 패튼의 사단은 나폴레옹 이후 처음으로 라인 강을 보트를 타고 수륙양용으로 건넜다. 3월 27일, 파리에서 열린 회의에서 아이젠하워는 독일을 '지칠 대로 지친 군대Whipped Army'라고 칭했다. 다음 날 몽고메리에게 베를린을 점령하는 것은 미군의 우선순위가 아니라고 알렸다. 그날 정오, 마셜은 아이젠하워에게 동쪽에서 진입하고 있는 소련과의 연합 편성을 재촉하는 내용의 전보를 쳤다.

국제정치에서 마셜의 역할은 전쟁 내내 점점 더 중요해지고 있었다. 얄타 회담 이후 루스벨트 대통령은 탈진했다. 사실 그는 서서히 죽어가고 있었다. 그 때문에 정치적 문제를 불가피하게 마셜에게 더욱 더 의존할 수밖에 없었다. 이것은 베를린 처리에 관한 문제를 포함했다. 하지만 마셜은 정치적 측면의 목적은 일단 뒤로 하고, 유럽을 관통하고 있는 연합군의 전진에 중점을 두었다. 군사적 목적에 초점을 맞추

루덴도르프 다리Ludendorff Bridge 이 다리를 건너 미군은 처음으로 라인 강 너머에 교두보를 마련할 수 있었다. 루덴도르프 다리는 당시 라인 강에 유일하게 폭파되지 않고 남아 있던 다리였고, 이 다리만 건너면 베를린으로 직행되는 독일의 심장부로 진격할 수 있었다.

기 위해 총사령관에게 모든 권한을 부여했다. 아이젠하워는 마셜의 조치에 크게 놀라지 않았다. 아이젠하워가 브래들리에게 베를린을 점령하기 위해 얼마나 대가를 치러야 할지 물어보았다. 브래들리는 약 10만 명의 사상자를 추정했다. 또 브래들리는 얄타 협정으로 베를린에 소련 구역을 할당하는 것을 지적하며 다음과 같이 덧붙였다.

"위신 있는 목적의 대가는 꽤 비싸군요. 특히 우리가 작전상 후퇴하여 다른 이들이 그것을 차지할 때는 더욱 더 그렇군요."6

바이에른Bavaria 지방은 골수 나치 지지자들이 집중되어 있는 '나치의 보루Nazi Redoubt'라고 불렸다. 독일이 항복한 후에도 게릴라전이 수행될 가능성이 높은 곳으로 예상되던 곳이었다. 마셜과 아이젠하워는 그곳이 더욱 큰 군사적 위협에 놓여 있다는 점에 동의했다. 그 결과 3월 29일에 아이젠하워는 영국과의 상의 없이 스탈린에게 한 통의 메시지를 보냈다. 그 메시지를 통해 자신은 독일 남쪽에 전투력을 집중할 것이고 베를린을 점령하지 않을 것이라고 말해버렸다. 이에 스탈린은 "당신의 계획은 완벽하게 붉은 군대의 계획과 일치합니다. 베를린은 이전의 전략적 중요성을 상실했습니다"라고 전보로 답장했다.

물론 이것으로 자화자찬이 심한 스탈린의 진격을 멈추게 할 수는 없었다. 처칠은 이런 아이젠하워의 처사에 대해 크게 분노했다. 그는 곧바로 아이젠하워에게 "이것은 내가 매우 중요하게 여길 수 있는 사안이다. 우리는 소련군과 가능한 한 동쪽 멀리서 손잡아야 한다"라는 전보를 보냈다. 처칠은 공식 채널을 통해 의견을 밝혔다.

"아이젠하워는 소련군보다 먼저 미군 부대와 몽고메리의 군대를 베를린으로 진군시키기 것을 선택하지 않았다. 영국 부대들은 도시 북쪽에서 보조적인 역할을 맡게 되었다. 이것에 대해서 나는 반대한다."

이에 영국 언론들은 자신들이 숭배했던 전쟁 영웅과 영국인들이 바로 승리를 목전에 두고 뒤로 밀려나게 되었다고 거세게 항의했다.

아이젠하워는 3월 29일부터 수신된 마셜이 보낸 여러 전보들의 마지막 내용에서, 처칠을 언급하는 '총통Generalissimo'이라는 문구를 찾아냈다. 아이젠하워는 "사실 솔직히 내가 변경한 계획들에 대해 처칠이 비난할 이유가 없다"라고 반론했다. 아이젠하워는 처칠이 이미 모든 것을 다 알고 있다고 믿었다. 미군이 독일로 진군하면서 얼마나 멀리 동쪽으로 가던 관계없이, 처칠과 루스벨트는 이미 얄타에서 미군과 영국군의 점령 지역의 한계를 정한 상태였다. 독일 동쪽 국경에서 베를린 서쪽으로 약 322킬로미터까지라는 제한선이 있었지만, 어쨌든 처칠은 아이젠하워의 조치를 인정했다. 그는 4월 6일, 조지아 웜 스프링스의 '리틀 백악관'에 있는 루스벨트에게 전보를 쳤다.

"저는 베를린의 문제가 해결되었다고 생각합니다."[7]

그가 보낸 메시지의 끝에는 "Amantium irae amoris integratio est"라는 라틴어 인용구가 씌어 있었다. 루스벨트의 백악관 상황실 참모는 그것을 다음과 같이 번역했다.

"연인들의 싸움은 항상 진정한 사랑을 동반합니다."[8]

:: 루스벨트, 히틀러의 최후를 보지 못하다

1945년 4월 12일, 아이젠하워는 B-25 폭격기를 타고 독일 비스바덴

　　　독일 놈들이 얼마나 개 같아 질 수 있는지, 당신이 직접 전염병투성이인 그곳을 보지 않고선 절대로 믿을 수 없을 것이다.

Wiesbaden 근처의 전 독일 공군 비행기지에 도착했다. 그 후 브래들리와 합류하여, 헤르스필드Hersfield에 있는 패튼의 지휘부를 방문했다. 패튼은 그들에게 오르드루프Ohrdruf에 있는 해방된 나치 수용소를 조사하라고 재촉했다. 덧붙여 브래들리에게 이렇게 말했다.

　"독일 놈들이 얼마나 개 같아 질 수 있는지, 당신이 직접 전염병투성이인 그곳을 보지 않고선 절대로 믿을 수 없을 것이다."

　충격을 받은 아이젠하워는 나중에 마셜에게 그날에 대해, "저는 도

오르드루프에 있는 해방된 나치 수용소를 방문해 포로들의 시체를 조사하는 아이젠하워.(1945)

> ❝ 나는 독일 사람들에게 그런 짓을 하도록 강요하게
> 만든 전체주의를 도저히 이해할 수가 없다. ❞

저히 형언할 수 없는 것들을 보았습니다"라고 편지를 썼다. 그뿐만 아니라 그와 패튼은 잔혹 행위에 대해 역겨웠다며 이렇게 적었다.

"장차 설사 이런 혐의가 단지 '선전Propaganda'이었다고 기소되는 일이 발생하더라도, 나는 이런 일들에 대해 직접적인 증인이 되기 위해서 의도적으로 방문했습니다."

메르케르스Merkers의 한 마을로 잠시 비행한 뒤, 패튼은 아이젠하워와 브래들리를 1,000억 달러 가치의 금괴, 약 200만 달러의 미화, 100만 이상의 영국과 프랑스 및 노르웨이 돈이 저장되어 있는 약 640미터 깊이의 소금 광산으로 데려갔다. 또 다른 동굴에는 나치가 유럽 각 지역에서 약탈한 예술품들이 담긴 수백 개의 상자가 있었다. 그날 저녁 프랑스에서 독일군을 대패시킨 세 명의 장군은, 폭격으로 파괴된 하노버Hanover와 드레스덴Dresden으로 향하는 갈림길인 프랑크푸르트Frankfurt의 아우토반에 인접한 패튼의 숙소에 묵었다. 패튼은 아이젠하워에게 술을 따라주었다. 하지만 총사령관은 죽음의 수용소 방문 이후 여전히 창백한 상태였다. 아이젠하워는 머리를 흔들면서 말했다.

"나는 독일 사람들에게 그런 짓을 하도록 강요하게 만든 전체주의를 도저히 이해할 수가 없다."

장군들은 자정이 되어서야 침실로 향했다. 아이젠하워와 브래들리는 독일 장군들이 쓰던 방으로 갔다. 패튼은 자신의 차량을 인근에 주

미국의 제32대 대통령이었던 프랭클린 루스벨트의 장례 행렬이 펜실베이니아 도로를 지나고 있다.(1945)

차했다. 브래들리가 막 침대로 가려고 할 때, 패튼이 노크하고 안으로 걸어 들어왔다. 패튼은 자신의 시계가 고장 나서 시간을 확인하려고 라디오 BBC 방송을 듣고 있었는데, 갑자기 음악이 중단되고 루스벨트 대통령이 사망했다는 발표가 나왔다고 설명했다.[9]

4월 12일 목요일 늦은 아침, 마셜은 캐서린과 점심을 함께 하기 위해 워싱턴 D.C. 펜타곤에 있는 사무실에서 집으로 돌아왔다. 식사를 마친 그는 포트마이어에 있는 제1호 공관 현관에 앉아 있었다. 그때 보좌관 프랭크 매카시Frank McCarthy 대령이 최고 통수권자가 사망했다는 속보를 전해왔다. 루스벨트 부인은 펜타곤으로 메시지를 보내 군 복무 중인 네 명의 아들에게 전보를 보내달라고 요청했다.

"아버지가 돌아가셨다. 하지만 나는 너희들이 맡은 임무를 계속하고 완료하기를 바란다."

매카시의 메시지를 통해 대통령의 죽음을 알게 되었고, 마셜은 곧바로 애도를 표하기 위해 백악관으로 달려갔다. 루스벨트 부인은 마셜에게 웜 스프링스에서 대통령의 시신을 운반해 오는 것부터 백악관에서 장례를 준비해 뉴욕의 하이드 파크^Hyde Park^에 있는 루스벨트의 고향에 매장하는 것까지 모든 세부적인 사항의 책임을 맡아달라고 부탁했다.

4월 13일, 마셜과 전쟁성 장관 스팀슨, 해군 참모총장 제임스 포레스털^James V. Forrestal^은 새로운 대통령 해리 트루먼을 만났다. 트루먼은 그들에게 지금 진행되고 있는 전쟁의 방식에 만족하고 있으며, 이전처럼 계속 해주기를 바란다는 말 외에는 별다른 말을 하지 않았다. 마셜은 군 생활 내내 성과와 결과에 기초해 사람을 평가하는 자신만의 방식을 완성했다. 마셜은 전쟁성 장관 스팀슨과 함께 펜타곤으로 돌아왔고, 트루먼에 대한 자신의 견해를 의도적으로 말하지 않았다. 다만 이렇게 말했다.

"우리는 압력이 시작되기 전까진 그가 정말 무엇을 좋아하는지 알 수 없다." 10

일주일 후, 붉은 군대가 베를린으로 밀려들어 왔다. 히틀러는 폭격으로 부서진 자신의 지휘본부에 있는 지하 벙커에서 자살했다. 5일 후, 히틀러의 불탄 시신은 정원 안의 얕은 구덩이에서 발견되었다. 그리고 미 제69보병사단의 정찰대와 소련 제58근위사단은 엘베^Elbe^ 강에서 조우했다. 이제 독일은 미군이 지배하는 서쪽과 소련이 지배하는 동쪽으로 나뉘었다. 5월 6일, 독일군 최고 지휘관 알프레트 요들Alfred Jodl 장군은 아이젠하워와 전쟁의 종결을 이야기하기 위하여 랭스Reims의 학교 건물에 도착했다. 미국의 조건은 '무조건적인 항복'이었다. 요들은 다음 날 항복했다.

아이젠하워는 마셜에게 전보를 보냈다.

"이번 연합군의 임무는 현지 시각 1945년 5월 7일 오전 02시 41분부로 완료되었습니다."

마셜은 아이젠하워에게 답신을 보냈다.

"귀관은 인류의 발전을 위한 위대한 역사를 만들었다. 미 육군 장교로서 우리 모두의 희망과 존경을 표한다."

아이젠하워는 1945년 5월 8일자로 마셜에게 보낸 편지에 자신에 대한 마셜의 찬사에 이렇게 답했다.

"우리의 군대와 우리 국민은 총장님을 제외한 그 어떤 누구에게도 이렇게 큰 빚을 진 적이 없습니다."[11]

전쟁과 평화,
마셜의 외교적 노력

유럽 재건을 위한 열정과 휴머니즘으로
세계를 감동시킨 글로벌 리더십★★★★★★★★★★★★

종전 후 마셜은 세계 공동의 문제에 초점을 맞추고, 전후 문제를 관리하고 해결하기 위한
국제적인 노력을 기울여야 한다고 역설했다. 마셜은 그에 타당한 역량을 발휘해 핵심 그
룹에 설 수 있는 리더로 부각되기 시작했다. 세계 문제 전략가와 정책 결정자들 사이의 국
제관계 원칙을 파악하고 공적 개발 원조 실행 같은 책임과 리더를 분담하며 새로운 국제
전략가로서 세계정치로 그의 무대를 확장했다.

:: 더 큰 파괴 없이 전쟁을 끝내는 방법

독일의 항복 이후 승리의 영광을 나누는 것은 흐뭇하기도 했지만, 마셜은 이 전쟁이 기껏해야 절반만 끝났음을 잘 알고 있었다. 참모총장 마셜은 알프레트 요들이 항복하기 전부터 이미 미군의 전투력을 전환시키기 위해 태평양으로 군을 파견하기 시작했다. 그는 복무 연한과 복무 유형을 토대로 순환 근무제를 실시해, 고득점에 해당하는 군인들은 귀국할 수 있게 했다. 조국으로 돌아간 군인들은 승전 축하 퍼레이드에 참가했고, 그 대부분은 집으로 돌아갔다. 대략 180만 명 정도의 군인이 제대했고, 유럽에 복무하고 있거나 막 유럽에 배치되었던 나머지 병력 600만여 명은 일본과의 전투를 위한 임무로 전환되었다. 마셜은 유럽의 전쟁을 위해 동원되었던 병력과 장비의 신속한 이동을 고려했다. 그는 제1차 세계대전 당시 생미엘에서 뮤즈-아르곤 전역으로

> **66** 일본의 패배 속에서도 일본과의 전투에서 미군 사상
자가 계속해서 엄청난 규모로 늘어나고 있었다. **99**

비교적 차분하게 엄청난 규모의 부대를 이동시킨 경험이 있었다.

일본이 이미 패배했다는 것은 의심의 여지가 없었다. 그러나 이러한 일본의 패배 속에서도 지독히 기분 나쁜 사실이 있었다. 그것은 일본과의 전투에서 미군 사상자가 계속해서 엄청난 규모로 늘어나고 있었던 것이다. 마셜은 전쟁을 끝내기에는 너무 절망적이라 느꼈다. 그래서 작전부서에 일본 본토로 진격 중인 모든 전장에서 적의 저항을 제한시킬 화학무기를 사용할 수 있는지 연구하라고 지시했다. 그는 치명적일 정도의 엄청난 파괴 없이 전쟁을 치르기 위해 화학무기를 사용하고자 했던 것이다. 그의 목적은 일본군을 갱도와 벙커 밖으로 유인해내서 그들의 방어 요새들을 돌파하려는 것이었다. 마셜은 적의 저항을 제한시킬 화학무기를 널리 사용하는 방식으로 일본 본토로 침공해 들어가자고 제안했다. 그의 생각은 이러한 화학무기의 사용으로 군인들뿐만이 아니라 민간인들도 항상 방독면을 착용하게 될 것이고, 이에 따라 일본군의 사기 저하와 물리적인 약화가 일어나리라고 보았던 것이다. 그렇게 되면 미군이 손쉽게 그들을 점령할 수 있으리라 판단했다. 이러한 개념은 그가 제1차 세계대전 경험에서 체득한 것이었다.

하지만, 윈스턴 처칠을 중심으로 한 영국의 강력한 반대로 마셜은 화학전을 포기해야 했다. 아이러니한 것은 1945년 7월 16일 뉴멕시코 사막에서 실시한 원자폭탄 실험 성공 이후, 가장 파괴적이며 심각한

도덕적 결과를 가져올 원자폭탄 사용에 대해 처칠이 어떠한 반대도 하지 않았다는 점이다. 그러나 '원자폭탄'이 실질적으로 사용 가능한 무기로 등장하기 전 이미 마셜은 일본 본토 가장 남쪽인 규슈九州를 강습하는 올림픽 작전Operation Olympic과 일본의 혼슈本州를 침공하는 작전인 코로넷 작전Operation Coronet의 최종 계획 단계를 관장하고 있었다.

마셜에게 이들 대규모 침공 작전의 압도적인 전략과 병참 문제가 큰 부담은 아니었다. 오히려 그에게 부담스러운 것은 언제나 군사적으로 제멋대로 하는 자신의 적수와 싸워야만 하는 것이었다. 루스벨트 대통령은 죽기 전에 코로넷 작전 지휘권을 체스터 니미츠 제독이 아닌 더글러스 맥아더에게 주었다. 이 같은 결정에 해군 참모총장 어니스트 킹이 단지 불쾌하게 생각했다고 말하는 것은 지나치게 절제된 표현일 것이다. 킹 제독은 1942년 3월부터 해군 참모총장이자 미 함대사령관으로 임무수행 중에 있었던 인물이다. 킹은 맥아더가 코로넷 작전의 책임자이더라도 해군이 함대에 대한 지휘권을 계속적으로 소유해야 한다고 마셜에게 주장했다. 마셜은 통합군사령부가 국가 간의 구별을 없애는 것만이 아닌, 병과 간의 구분도 없애는 것을 뜻한다고 대답했다. 그렇게 함으로써 킹에게 새로운 개념을 명확하게 인지시켰다. 그는 킹에게 보낸 문서에 이를 다음과 같이 명확히 밝혔다.

"직접적으로 육군 부대를 해안에 상륙시키는 것을 포함해 해군의 모든 수단을 통제하는 것은 작전 성공에 필수적이다. 작전에 대한 주요 책임을 맡고 있는 사령관이 이에 대한 통제권을 분명히 가져야 한다.”[1]

　마셜은 전투를 수행하기 위해서는 현대의 '통합군' 원칙이 초석임을 분명히 말했다. 이것은 공군·육군·해군의 모든 병종의 병력과 장비를 단일 지휘관의 통제 아래에 두는 것뿐만 아니라 전체적으로 통합된 계획의 통제를 받아야 함을 의미하는 것이었다. 이 교리의 효과는 곧 바로 나타났다. 내각 차원으로 '1947년 국가안보법 National Security Act of 1947' 에 따라 국방부가 창설되었다. 국방부는 그동안 대부분의 육군을 관장하던 전쟁성을 대체한 것이다. 국방부는 모든 군과 병종에 대한 통제 권한을 갖게 되었다. 그 법에 따라 육군에서 독립한 공군도 국방부의 통제를 받게 되었다. 계속된 통합의 영향으로 국방부는 행정적인 차원을 넘어 모든 군사작전의 수립과 주요 작전을 관장하게 되었다. 그러나 1945년에 킹은 마셜의 방침에 반대했다. 그는 코로넷 작전의 통합 사령관으로서 맥아더를 인정하지 않았다. 심지어 다른 통합 사령관의 임명에도 반대했다. 위급함을 느낀 마셜은 킹과 해군의 체면을 세울 수 있는 방안을 킹에게 보여주어야 함을 깨달았다. 참모총장 마셜은 루스벨트가 코로넷 작전의 사령관으로 맥아더를 선택한 것에 대해 확고한 지지를 표했다. 그러나 마셜은 위급한 상황에서만 맥아더가 해군에 명령을 내릴 수 있고, 이때도 작전에 투입된 해군사령관을 통해서만 가능하다는 조건을 달았다. 요점은 맥아더가 여전히 명령을 내릴 수 있다는 것이지만, 명령 하달은 해군의 지휘 계통에 따라 실시해야 한다는 것이었다. 킹도 이 사항에 동의했다.

> " 마셜은 화학무기를 사용하는 것에 아무런 반대 의사
가 없었지만, 원자폭탄 사용에 대해선 강한 반감을 갖고 있
었다. 정확히 군사적 목표물에 대해 폭탄을 투하해야 한다
고 주장했다. "

:: 소련의 개입을 막기 위한 결정, 원자폭탄

마셜은 맨해튼 프로젝트의 존재와 그 프로젝트가 원자폭탄을 만들기
위한 것이었음을 알고 있었다. 그는 전쟁성 장관 헨리 스팀슨이 트루
먼에게 계획을 자세히 설명하기 전에 이미 알고 있었다. 트루먼은 대
통령이 되기 대략 2주 전에 이 사실을 알았다. 마셜은 일본에 화학무기
를 사용하는 것에 아무런 반대 의사가 없었지만, 원자폭탄 사용에 대
해선 강한 반감을 갖고 있었다. 아이젠하워는 어떠한 경우에라도 그
무기를 사용할 수 있을 거라고 믿지 않았다. 이와 반대로 마셜은 마침
내 단기결전을 위한 수단으로, 미국인의 목숨과 심지어 일본인의 목숨
까지도 구할 수 있는 방법으로 엄격하게 군사적 목적 하에서만 그 무
기를 사용할 수 있다고 말했다. 마셜은 중간위원회로 불린 모임의 참
석자 중 한 사람으로서 원자폭탄의 위력을 증명하기 위해 해군 시설물
과 같은 정확히 군사적 목표물에 대해 첫 번째 폭탄을 투하해야 한다
고 주장했다. 이 위원회는 트루먼 대통령이 핵무기에 대한 조언을 얻
기 위해 조직한 것이었다. 많은 수의 맨해튼 프로젝트의 과학자나 그
외 사람들과 마찬가지로 트루먼 역시 일본 정부와 군부의 대표들에게

단지 원자폭탄의 위력을 보여주는 방법이나, 사람이 살지 않는 태평양의 한 섬에 사용하는 등의 방법을 고려하라고 했다. 그러나 트루먼의 개인 대변인 겸 7월에 에드워드 스테티니어스를 대신해 국무장관이 된 제임스 번스가 이러한 두 가지 방안을 없었던 것으로 했다. 결국 마셜은 군사적으로 중요한 일본의 도시들에 직접적으로 원자폭탄을 사용하자는 트루먼 대통령의 최종 결정에 동의하고 만다. 물론 마셜은 트루먼이 그 결정을 내린 것이지 자신이 내린 것이 아니라고 했다.

7월 6일, 트루먼과 마셜은 처칠, 스탈린, 그들의 믿을 만한 군인, 민간 고문들과 함께 전후 정치적 형세에 관한 의견을 조율하기 위해 베를린 근교의 포츠담Potsdam에 있었다. 그곳에서 그들은 원자폭탄 실험이 성공했다는 보고를 받았다. 지도자들은 논쟁을 벌였지만 트루먼이 마셜에 대해 설명하기 위해 사용했던 '위대한 인물'이라는 표현에는 모두 동의했다. 포츠담에서 처칠은 마셜을 '그들 중에서 가장 고결한 로마인'이라고 선언했다. 그리고 미 의회가 옳은 일을 할 수 있도록 설득한 마셜의 능력도 칭찬했다. 또한 처칠은 미국의 군인들을 고도의 훈련을 받은 후에 전장에 투입시킨 마셜의 공적도 강조했다. 포츠담 회담 영국 대표단이 마련한 저녁 만찬에서 같은 테이블에 앉은 스탈린조차도 마셜을 가리키며 말했다.

"그는 내가 존경하는 사람이다. 그는 훌륭한 장군이다."

그리고 그는 이상하게도 이런 말도 했다.

"우리의 붉은 군대에도 훌륭한 장군들이 있다……. 하지만 우리 장군들은 교육이 덜 되어 있고 예의는 형편없다." [2]

그러나 마셜은 스탈린을 존경하지 않았다. 그리고 그가 원자폭탄 실험의 성공에 관해서 주저함 없이 환영했던 것도 임박한 일본 침공 계획에서 소련의 어떠한 참여도 필요하지 않다는 것을 내비추기 위한 것이었다. 마셜은 스탈린의 영토적 야심을 정확하게 알고 있었고, 다른 이들처럼 착각하지 않았다.

:: 마셜, 경험 많고 존경받는 군인이자 정치인

1945년 8월 6일 히로시마廣島, 그리고 3일 뒤에는 나가사키長崎에 원자폭탄이 투하되자 일본은 항복했다. 항복은 9월 2일 도쿄 만東京灣에 정박해 있던 전함 미주리 호 갑판에서 정식으로 조인되었다. 마셜은 이 항복이 그가 고대하던 자신의 전역을 예고하는 것으로 생각했다. 군복을 입은 지 38년 만의 일이다.

그는 버지니아 군사학교를 졸업한 후 공로 훈장Distinguished Service Medal, 은성 훈장Silver Star, 승리 훈장Victory Medal, 제1차 세계대전 시 독일 점령 유공 훈장German Occupation Medal, 필리핀 전역 유공 훈장Philippine Campaign Medal, 3개의 제2차 세계대전 훈장World War II Theater Ribbon, 그리고 세계 각국으로부터 추가적으로 17개의 훈장을 수여받았다. 1945년 11월 26일, 트루먼 대통령은 청동 무공 훈장Oak Leaf Cluster을 그의 공로 훈장 목록에 추가했다. 그 훈장은 이런 글로 시작되었다.

"어디에도 견주어 볼 수 없을 정도로 크고 무서운 전쟁 속에서, 수백만의 미군은 자신들의 조국을 위해 혁혁한 전과를 올렸다. 육군 원수 조지 마셜은 조국에 승리를 안겨주었다."

마셜의 진급 연도

연 도	직 급
1902	미 육군 소위 Second Lieutenant, United States Army
1907	미 육군 중위 First Lieutenant, United States Army
1916	미 육군 대위 Captain, United States Army
1917	미 육군 소령(전시) Major, National Army
1918	미 육군 중령(전시) Lieutenant Colonel, National Army
1918	미 육군 대령(전시) Colonel, National Army
1919	미 육군 대위 원복 Captain, Regular Army (reverted to peacetime rank)
1920	미 육군 소령 Major, Regular Army
1923	미 육군 중령 Lieutenant Colonel, Regular Army
1933	미 육군 대령 Colonel, Regular Army
1936	미 육군 준장 Brigadier General, Regular Army
1939	미 육군 소장 Major General, Regular Army
1939	미 육군 장군, 육군 참모총장 General, Regular Army, for service as Army Chief of Staff
1944	미 육군 원수 General of the Army, Army of the United States
1946	미 육군 원수(종신계급) General of the Army rank made permanent in the Regular Army

＊ http://en.wikipedia.org/wiki/George_Marshall 참조

글의 끝맺음은 다음과 같았다.

경험 많고 존경받는 정치인이자 군인인 마셜에게는 용기와
불굴의 정신, 그리고 비전이 있다. 그중 최고의 덕목은 자신
을 거의 드러내지 않는 점이었다. 그는 최고 사령관들이 힘
들 때 의지할 수 있는 유일한 사람이었다. 그의 성품과 지도
력의 모범은 군 전체와 국가, 나아가 전 세계를 고무시켰다.
어떤 개인만큼이나 미합중국의 미래도 그의 신세를 지고 있

다. 역사상 훌륭한 지휘관들 중에서도 그가 최고다.

1945년 11월 30일, 전역을 희망하는 마셜의 요청에 따라 참모총장의 자리에서 물러났다. 그리고 드와이트 아이젠하워가 그 자리를 대신했다. 남편보다도 더 그의 전역을 원했던 캐서린 마셜은 트루먼 대통령에게서 또 다른 연락이 왔을 때 약간 충격을 받았다. 트루먼은 마셜에게 대사로서 중국 관련 임무를 맡아줄 것을 요청했던 것이다. 마셜의 임무는 장제스의 국민당 정부와 마오쩌둥毛澤東의 공산당 간의 투쟁에 휴전협상을 제의하는 것이었다. 처칠과 트루먼이 우려했던 것처럼 제2차 세계대전의 종식으로 공산주의의 영향이 커지고 있었다. 물론 루스벨트는 그들만큼 큰 걱정은 하지 않았다. 중국에 대한 트루먼의 정책은 친 서구적인 자본주의의 장제스와 미국의 시각에서 볼 때 친 소비에트적인 공산주의자 마오쩌둥 간의 연립정부를 세우는 것이었다. 트루먼은 중국이라는 거대한 국가가 소비에트 영역으로 들어가는 것을 막고자 했다. 그의 장려책은 미화 5억 달러를 지원하는 것이었다.

마셜은 1945년 12월 20일 중국에 도착하자마자 지체 없이 양측을 불러 모았다. 그러나 그들은 쓸모없는 토론으로 2년의 시간을 허비했다. 더 정확히 말하면, 그들은 토론을 전쟁 준비를 위한 휴전의 시간으로 이용했다. 1946년 5월, 아이젠하워는 난징南京에 있는 마셜의 숙소에 도착했다. 참모총장 아이젠하워가 미군 부대들의 준비 상태를 확인하기 위해 실시한 첫 번째 동아시아 시찰이었다. 그는 마셜에게 미국으로 돌아와 병든 제임스 번스를 대신해 국무장관을 맡는 게 어떤지 고려해보라는 트루먼 대통령의 뜻을 전달했다.

마셜은 다음과 같이 소리쳤다.

"오, 아이젠하워, 난 이곳에서 벗어날 수만 있다면 이 세상에 있는
어떤 일이라도 할 걸세. 난 심지어 육군에 입대할 수도 있네."[3]

하지만 그는 중국이 영구적으로 휴전할 수 있다는 희망이 있었다.
그래서 9월까지는 중국에 남아 있게 해줄 것을 요청했다. 1947년 1월
까지 질질 끌었던 장제스와 마오쩌둥 간의 화해를 위해 오랫동안 머물
면서 할 수 있는 노력을 다했다.

"난 모든 사람들을 기쁘게 하고 싶었다. 하지만 결과를 내기 위한 시
간이 너무 부족했다. 그리고 어느 누구도 나를 신뢰하지 않았다."

'마셜 임무'로 불리던 것이 실패하자, 1927년 시작되어 제2차 세계
대전 기간에는 일시적으로 중지했던 중국 국공내전國共內戰은 재개되었
다. 다시 시작된 국공내전에서 장제스의 국민당 정부는 패배했고, 마
오쩌둥은 중화인민공화국을 수립했다. 1949년의 일이었다. 지구상에
서 가장 큰 국가가 '공산주의'를 선택했다. 마셜은 사실상 비난받아야
하는 게 무엇인지를 잘 알고 있다. 마셜은 이렇게 이야기했다.

"만약 장제스가 부패하지 않고 비참한 중국 국민들의 처지를 돌보면
서 그들과 함께 했더라면, 마오쩌둥의 지지 세력들을 이길 수 있었을
것이다."[4]

항일抗日전쟁이 끝난 후 중국 재건을 둘러싸고 중국 내 국민당과 공산당 사이에 국공내전이 일어났다.

마셜이 중국에 대사로 파견되어 있던 시절 국민정부 대표 장쵠長群과 마셜, 중화인민공화국의 대표 저우언라이周恩來의 모습.

:: 전후의 유럽을 재건하기 위한 계획, 마셜 플랜

1946년 중간 선거에서 공화당이 의회의 양원 모두를 장악했다. 공화당 상원에서 만장일치로 마셜을 국무장관으로 추대했다. 그는 1947년 1월 27일부터 국무부로 출근했다. 외교관들과 공무원들은 마셜이 사복을 입고 있었음에도 '국무장관님'이 아닌 군 계급으로 불리기 원하고 있음을 알았다. 딘 애치슨Dean Acheson은 다음과 같이 마셜을 옹호했다.

"마셜이 일반적으로 고위 군 인사들의 속성으로 여겨지던 거만함이나 경직된 모습이 남아 있었기 때문에 그런 것은 아니었다. 그는 부족한 에너지를 아껴 국무부에 산적해 있던 엄청난 업무를 처리하는 데 쓰기 위해 무관심으로 사교적 행동을 자제했다. 결코 마셜이 무례해서가 아니었다."[5]

마셜이 참모총장이었을 때 윈스턴 처칠은 소련에 의한 전후 지배를 막기 위해 지중해 지역과 발칸에 연합군을 투입하자고 주장한 적이 있었다. 마셜은 처칠의 주장에 상당히 많은 시간을 할애해 반대했다. 그런 그가 국무부의 수장이 된 지 한 달도 되지 않은 시점에서 자신의 첫 국제적 위기를 겪었다. 마셜이 명예 학위를 받기 위해 컬럼비아 대학교Columbia University에 있을 때였다. 그는 영국이 그리스 정부에 대한 군사적인 것을 포함한 여러 지원을 더 이상 하지 않겠다고 결정했음을 보고 받았다. 영국은 그동안 모스크바의 지원을 받은 공산주의자들에 의해 그리스가 전복되는 것을 막기 위해 지원하고 있었다. 그런데 이를 포기한 것이다. 마셜과 대통령은 그리스가 소련의 지배에 들어가면, 그 영향력은 터키로까지 이어져 동지중해 전체가 그들의 지배에 놓일 것임을 알았다. 트루먼은 이러한 상황을 막기 위한 방법을 찾기 위해 2월 27일 의회의 지도자들을 백악관으로 불러 회의를 열었다. 이 회의는 그리스와 터키에 대한 미국의 원조 계획을 수립하기 위한 것이었다.

마셜은 회의에서 이렇게 주장했다.

"우리는 소련이 유럽과 중동, 그리고 아시아까지 자신들의 지배 영역을 확장하려는 연속적인 위협 중 첫 번째 위기에 봉착해 있다고 해도 과언이 아니다."

딘 애치슨은 나중에 이 위기에 대해 다음과 같이 기록했다.

"나는 우리가 아마겟돈Armageddon에 직면했음을 알고 있었다. … 소련은 역사상 가장 큰 도박을 하고 있었다. … 하지만 우리는 스스로 그 도박을 종식시킬 수 있었다."6

1947년 3월 12일, 트루먼은 양원 합동 회의에서 그리스와 터키의 재정 지원을 제안했다. 그는 의원들에게 이것이 국내외의 정복을 시도하는 압력으로부터 자유민주주의 국민들을 돕기 위한 미국의 정책임이 틀림없다고 말했다. 이 선언은 '트루먼 독트린Truman Doctrine'으로 잘 알려져 있으며 냉전시기에 오랫동안 지속되었던 미국의 '공산주의 봉쇄containment of Communism' 정책의 시발점이 되었다.

1947년 봄 미국에 던져진 질문은 전쟁으로 폐허가 되어 재건에 분투하고 있던 서유럽 국가들이 미국과 함께 대륙을 공산화시키려는 소련의 목표를 좌절시킬 수 있는가 하는 여부였다. 마셜은 국무장관으로서 프린스턴 대학교Princeton University에 모인 사업가들에게 한 첫 연설에서 이렇게 말했다.

"전쟁의 폐허에서 전 세계가 자립하려면, 전 세계의 생산시설들을

> " 전쟁의 폐허에서 전 세계가 자립하려면, 전 세계의
> 생산시설들을 복구시키려면, 전 세계의 많은 국가가 자국의
> 기능을 회복시키고자 하는 노력을 재개하려면, 미국의 강력
> 하고 명확한 지원이 반드시 필요합니다. "

복구시키려면, 전 세계의 많은 국가가 자국의 기능을 회복시키고자 하는 노력을 재개하려면, 미국의 강력하고 명확한 지원이 반드시 필요합니다."7

이후 라디오 연설에서 그는 '큰 소리로 도움을 청하는 가난하고 고통 받는 유럽 사람들'에 대해 이야기했다.

1945년의 포츠담 회담Potsdam Conference은 유럽의 회복과 재건에 관한 구체적인 계획을 만들지 못하고 결국 끝이 났다. 미국 의회는 1945년만이 아니라 총체적 난국의 시기인 1946년까지도 미국의 재정적 지원을 투표로 결정했다. 당시 독일과 나머지 유럽 국가들은 아주 어려운 시기를 보내고 있었다. 전직 재무장관 헨리 모겐소Henry Morgenthau Jr.는 브레턴우즈 회의Bretton Woods Conference에서 독일을 하나의 자급자족의 농업 국가로 만들자고 주장했다. 마셜은 트루먼처럼 독일의 전후 경제 정책에 대한 모겐소의 주장이 아주 잘못된 것이라 생각했다. 이 경제 정책은 이른바 '모겐소 플랜Morgenthau Plan'으로 불렀다. 트루먼과 마셜은 이 정책이 제1차 세계대전 이후 맺어진 베르사유 평화조약의 실수를 반복한 것으로 여겼다. 이 평화조약은 독일 전체를 장악하는 또 다른 히틀러, 아니 히틀러보다 더 심한 소련 공산주의를 성장시키는 데 이바지하는 정치·경제 상황을 만들어냈다.

마셜은 트루먼보다 더 깊은 통찰력으로 모겐소가 계획했던 방식은 전 세계를 두 번씩이나 파멸적인 전쟁으로 몰아넣었던 독일의 재건에 도움이 되지 않을 것이라는 대중의 여론을 읽었다. 그러나 마셜은 양차 세계대전 사이의 기간 동안 유럽 내에서 독일이 가장 강력한 산업·경제적 영향력이 있었다는 점에 주목했다. 독일이 주저앉아 있는 한, 전 유럽의 경제는 전후의 불경기 속에 머물게 될 것이 분명했다. 독일에 대한 복수를 원하는 것은 이해할 수 있다. 그러나 만약 유럽이 회복되길 원하고 소련 공산주의의 손아귀에서 벗어나고 싶다면, 유럽 국가들의 정치 지도자들과 국민은 서로 협력을 추진시킬 수 있는 방안을 찾아야만 했다.

마셜도 트루먼 행정부 내의 다른 모든 이처럼 소련의 전후 팽창에 관한 분석을 읽어야 했다. 그 분석은 조지 케넌George F. Kennan이 1947년 7월판 「포린 어페어스Foreign Affairs」에 발표한 내용이었다. 마셜은 공산주의의 전파를 '봉쇄Containing'하자는 케넌의 권고에 동의했다. 그리고 소련의 침략을 막기 위해서 경제적 원조가 필요하다면 군사적 수단까지도 사용하자고 하는 이른바 '트루먼 독트린'을 지지했다. 마셜은 자신이 미 육군의 선배 장군이었음에도 트루먼 독트린을 수행함에 군사적인 수단보다 경제적 수단을 우선시하길 원했다. 그렇게 함으로써 미국의 대규모 재정 지원 계획이 전략적 봉쇄의 목적에 가장 크게 이바지할 것으로 추정했다. 게다가 마셜은 그 계획에 협조하도록 스탈린을 설득할 수 있는 바람을 마음에 품었다. 그러나 그 희망은 표면상으로 유럽 부흥 계획을 수립하기 위해 1947년 4월 10일부터 4월 24일까지 모스크바에서 열린 외무장관 회의에서 산산조각이 났다. 마셜은 소련

> 66 마셜은 유럽 국가들이 자유롭게 받아들일 수 있는
> 미국의 지원 계획을 어떻게 작성할 것인지 고민했다. 99

이 원하던 최종 의도가 유럽 부흥이 아님을 즉각적으로 깨달았다. 그들의 의도는 재건을 좌절시키고 지연시키는 것이었다. 스탈린은 그 지역의 상황을 더 악화시킨 후 때가 되면 한꺼번에 소련의 영역으로 몰아넣을 수 있을 것으로 내다보고 있었다.

마셜은 미국의 후원 아래 유럽 부흥을 위한 계획의 윤곽을 그리기 위해 케넌과 국무부 외교관 윌리엄 클레이턴William L. Clayton을 파견했다. 마셜은 유럽 국가들이 자유롭게 받아들일 수 있는 미국의 지원 계획을 어떻게 작성할 것인지 고민했다. 이 문제를 해결하기 위해서는 케넌과 클레이턴이 필요했다. 어떤 희생을 치르더라도 '미국 제국주의Yankee Imperialism'의 냄새가 나서는 안 되었다. 미국 제국주의는 1898년의 미국-스페인 전쟁 이후 미국의 외교 정책에서 고민거리였고, 20세기에서 21세기로 접어드는 시점에서 다시 수면으로 떠오르는 문제였다. 이것에 자극된 마셜은 미국이 독점적으로 재정을 지원하지만 전적으로 유럽에 의해서 관리된다는 것을 계획에 포함시키라고 지시했다.

이것은 훌륭하고도 대담한 해결책이었다. 유럽이 스스로를 관리하는 계획이었기 때문에 유럽 국가들을 협력하고 단결하게 만들었다. 마셜은 케넌과 클레이턴에게 모든 참가국이 한 가지 조건에 동의해야 하는 조건부 계획이라고 강조했다. 그 조건은 단일 계획에 따라 자금이 분배 사용된다는 것이었다. 이러한 계획이 작성되고 승인될 때까지 풀

> ❝ 미국이 독점적으로 재정을 지원하지만 관리는 전적으로 유럽이 한다는 계획을 포함시켰다. ❞

리는 자금은 없었다.

케넌과 클레이턴이 유럽 부흥 계획의 윤곽을 완성했다. 마셜은 미 정부와 미 의회 양쪽의 승인을 확보했다. 그는 트루먼 대통령을 설득했다. 마셜이 제안한 가장 좋은 접근방식은 논쟁을 오래 끌지 않기 위해서 계획을 기정사실로 해 한번에 세상에 제시하는 것이었다. 1947년 6월 5일, 하버드 대학Harvard University에서 열린 연설에서 마셜은 계획의 주요 골자들을 있는 그대로 발표했다. 그는 어떠한 정치적·이념적인 목적을 부인하고 유럽 지도자들에게 세부 계획을 작성하기 위한 회합을 요구했다. 지원하는 달러 금액의 규모는 지정하지 않았다. 그리고 마셜은 트루먼 대통령과 협의해 연설의 언론보도 범위를 최소화했다. 계획은 기자나 저널리스트에 의해 발표되지 않았다. 대신에 대통령은 의도적으로 마셜의 하버드 연설과 동일한 시간에 다른 안건으로 백악관 기자회견을 계획했다. 동시에 마셜은 국무부 차관 딘 애치슨에게 모든 유럽 언론사와 접촉하라고 지시했다. 제안이 유럽에 퍼지게 하기 위한 언론보도 약속을 받아내라고 강조했다. 마셜의 목적은 유럽 사람들과 유럽 정부에 서약하는 것이었다. 미국 정치인들이 아무리 보수적이라 하더라도 그들은 미국이 약속을 깨뜨리는 모습을 보이길 원하지 않는다는 점을 마셜은 잘 알고 있었다.

그 계획은 효과가 있었다. 이 소식에 모든 유럽은 활기가 넘쳤다. 마

'마셜 플랜' 문서의 첫 장.

셜은 미국 국민에게 직접적으로 계획을 알리기 위해, 총력적인 정치 선거운동과 맞먹는 수준으로 미국을 순회했다. 마셜은 계획이 수용되기를 간절히 바라는 대중 속에서 즐거웠다. 트루먼은 계획의 공식 명칭 '유럽 부흥 계획European Recovery Plan'에 동의했다. 하지만 자신의 젊은 보좌관 클라크 클리퍼드Clark Clifford가 '트루먼 계획 Truman Plan'이라고 부를 것을 제안하자 대통령은 크게 화를 냈다. 그는 클리퍼드에게 그 명칭은 공화당 의회에서 계획안을 파기시키는 가장 확실한 방법이라고 말했다. 대통령은 '마셜 플랜'이라는 명칭을 붙이도록 지시했다. 1948년 이른 봄까지 의회는 마셜 플랜에 대해 토의했고, 3월 14일 상원을 그리고 3월 31일 하원을 통과했다.

:: 국무장관 마셜의 위기

계획이 승인됨에 따라 마셜 플랜은 아마도 지금까지 세계의 어느 국가가 만들었던 것보다 가장 깜짝 놀랄 만한 성공적인 외교 정책 프로그

> **❝** 베를린이 갑자기 제3차 세계대전의 일촉즉발의 화
> 약고가 되었다. 이는 국무장관 마셜에게 가장 위험한 위기
> 상황이었다. **❞**

램이 되었다. 이 계획은 냉전에서 미국의 가장 강력한 '무기Weapon'가
되었다. 그리고 인도주의적·경제적·정치적으로 대성공을 거두었다.

　제2차 세계대전에서 미국과 연합국의 승리를 설계했던 조지 마셜은
자신의 이름으로 태어난 유럽 부흥 계획의 설계자로 유명해졌다. 하지
만 마셜 플랜이 실제적으로 투표되고 동의된 지 얼마 지나지 않은
1948년 6월 19일, 그와 아이젠하워가 1945년 4월 미군 보병들이 점령
하기 위해 목숨을 걸 가치가 없다고 결정했던 도시인 베를린이 갑자기
제3차 세계대전의 일촉즉발의 화약고가 되었다. 이는 국무장관 마셜에
겐 가장 위험한 위기상황이었다.

　미국, 영국, 프랑스는 자신들의 독일 내 점령구역을 분단된 민주주
의 국가인 서독으로 결합할 의지를 발표했다. 이에 대한 반응으로 소
련은 독일 내 소비에트 점령구역 깊숙이 위치한 베를린으로 통하는 미
국·영국·프랑스의 모든 육상 접근로를 차단했다. 트루먼, 마셜, 그 밖
에 행정부 관계자와 미군의 지휘관들은 '베를린 봉쇄Berlin Blockade'에 대
한 공식적인 대응을 의논하기 위해 소집되었다. 현실주의자 마셜은 독
일에 선로를 개방할 군사력이 부족하다며 미 육군의 급격한 동원해제
를 보류시켰다. 만약 하고자 했다면 소련은 제압되었을 것이다. 그리
고 미국은 소련에 대항해 대규모 보복을 할 수밖에 없었을 것이다. 미

국의 재래식 병력은 전후 동원해제로 격감되었으므로 보복은 거의 확실하게 미국이 비축하고 있는 원자폭탄의 사용안을 포함하는 것이었다. 그 결과로 발생될 전쟁은 이미 전쟁으로 파괴된 유럽을 더욱 더 황폐화시킬 것이 분명했다. 대통령은 지상에서 공격적인 행동을 취하는 대신에 대규모 공수에 의해 서베를린에 생필품을 공수하자는 매우 위험한 방안을 제시했고, 마셜도 이에 동의했다. 그는 워싱턴 주재 소련 대사를 소환해 회의를 열었다. 그 자리에서 미국은 소련의 위협과 압력, 베를린에 자유롭게 드나들 수 있는 권한을 포기하게 만들려는 소련의 어떠한 행동에도 말려들지 않을 것이라고 경고했다.

베를린 공수Berlin Airlift는 완전히 새로워진 미국 공군에 의해 대성공을 거두었다. 영국 공군과 함께 미 공군은 때로는 매 2분마다 한 번씩 착륙하는 비율로 거의 일 년 동안 쉬지 않고 서베를린의 템펠호프Tempelhof 공항으로 연료와 음식을 수송했다. 이 기간 동안 트루먼 대통령은 토마스 듀이Thomas E. Dewey와의 긴박한 경선에 잡혀 있었다. 거의 대부분의 공화당원은 현직 대통령이 패배하길 바라고 있었다. 선거운동의 과정은 쓰라렸다. 트루먼은 자신이 듀이에 대항했던 것처럼 자신이 '최악Worst-ever'과 '아무것도 할 줄 모르는Do-nothing'이라고 불렀던 공화당이 장악하고 있는 제80대 의회에 대항하면서 선거운동을 지휘했다. 전문가의 예상과 달리 트루먼은 듀이를 이겼다. 그러나 공화당과 민주당 사이의 분열은 대통령과 마셜을 포함한 트루먼 행정부의 사실상 모든 이들에 대한 악의적인 공격을 야기했다.

∷ 명예로운 마무리

트루먼이 선거운동을 하는 동안, 지칠 대로 지친 마셜은 건강진단에 나타난 문제들을 치료하기 위해 워싱턴의 월터리드 육군 병원에 입원해 있었다. 그는 복부와 등의 통증으로 고통 받고 있었다. 그리고 오른쪽 신장이 부어 제거수술이 필요하다는 진단을 받았다.

계속되는 베를린 위기사태와 이에 대응하기 위한 협상이 절실해지자 제2차 세계대전 연합국들은 북대서양 상호 방위조약, 즉 '북대서양 조약 기구(NATO)North Atlantic Treaty Organization'를 창설했다. 그뿐만 아니라 뉴욕에서 유엔 총회 11월 회의가 열렸다. 마셜은 12월까지 수술을 미루었다.

수술을 연기한 탓에 건강은 더 악화되었지만 마셜은 대통령에게 선거에서 승리해 1월에 취임할 때까지 계속 직책을 맡을 것이며, 그 이후에 사임하겠다는 뜻을 밝혔다. 1948년 12월 7일 성공적으로 수술을 받고, 트루먼의 첫 임기의 마지막까지 복무하겠다던 그의 말을 지켰다. 1949년 1월 20일 퇴임한 그는 국무장관 자리를 딘 애치슨에게 인계했다.

마셜은 캐서린과 함께 버지니아 리스버그의 집에 정착했다. 그는 미 태평양 연구소American Institute of Pacific Relations의 수탁자로서, 팬 아메리카 항공사Pan American Airlines의 그다지 힘들지 않는 직책인 이사직을 수락했다. 미 전쟁기념위원회American Battle Monuments Commission의 회원이 되었다. 그는 1949년 4월 4일, 베를린 위기의 가장 즉각적인 결과물인 북대서양 조약 기구 창설을 위한 협정 서명식에 참석해 달라는 초대에 기꺼이 응했다. 그리고 트루먼 대통령이 제안한 미 적십자American Red Cross 총

재직이 자신에게 매우 좋은 기회이자 도전이라 생각하고 이를 수락했
다. 공직에서의 경력과 역사 속에서 드러난 역할을 볼 때, 그는 이러한
것들을 받을 만한 충분한 자격이 있었다. 그리고 그것은 마셜이 바라
던 명예로운 마무리였다.

군인 정치가,
노벨 평화상을 받다

평생 자신의 사람들을 아끼고

책임을 함께 짊어진 신뢰와 신념의 리더십 ★★★★★★★

마셜은 자신이 원하는 일과 되고자 하는 목표를 향해 자신이 선택한 사람을 포기하지 않고 믿고 이끌었다. 젊은 시절부터 최고의 자리에 앉을 수 있는 도덕적 자질을 훈련하고 동료들과의 신뢰를 통해 끈끈한 인간애를 나눌 줄 알았던 그의 성품 또한 그를 훌륭한 리더가 될 수 있게 했다. 자기 사람에 대한 확실한 믿음과 목표를 향한 확고한 실현의지는 그 어떤 불리한 상황도 역전시킬 수 있는 원동력이 되는 것이다.

:: 냉전과 한국전쟁, 미 군사력과 정치적인 문제들

조지 마셜은 1949년 9월 22일 미국 적십자 총재직을 맡았다. 그 후 1년
쯤 지났을 무렵 미시간 휴런^{Huron} 호의 휴양지에서 낚시를 하고 있을
때, 백악관으로부터 걸려온 한 통의 전화를 받았다. 대통령은 마셜이
휴가를 마치고 돌아오면 의논할 것이 있다고 말했다.

마셜이 휴가를 마치고 돌아온 1950년 9월 6일, 해리 트루먼은 그에
게 미국의 제3대 국방장관직을 맡아달라고 요청했다. 1947년 국방부
를 창설하고 정치적인 복잡한 문제들을 담당했던 제1대 국방장관 제임
스 포레스털은 신경쇠약으로 자살했다. 제2대 국방장관인 루이스 존슨
은 한국전쟁을 처리하는 능력이 미흡하다는 평가를 받으며 트루먼 대
통령의 신뢰를 잃고 공화당의 거센 비난을 받고 있었다. 존슨은 사임

을 결정했다. 이런 선례들 때문에 제3대 국방장관직을 수행한다는 것은 만만치 않은 일처럼 보였다. 더군다나 인생의 황혼기에 있는 노약한 남자에게 국방장관직은 그다지 좋은 직책이 아니었다.

의회와 트루먼 대통령의 지시로 전임 국방장관 루이스 존슨과 포레스털은 미국 군사력을 긴급히 축소시켰다. 그 결과, 1950년 6월 25일 공산주의 북한이 38°선을 넘어 남한으로 갑자기 밀려들었을 때, 마셜이 할 수 있는 일은 거의 없었다. 38°선은 1945년 7월 포츠담 회담에서 소련과 미국이 일본의 항복을 접수하는 경계선으로 확정한 것이었다. 38°선 이북은 소련, 38°선 이남은 미국이 일본의 항복을 접수했고 이후 38°선은 북한과 남한의 사실상의 국경선이 되었다.

트루먼은 더글러스 맥아더에게 미국이 주도하는 연합군의 지휘권을 맡기고, 남한을 방어하라는 임무를 부여했다. 그러나 맥아더는 확전을 지지했다. 그는 해외전쟁 참전군인회Veterans of Foreign Wars에 편지를 보내 자신이 요구하는 '승리'를 수용하지 않고 제한전으로 전투하라는 트루먼의 정책을 비난했다. 그러나 국방장관 존슨의 능력으로는 맥아더를 통제할 수 없었고, 대통령과의 관계를 단절시키는 사태로 이어졌다. 결국 대통령은 존슨의 사임을 요구했고, 마셜이 벌집을 쑤셔놓은 것 같은 그 일에 불려온 것이다. 그는 혼란스런 국방부를 이끌게 되었다. 대폭 감축된 군사력으로는 공산세력을 상대하는 새로운 전쟁의 위협에 효과적으로 대응하기에는 불충분한 데다가 서로 잡아먹을 것처럼 으르렁거리는 대통령과 맥아더 사령관을 상대해야 했다.

국방장관직을 거부할 수 있음에도 불구하고 마셜은 대통령에게 말했다.

"대통령께서 무엇을 원하는지 저에게 간단히 말씀하십시오. 그러면 저는 그것들을 할 것입니다."

마셜은 제2차 세계대전에서 통합군사령부 체계의 설계자이자 옹호자였다. 이제 그는 미국의 군사력 통합을 달성하고 제도화하는 궁극적 수단인 국방부 정착의 원동력이 되었다. 국방부라는 체계가 성공할 수 있다는 것을 보여주고 싶었다. 한국에서의 충돌 때문에 국방부가 와해되는 것을 원치 않았다. 또한 그 충돌이 제3차 세계전쟁으로 확대되는 것도 보고 싶지 않았다. 그러나 그는 대통령에게 계속해서 말했다.

"그러나 저를 임명하는 것이 대통령과 행정부에 미칠 영향에 대해서 생각해 보길 원합니다."

당시 미국은 위스콘신Wisconsin 상원위원 조셉 매카시Joseph McCarthy의 주도로 공산주의를 탄압하고 있었다. 마셜의 말뜻은 공화당 우익에서 중국을 공산주의에 '빼앗긴Loss' 것 때문에 자신을 비난할 수 있다는 것이었다. 마셜은 대통령에게 "저는 돕고 싶지만, 대통령을 다치게 하고 싶지 않습니다"라고 말했다. 이 부분에서 트루먼은 마셜의 성품에 압도되었다. 트루먼은 아내 베스Bess에게 보내는 편지에 이렇게 썼다.

"당신은 그렇게 말할 수 있는 다른 사람을 생각할 수 있나요? 나는 못해요. 마셜은 위대한 사람들 중 한명입니다."[1]

:: 전쟁 영웅 맥아더와의 또 다른 전쟁

트루먼은 마셜을 국방장관 후보로 지명했다. 이런 대통령의 행동은 마셜이 우려했던 대로, 매카시와 인디애나Indiana의 동료 상원의원 윌리엄 제너William Jenner가 이끄는 공화당의 거센 항의를 불러왔다. 예상대로 그들은 트루먼 행정부가 "공산주의를 가볍게 다루고 있다!"라고 주장했다. 그리고 마셜이 장제스의 국민당 정부를 약화시킨 탓에, 1949년 마오쩌둥의 공산주의자들이 중국에서 승리했다고 비난했다. 게다가 제너는 상원에서 '마셜은 살아 있는 거짓말쟁이', '배반자를 위한 대표자'라고 비난했다. 이것은 아마도 남북전쟁의 서곡이 되었던 그날 이래로 볼 수 없던 의회에서의 긴박한 상황이었다. 그러나 매사추세츠Massachusetts 공화당 상원의원 레베렛트 솔톤스톨Leverett Saltonstall은 펄쩍 뛰면서 소리쳤다.

"우리나라의 이익을 위해 평생을 보낸 삶이 있다면 그것은 조지 마셜의 삶이며, 그의 삶은 거짓이 아니다!"[2]

5일 후, 상원은 투표결과 57 대 11로 마셜의 지명을 비준했다. 1950년 9월 21일 선서를 한 마셜은 장군 출신으로 국무장관과 국방장관을 둘 다 역임한 유일한 인물이 되었다.

마셜은 모든 미국의 군 관련 종사자의 책임자가 되었다. 그는 방어 동맹인 나토 유럽 회원들의 동의 아래 트루먼에 의해 총사령관으로 임명된 아이젠하워, 그 당시 통합군사령부의 다른 표현인 미국 합동참모본부 의장인 오마 브래들리, 미 육군 참모총장 '라이트닝 조' 로턴 콜린스, 이전처럼 극동의 전쟁에서 미군 사령관인 더글러스 맥아더와 한

> 66 트루먼 대통령은 맥아더를 어떻게 처리할 것인지 조
> 언을 듣기 위해 회의를 소집했다. 99

번 더 같이 일하게 되었다.

1950년 9월 15일, 맥아더는 대담하게 인천상륙작전을 강행했다. 이 작전 덕분에 연합군은 북한군을 38°선 이북으로 퇴각시킬 수 있었다. 그러나 11월 중공군의 대규모 공세가 시작되면서 미군과 연합군은 남한으로 다시 후퇴할 수밖에 없었다. 1951년 초가 되어서야 매튜 리지웨이의 미 제8군은 37°선을 연하는 UN선에서 겨우 안정화되었다. 이 시점에 트루먼 행정부와 연합국 지도자들은 민주주의 통치 아래 한국을 통일시키려던 전쟁 목표를 포기하기로 결정했다. 그리고 유엔은 전쟁을 끝내기 위한 결의안을 투표했다. 통일 대신 남한으로 내려온 공산 침략자들을 몰아내고, 이전의 한반도 분할로 정해진 38°선에 기초한 휴전을 결정했다. 맥아더 장군은 이 정책에 거세게 항의했다. 그리고 다시 한 번 휴전이 승리를 대신할 수는 없다고 선언했다.

1951년 4월, 맥아더는 "중국과의 대규모 전쟁을 피하기 위해 전쟁을 제한시킨 트루먼의 정책에 동의하지 않는다"라는 내용의 편지를 우익인 공화당 의회 대변인 조셉 마틴Joseph W. Martin에게 보냈다. 마틴은 이 편지를 연방회의에서 발표했다. 맥아더의 의견은 여론화되었다. 또한 맥아더는 권한도 없이 중공군에 최후통첩을 보내 휴전협상에 대한 트루먼의 노력을 망가뜨렸다.

대변인 마틴이 맥아더의 편지를 공표한 다음 날인 4월 6일, 트루먼

대통령은 맥아더를 어떻게 처리할 것인지 조언을 듣기 위해 회의를 소집했다. 회의에는 국방장관 마셜, 제2차 세계대전 동안 루스벨트의 조언자였던 에이버럴 해리먼W. Averell Harriman, 국무장관 딘 애치슨, 합참의장 오마 브래들리가 참석했다. 회의에서 해리먼은 트루먼에게 맥아더를 2년 전에 해임시켰어야 했다고 말했다. 반면, 마셜은 맥아더 해임에 따라 발생 가능한 모든 정치적 반발에 대해 우려했다. 그는 맥아더가 일반 대중과 군사비 책정에 영향을 미치는 의회 세력의 지지를 받고 있다고 말했다. 또 공화당원들이 1952년 선거에 눈독 들이고 있는 마당에 두 차례의 세계전쟁에서 인기가 높은 전쟁 영웅을 해임하는 것은 신중해야 할 문제라고 조언했다. 애치슨은 맥아더를 교체해야 한다는 데는 동의하나, 합동참모본부의 만장일치가 선행되어야 한다고 말했다. 브래들리도 맥아더는 항명을 한 것이니 해고는 당연하지만, 최종 권고를 하기 전에 콜린스 장군과 의논하는 게 좋겠다고 말했다.

트루먼은 좀 더 토의하기로 하고, 다음 날 다시 모이자고 했다. 그리고 마셜에게 지난 2년간 맥아더와 교환한 모든 문서를 재조사하라고 지시했다. 다음 날 아침, 모두들 트루먼의 집무실에 다시 모였다. 마셜은 모든 문서를 읽었다. 그는 대통령에게 맥아더가 합법적인 지휘계통에 대한 위반을 되풀이했고, 2년 전에 교체되었어야 한다는 데 동의한다고 말했다. 잠시 동안의 소집이 끝나기 전에 트루먼은 브래들리에게 합동참모본부에 남아 있는 다른 의견을 확인하고, 4월 9일 최종 권고를 할 수 있도록 준비하라고 지시했다.

4월 8일 정오, 합동참모본부의 브래들리, 콜린스, 호이트 반덴버그Hoyt Vandenberg 장군과 다른 이들은 맥아더 교체의 군사적 측면을 토의하기 위해서 펜타곤에 모였다. 모임의 마지막에 그들은 마셜과 함께 최종적으로 간략하게 상의했다. 참석한 모든 사람들은 군사적 관점에서 맥아더를 교체한다는 데에 동의했다. 정식 투표는 아니었지만 맥아더가 항명했다는 것에 만장일치로 동의했다.

4월 9일, 트루먼은 맥아더 장군을 극동 사령관에서 교체하기로 결정했다. 대통령 명령에 의해 맥아더는 미국으로 돌아올 때 최고의 군 의전을 받았다. 도착하는 날을 공휴일로 정해 국회의사당으로 향하는 길에는 도열 인파가 넘쳐 났다. 국회의사당에는 대변인 마틴이 초대한 상하 양원 모두가 합동회의에서 실시될 맥아더의 연설을 기다리고 있었다. 이러한 군중들의 도열과 연설 자리를 마련해 준 것에 대한 회답으로, 확전을 주장하던 맥아더는 모여 있는 의원들에게 말했다.

"나만큼 전쟁을 아는 사람도 드물 것입니다. 그럼에도 불구하고 나에게 그 어떤 것도 전쟁만큼 혐오스러운 것은 없습니다."

그는 깊고 울리는 목소리로 국가가 전쟁을 수행해야 하는 상황에 처하면, 전쟁을 승리하기 위해 가능한 모든 수단을 동원하는 것 외에 다른 대안이 없다고 말했다. 그는 전쟁의 목적은 승리라고 했다.

드라마틱한 맥아더의 연설은 전국적으로 전례 없이 높은 텔레비전

시청률을 기록했다. 또한 의회에서 매카시 상원의원과 다른 공화당 의원들이 트루먼 행정부에 한 비난에 신뢰성을 더해 주었다. 트루먼 행정부에는 소련을 대신해 일하는 노골적인 반역자, 또는 공산주의자들의 전복 계획에 자신도 모르게 공범자가 된 공무원들이 우글거린다는 내용이었다.

1951년 6월 14일, 169쪽에 달하는 길고 장황한 연설문이 상원에서 발표되었다. 매카시는 마셜이 한국에서의 승리를 포기하고, 조심스럽게 후퇴 계획을 구상하고 있다고 비난했다. 또 마셜이 제2차 세계대전 동안 베를린을 소련에 나눠준 것을 포함해 소련에 호의적인 정책을 폈다고 주장했다. 전쟁 후에는 공산주의자들에게 중국을 빼앗기도록 획책했다고까지 말했다. 그래도 마셜에게 반역이나 배신자라는 단어를 직접적으로 사용하지는 않았지만, 마셜을 '세계정세에서 미국을 약화시키는' 음모의 우두머리라고 매도하며 미국은 결국 봉쇄당하고 좌절할 것이라고 주장했다. 특히 마셜이 국력을 약화시켰기 때문에 소련의 군사적 도발 없이도 그들의 음모만으로도 내부적으로 붕괴될 것이라고 말했다. 그는 문자 그대로 셰익스피어의 열변을 토하며, 마셜을 맥베스 Macbeth에 비교했다.

"그는 지금까지 유혈에 개입했기 때문에 되돌아 갈 수도, 뉘우칠 수도 없으며, 자신의 진로를 수정할 수도 없다."[3]

마셜은 기자들에게 몹시 괴롭힘을 당했지만, 자신을 변호하는 것을 거부했다. 대신 인기 있는 칼럼리스트인 클레이턴 프릭치 Clayton Fritchey에게 이렇게 설명했다.

"이 시점이 내가 배반자가 아니라고 설명해야 하는 상황일지도 모른다. 하지만 나는 그럴 만한 가치가 있다고 생각하지 않는다."[4]

마셜의 복무 경력 그 자체가 그의 정당성을 말해준다고 믿었기 때문에 마셜의 변호에 대해서는 크게 관심을 두지 않았다.

:: 노벨 평화상을 받은 유일한 군인

사실 일흔 살의 마셜은 매카시의 장황한 비난이 있기 훨씬 전부터 지쳐 있었고 사임을 고려하고 있었다. 매카시의 상원 연설 후인 1951년 9월 12일, 마셜은 국방장관직을 사임했다. 하지만 마셜에 대한 매카시의 극렬한 반대는 여론을 더욱 양극화시켰다. 또한 위스콘신의 상원위원을 거꾸러뜨리려는 반대편의 단결이 시작되게 만들었다. 매카시는 이후 텔레비전으로 방송된 1954년 육군–매카시 청문회Army-McCarthy hearings of 1954를 계기로 몰락했다.

마셜은 적십자 총재에 재임명하겠다는 트루먼 대통령의 제의를 사양하고 군이나 민간의 팡파르 없이 펜타곤을 떠나 리스버그로 돌아왔다. 그러나 다시 한 번 미 전쟁기념위원회의 의원직을 제의받자 마지못해 수락했다. 또한 워싱턴의 연회 및 만찬에 자주 초대받았으나 거절했다. 단, 예외적으로 윈스턴 처칠을 위해 1952년 1월 영국 대사관에는 방문했다. 그해 9월, 마셜과 캐서린은 안치오에 있는 미군 공동묘지를 방문해 아들의 무덤에 꽃을 바쳤다.

그들이 유럽에서 돌아왔을 때, 마셜이 높이 평가하는 두 사람이 대통령 선거운동으로 한창 대결 중이었다. 드와이트 아이젠하워는 공화당 후보로 선출되었고, 애들라이 스티븐슨^{Adlai E. Stevenson}은 민주당 후보로 선출되었다. 스티븐슨은 1947년에 마셜이 유엔 미국 대표단 근무를 요청했던 인물이고, 매카시에 대항해 마셜을 충실하게 방어해 주었던 인물이었다. 물론 아이젠하워는 마셜의 추천으로 제2차 세계대전의 최고사령관이 되었던 인물이다. 하지만 아이젠하워의 실수로 인해 두 사람은 직업적으로 더 이상 가까워질 수 없었다.

공화당은 1952년의 매카시 상원의원을 두려워했다. 아이젠하워는 매카시의 지역구인 위스콘신에서 선거운동을 할 때, 마셜에 대한 매카시의 잦은 공격에 대해 직접적으로 질책하는 내용은 빼고 연설했다. 아이젠하워는 선거보좌관의 건의에 마지못해 동의했던 것이었다. 이 사실은 「뉴욕 타임스」 기자에 의해 밝혀졌고, 다음 날 특집기사로 실렸다. 아이젠하워는 자신의 신념을 포기한 것에 대해 혹독한 비난을 받았다. 거기다 트루먼조차도 원칙을 저버리고 전우를 버린 아이젠하워에 대해 혹평을 했다. 마셜은 어떠한 공개적 발언도 하지 않았다. 하지만 자신의 대녀인 로즈 페이지 윌슨에게 "아이젠하워는 타협을 강요받았을 것이다"라고 말했다.

아이젠하워가 선거에서 이기고 대통령으로 당선되었다. 아이젠하워는 마셜과 캐서린을 취임식과 백악관 행사에 초대했고, 자신의 잘못된 행동을 사과했다. 그리고 취임식 얼마 후인 1953년 4월, 아이젠하워는 마셜을 퀸엘리자베스 2세^{Queen Elizabeth II} 대관식의 미국 대표단장으로 임명했다. 마셜은 런던에서 제2차 세계대전 동료들과 일련의 재회를 했다. 심지어 처칠과는 하루 종일 승마경주를 하면서 보내기도 했다.

마셜은 1953년 12월, 다시 유럽을 방문했다. 종착지는 노벨 평화상

Nobel Peace Prize을 받기로 된 노르웨이 오슬로Oslo였다. 전 대통령 트루먼과 함께 마셜 플랜을 만들고 실행하는 데 그의 공로를 인정받았기 때문이었다. 한 달 내내 감기로 고생하고 겨우 회복된 상태였기 때문에 마셜에게 오슬로로 가는 여정은 무척이나 힘겨웠다. 그러나 그는 장거리 여행을 견디고 상을 수여받았다. 그는 기자에게 수상소감을 말했다.

"이 상의 영광을 모든 미국 국민에게 바칩니다." 5

지금까지도 조지 마셜은 이 상을 받은 유일한 군인으로 남아 있다. 특히 그가 상을 받는 것에 대해 소련의 지도자로부터 유일한 반대의 목소리가 나온 이후로는, 조셉 매카시와 같은 종류의 사람들도 감히 마셜의 노벨 평화상 수상을 비판하지 못했다.

미국으로 돌아온 마셜은 감기가 오래 가면서 몹시 지치고 약해져 있었다. 자신의 건강은 절대로 회복되지 않을 것이라는 것을 느꼈다.

그는 자신의 회고록에 대한 출판사들의 좋은 계약조건을 거절했다. 대신 버지니아 렉싱턴의 버지니아 군사학교 교내에 설립된 마셜 재단의 후원 아래, 제2차 세계대전 공식 미 육군 역사가 포레스트 포그와 인터뷰했다. 1956년과 1957년에 걸쳐 포그와 한 인터뷰는 네 권의 마셜 전기로 세상에 소개되었다. 처음 세 권은 『조지 C. 마셜 : 한 장군의 교육 1880-1939 George C. Marshall: Education of a General 1880-1939』(1963), 『시련과 희망 1939-1943 Ordeal and Hope 1939-1943』(1966), 그리고 『승리의 조직자 Organizer of Victory』(1973)로 마셜의 초기 인생과 군 경력을 다루었다. 마지막은 『정치가, 1945-1959 Statesman, 1945-1959』(1987)로 그의 전후 외교 경력을 소개했다. 바이킹 출판사에서 출판된 이 책들은 대중의 폭넓은 찬사를 받았다. 네 권 모두 우수작이며, 마셜 연구의 시작점이 되고 있다.

마셜의 유언에 따라 간소하게 치러진 장례식의 한 장면.

알링턴 국립묘지에 있는 마셜의 묘비.

마셜은 자신의 일흔아홉 번째 생일 2주 후인 1959년 1월 14일, 뇌졸중으로 쓰러졌다. 1959년 2월 18일 또다시 쓰러졌다. 아이젠하워는 월터 리드 육군 병원에 입원한 그를 세 차례 방문했다. 한 번은 여든네 살 노령의 윈스턴 처칠도 함께 했다. 처칠은 문 앞에 서서 말없이 눈물을 머금고 혼수상태로 누워 있는 전우 마셜을 가만히 지켜보다 돌아갔다. 마셜은 1959년 10월 16일 금요일 저녁 6시가 지날 무렵 세상을 떠났다.

그의 시신은 10월 19일 정오부터 24시간 동안 워싱턴 국립 대성당의 베들레헴 예배당에 안치되었다. 다음 날 시신은 영결 예배를 위해 버지니아 포트마이어의 기지 예배당으로 옮겨졌다. 영결식에는 초대받은 소수의 손님만이 참석했다. 개인 장례식은 알링턴 국립묘지에서 거행되었다. 조지 마셜은 국립묘지 내의 원형극장에서 동쪽으로 조금 떨어진 7번 구역에, 첫 번째 부인 엘리자베스 콜스 마셜Elizabeth Coles Marshall 과 그녀의 어머니 곁에 안장되었다. 장례식을 간소하게 치르라는 유언에 따라 그의 전시 보좌관과 비서, 그의 마지막 비서, 월터 비들 스미스와 해롤드 스타크 제독, 그리고 오마 브래들리를 포함한 다른 전우들과 동료들이 마셜의 관을 따랐다. 알링턴 국립묘지의 무명용사 무덤 바로 아래 경사진 작은 땅까지는 캐서린 마셜이 동행했다. 캐서린은 1979년 12월 8일 세상을 떠났다.

주 註

서문

1 *First Biennial Report on the State of the Armed Forces of the Chief of Staff of the U.S. Army.* Washington, D.C. : U.S. Army, 1941.

2 Cray, Ed. *General of the Army: George C. Marshall, Soldier and Statesman.* New York: W. W. Norton, 1990, p. 132.

3 Ibid., p. 127.

4 Mosley, Leonard. *Hero for Our Times.* New York: Hearst Books, 1982, p. 122.

CHAPTER 01

1 Bland, Larry I., ed. George C. *Marshall: Interviews and Reminiscences for Forrest C. Pogue.* Lexington, Va.: G. C. Marshall Research Foundation, 1991, p. 58.

2 Ibid.

3 Ibid., p. 38.

4 Ibid., p. 98.

5 Mosley, Leonard. *Marshall: Hero for Our Times,* New York: Hearst Books, 1982, p. 19.

6 Bland, ed., *George C. Marshall: Interviews and Reminiscences,* p. 144.

7 Ibid., p. 141.

8 Mosley, *Marshall,* p. 23.

CHAPTER 02

1   Bland, Larry I., ed. *George C. Marshall: Interviews and Reminiscences for Forrest C. Pogue.* Lexington, Va.: G. C. Marshall Research Foundation, 1991, p. 147.

2   Cray, Ed. *General of the Army: George C. Marshall, Soldier and Statesman.* New York: W. W. Norton, 1990, p. 134.

3   Ibid., p. 36.

4   Manchester, William. *American Caesar: Douglas MacArthur, 1880-1964.* Boston: Little, Brown, 1978, p. 171.

5   Arnold, Henry H. *Global Mission.* New York: Harper, 1949, p. 44

6   Ibid.

7   Pogue, Forrest C. *George Marshall.* Vol. 1. *Education of a General, 1880-1939.* New York: Viking, 1963, p. 124.

8   General E. W. Nichols to Marshall, November 22, 1919. VMI files.

CHAPTER 03

1   Efficiency report signed by Lieutenant Colonel Johnson Hagood, December 11, 1916, and quoted in Cray, Ed. *General of the Army: George C. Marshall, Soldier and Statesman.* New York: W. W. Norton, 1990, p. 47.

2   Marshall, George C. *Memoirs of My Services in the World War, 1917-1918.* Foreword and notes by James L. Collins Jr. Boston: Houghton Mifflin, 1976, p. 6.

3   Ibid., p. 19

4   Ibid., p. 18.

5   Bland, Larry I., ed. *George C. Marshall: Interviews and Reminiscences for Forrest C. Pogue.* Lexington, Va.: G. C. Marshall Research Foundation, 1991, pp. 196-198.

6   Ibid., p. 211.

7   Marshall, *Memoris of My Services in the World War, 1917-1918,* p. 79.

8   Ibid., pp. 94-97.

CHAPTER 04

1   Marshall, George C. *Memoirs of My Services in the World War, 1917-1918.* Foreword and notes by James L. Collins Jr. Boston: Houghton Mifflin, 1976, pp. 116-120.

2   Cray, Ed. *General of the Army: George C. Marshall, Soldier and Statesman.* New York: W. W. Norton, 1990, p. 69.

3 Ibid., p. 74.

4 Pogue, Forrest C. George C. Marshall: Education of a General. Vol. 1 of 4-vol. biography titled George C. Marshall. New York: Viking, 1963, p. 187.

CHAPTER 05

1 Pogue, Forrest C. George C. *Marshall: Education of a General.* New York: Viking, 1963, p. 193.

2 Lejeune, Major John A. Letter dated October 25, 1934, VMI Alumni file.

3 *New York Times,* July 20, 1919.

4 Marshall, George C. "National Defense: The Business of Every Citizen," address at Brunswick, Md., November 6, 1938, quoted in Cray, Ed. *General of the Army: George C. Marshall, Soldier and Statesman.* New York: W. W. Norton, 1990, p. 85.

5 Letter from Marshall to Pershing, October 14, 1927. Pershing Papers, Library of Congress.

6 Collins, General J. Lawton. *Lightning Joe: An Autobiography.* Baton Rouge: Louisiana State University Press, 1979, pp. 49-50.

7 Letter from Marshall to Pershing, March 28, 1932. Pershing Papers. Library of Congress.

CHAPTER 06

1 Marshall, Katherine Tupper. *Together: Annalas of an Army Wife.* New York: Tupper and Love, 1946, p. 10.

2 Marshall to Pershing, December 27, 1935. Pershing Papers, Library of Congress.

3 Marshall, *Together: Annals of an Army Wife,* p. 26.

CHAPTER 07

1 Cray, Ed. General of the Army: George C. *Marshall, Soldier and Statesman.* New York: W. W. Norton, 1990, p. 126.

2 Ibid., p. 241.

3 Pogue, Forrest C. *George C. Marshall: Ordeal and Hope.* Vol. 2 of 4-vol. biography titled *George C. Marshall.* New York: Viking, 1966, p. 209.

4 Cray, *General of the Army,* p. 239.

5 *Pearl Harbor Attack.* Hearings Before the Joint Committee on the Investigation of the Pearl Harbor Attack. Vol. XI. Washington, D.C., 1946, p.1108.

CHAPTER 08

1 Eisenhower, Dwight D. *Crusade in Europe*. Garden City, N.Y.: Doubleday, 1948, p. 117.

2 Perry, Mark, *Partners in Command: George Marshall and Dwight Eisenhower in War and Peace*. New York: Penguin, 2007, p. 5.

3 Perry, *Partners in Command*, p. 57.

4 Ibid., p. 23.

5 Ibid., p. 29.

6 Miller, Merle. *Ike the Soldier: As they Knew Him*. New York: G. P. Putnam's Sons, 1987, p. 359.

7 Eisenhower, *Crusade in Europe*, p. 50.

CHAPTER 09

1 Marshall, Katherine Tupper. *Together: Annals of an Army Wife*. New York: Tupper and Love, 1946, pp. 129-130.

2 Hobbs, Joseph P. *Dear General: Esienhower's Wartime Letters to Marshall*. Baltimore, Md.: The Johns Hopkins University Press, p. 51.

3 Ibid., p. 59.

4 Marshall, George C. "Remarks of General George C. Marshall." *Political Science Quarterly*, Spring 1942.

5 *New York Times*, January 24, 1943.

6 Sherwood, Robert E. *Roosevelt and Hopkins: An Intimate History*. New York: Harper, 1948, p. 689.

7 Eisenhower, Dwight D. *Crusade in Europe*. Garden City, N.Y.: Doubleday, 1948, p. 215.

8 Bland, Larry I., ed. *George C. Marshall: Interviews and Reminiscences for Forrest C. Pogue*. Lexington, Va.: G. C. Marshall Research Foundation, 1991, p. 616.

9 Cray, Ed. *General of the Army: George C. Marshall, Soldier and Statesman*. New York: W. W. Norton, 1990, p. 381.

10 Hobbs, *Dear General*, p. 111.

11 Biennial Report of the Chief of Staff of the U.S. Army, July 1, 1943, p. 38.

CHAPTER 10

1 Biennial Report of the Chief of Staff of the U.S. Army, July 1, 1943, p. 15-17.

2 Collins, General J. Lawton. *Lightning Joe: An Auto biography*. Baton Rouge Louisiana State University Press, 1979, p. 150.

3 Perry, Mark. *Partners in Command: George Marshall and Dwight Eisenhower in War and Peace*. New York: Penguin, 2007, p. 194.

4 Stimson, Henry Lewis. Diary, May 25, 1943. Microfilm edition at Yale University Library.

5 Churchill, Winston. *The Hinge of Fate*. Vol. 4 of *The Second World War*. Boston: Houghtoon Mifflin, 1950, p. 812.

6 Eisenhower Dwight D. *Crusade in Europe*. Garden City: N.Y.: Doubleday, 1948, p. 167.

7 D' Este, Carlo. Patton: *A Genius for War*. New York: HarperCollins, 1995, p. 495.

8 Marshall, Katherine Tupper. *Together: Annals of an Army Wife*. New York: Tupper and Love, 1946, p. 153.

9 Pogue, Forrest C. *George C. Marshall: Organizer of Victory*, 1943-1945. Vol. 3. of 4 vol. biography titled George C. Marshall. New York: Viking, 1973, p. 224.

10 Truscott, Lucian K. Jr. *Command Missions: A Personal Story*. New York: E. P. Dutton, 1954, p. 218.

11 Cray, Ed. *General of the Army: George C. Marshall, Soldier and Statesman*, New York: W. W. Norton, 1990, p. 405.

12 Truscott, *Command Missions*, p. 243.

13 Biennial Report of the Chief of Staff of the U.S. Army, July 1, 1943, p. 50.

CHAPTER 11

1 Hobbs, Joseph P. *Dear General: Eisenhower's Wartime Letters to Marshall*. Baltimore, Md.: The Johns Hopkins University Press, P. 121.

2 Eisenhower, Dwight D. *Crusade in Europe*. Garden City, N.Y.: Doubleday, 1948, p. 215.

3 Cray, Ed. *General of the Army: George C. Marshall, Soldier and Statesman*. New York: W. W. Norton, 1990, p. 433.

4 Bland, Larry I., ed. *George C. Marshall: Interviews and Reminiscences for Forres C. Pogue*. Lexington, Va.: G. C. Marshall Research Foundation, 1991, p. 344.

5 Collins, General J. Lawton. *Lightning Joe: An Autobiography*. Baton Rouge: Louisiana State University Press, 1979, pp. 175-178.

6 Marshall, Katherine Tupper, *Together: Annals of an Army Wife*. New York: Tupper and Love, 1946, p. 195.

7 Eisenhower, *Crusade in Europe*, p. 249.

8 "Eisenhower to Marshall," Cable S-52951, June 5, 1944. Records of the supreme Headquarters, Allied Expeditionary Force. Washington, D.C., National Archives.

9 Cray, *General of the Army*, pp. 453-454.

10 Rossevelt, Franklin D. Presidential radio address, June 6, 1944, reprinted in John Gabriel Hunt, ed. *The Essential Franklin Delano Roosevelt: FDR's Greatest Speeches, Fireside Chats, Messages, and Proclamations* (New York: Gramercy, 1995), p. 307.

CHAPTER 12

1 Atkinson, Rich. *An Army at Dawn: The War in Africa*, 1942-1943. Vol. 1 of the Liberation Trilogy. New York: Henry Holt, 2002, p. 86.

2 Collins, General J. Lawton. *Lighting Joe: An Autobiography*. Baton Rouge: Louisiana State University Press, 1979, p. 183.

3 Bradley, Omar N. *A Soldier's Story*. New York: Henry Holt, 1951, p. 272.

4 Stimson, Henry Lewis. Diary, June 15, 1944. Microfilm edition at Yale University Library.

5 Collins, *Lightning Joe*, pp. 237-240.

6 Perry, Mark. *Partners in Command: George Marshall and Dwight Eisenhower in War and Peace*. New York: Penguin, 2007, pp. 318-320.

7 Eisenhower, Dwight D. *Crusade in Europe*, Garden City, N.Y.: Doubleday, 1948, p. 287.

8 Bradley, *A Soldier's Story*, p. 377.

9 Marshall, George C. *Biennial Report of the Chief of Staff of the U.S. Army, July 1, 1943*, p. 37.

10 "U.S. at War: Results at Quebec, "*Time*, September 25, 1944, http://www.time.com/time/magazine/article/0,9171,791615,00.html; accessed 12/24/2009.

CHAPTER 13

1 Cray, Ed. *Gerenal of the Army: George C. Marshall, Soldier and Statesman*. New York: W. W. Norton, 1990, p. 484.

2 Bradley, Omar N. *A Soldier's Story*. New York: Henry Holt, 1951, p. 447.

3 Parker, Danny S. *Battle of the Bulge: Hitler's Ardennes Offensive, 1944-1945*. New York: Da Capo Press, 2004, pp. 6-19.

4 Bradley, *A Soldier's Story*, p. 450.

5 Eisenhower, John S. D. *The Bitter Woods: The Dramatic Story, Told at All Echelons, from Supreme Command to Squad Leader, of the Crisis That Shook the Western Coalition: Hitler's Surprise Ardennes Offensives.* New York: G. P. Putnam's Sons, 1969, p. 33. Reprinted as *The Bitter Woods: The Battle of the Bulge* (New York: Da Capo Press, 1995).

6 Perry, Mark, *Partners in Command: George Marshall and Dwight Eisenhower in War and Peace.* New York: Penguin, 2007, p. 345.

CHAPTER 14

1 Marshall, Katherine Tupper. *Together: Annals of an Army Wife.* New York: Tupper and Love, 1946, p. 227.

2 Cray, Ed. *General of the Army: George C. Marshall, Soldier and Statersman.* New York: W. W. Norton, 1990, p. 495.

3 Marshall, *Together*, p. 232.

4 Miller, Merle. *Plain Speaking: An Oral Biography of Harry S. Truman.* New York: Berkley, 1974, p. 169.

5 Marshall, *Together*, p. 236.

6 Bradley, Omar N. *A Soldier's Story.* New York: Henry Holt, 1951, p. 535.

7 Eisenhower, Dwight D. *Crusade in Europe.* Garden City, N.Y.: Doubleday, 1948, pp. 399-401.

8 Cray, *General of the Army*, p. 522; the phrase is a traditional Latin proverb, which the Roman playwright Terence (195/185-159 BC) paraphrased in his *Andria* (*The Girl from Andros*) as "Lover's quqrrels are renewal of love."

9 Bradley, *A Soldier's Story*, pp. 540-541.

10 Pogue, Forrest C. *George C. Marshall: Organizer of Victory*, 1943-1945. New York: Viking, 1973, pp. 557-558.

11 Ibid., pp. 583-584.

CHAPTER 15

1 Cray, Ed. *General of the Army: George C. Marshall, Soldier and Statesman.* New York: W. W. Norton, 1990, pp. 535-536.

2 Cray, *General of the Army*, p. 544.

3 Perry, Mark. *Partners in Command: George Marshall and Dwight Eisenhower in War and Peace.* New York: Penguin, 2007, p. 373.

4 Cray, *General of the Army*, p. 573.

5 Acheson, Dean. *Present at the Creation: My Years in the State Department.* New York: W. W. Norton, 1987, p. 219.

6 Ibid., p. 219.
7 Ibid., p. 228

CHAPTER 16

1 Cray, Ed. *General of the Army: George C. Marshall, Soldier and Statesman.* New York: W. W. Norton, 1990, p. 685.
2 Cray, *General of the Army*, p. 686.
3 *Congressional Record*, June 14, 1951, p. 6602.
4 Cray, *Gerenal of the Army*, 723.
5 Cray, *General of the Army*, p. 730.

한국국방안보포럼(KODEF)은 21세기 국방정론을 발전시키고 국가안보에 대한 미래 전략적 대안을 제시하기 위해 뜻있는 군·정치·언론·법조·경제·문화 마니아 집단이 만든 사단법인입니다. 온·오프라인을 통해 국방정책을 논의하고, 국방정책에 관한 조사·연구·자문·지원 활동을 하고 있으며, 국방 관련 단체 및 기관과 공조하여 국방 교육 자료를 개발하고 안보의식을 고양하는 사업을 하고 있습니다.
http://www.kodef.net

KODEF
안보총서
42

전쟁영웅들의 멘토,
천재 전략가

★  ★

개정판 1쇄 인쇄 | 2020년 12월 23일
개정판 1쇄 발행 | 2021년 1월 4일

지은이 | H. 폴 제퍼스·앨런 액슬로드
옮긴이 | 박동휘·박희성
펴낸이 | 김세영

펴낸곳 | 도서출판 플래닛미디어
주소 | 04029 서울시 마포구 잔다리로71 아내뜨빌딩 502호
전화 | 02-3143-3366
팩스 | 02-3143-3360
블로그 | http://blog.naver.com/planetmedia7
이메일 | webmaster@planetmedia.co.kr
출판등록 | 2005년 9월 12일 제313-2005-000197호

ISBN | 979-11-87822-55-4 03990